KB147907

시간적 인간

시간적 인간

시계 없는 삶을 위한 인문학

초판 1쇄 발행 / 2016년 10월 14일

지은이 / 이　원
펴낸이 / 김외숙
펴낸곳 / 한국방송통신대학교출판문화원
　　　　주소 서울특별시 종로구 이화장길 54 (03088)
　　　　대표전화 1644-1232
　　　　팩스 (02)741-4570
　　　　http://press.knou.ac.kr
　　　　출판등록 / 1982. 6. 7. 제1-491호

출판문화원장 / 문병기
편집 / 이근호 · 김경민
편집 디자인 / 홍익 m&b
표지 디자인 / 크레카

ⓒ 이원, 2016

ISBN 978-89-20-01995-1　03100

값　13,000원

■ 이 책의 내용에 대한 무단 복제 및 전재를 금하며, 저자와 (사)한국방송통신대학교출판문화원의
　허락 없이는 어떠한 방식으로든 2차적 저작물을 출판하거나 유포할 수 없습니다.
■ 잘못 만들어진 책은 바꾸어 드립니다.

이 도서의 국립중앙도서관 출판예정도서목록(CIP)은 서지정보유통지원시스템 홈페이지
(http://seoji.nl.go.kr)와 국가자료공동목록시스템(http://www.nl.go.kr/kolisnet)에서 이용하
실 수 있습니다.
(CIP제어번호: CIP2016022516)

시간적 인간

시계 없는 삶을 위한 인문학

이 원 지음

지식의날개

감사의 말

몇 년 만에 만난 친구가 나를 보더니 변한 게 없다고 말합니다. 호의로 건넨 말이겠지만 나는 이 말을 별로 좋아하진 않습니다. 과연 몇 년 전의 나와 지금의 나는 동일한 사람일까요? 나는 지금의 내가 이 책을 처음 기획했던 3년 전의 나와 분명히 다르다는 것을 느낍니다. 그사이 나는 동일한 사람으로 살아온 것처럼 보이지만 사실은 미세한 차이를 만들며 조금씩 진화해 왔습니다. 이 미세한 차이는 시간이 지나 큰 차이를 만들었습니다. 그 차이를 응축하여 만든 결과물이 바로 이 책입니다.

그런데 나 혼자서는 이것을 만들 수 없었을 것입니다. 집필 과정에서 힘든 고비마다 열정과 영감을 불어넣어 준 사람이 있습니다. 안주하지 않고 계속해서 미래를 창조해 가는 아내 최희진이 없었더라면 내 글은 여전히 험난한 고개를 지나고 있을 것입니다. 어머니와 누나의 변함없는 지지와 격려는 항상 든든한 정신적 버팀목이었습니다. 조광호 신부님의 예술적 직관과 성찰이 담긴 조언도 글쓰기에 큰 도움이 되었습니다. 오랫동안 이 책을 기다리며 격려해 주신 임현택 신부님께도 이제야 약속을 지키게 되었습니다.

〈제1회 방송대 출판문화원 도서원고 공모〉에서 수상의 영예를 주신 출판문화원 권수열 원장님과 세 분의 심사위원, 그리고 출판에 정성을

감
사
의
말

쏟아 주신 이근호 편집자를 비롯하여 교열과 디자인에 힘써 주신 분에 대한 고마움도 마음속에 새기고 있습니다. 이분들을 만났기에 나의 글이 책으로 태어날 수 있었습니다. 마지막으로 이 순간 꼭 다시 뵙고 싶은 한 분이 떠오릅니다. 첫 한국인 제자를 지도하며 항상 최고의 찬사로 용기를 주신 앙드레 비탈리스André Vitalis 교수님을 결코 잊을 수가 없습니다.

이분들의 격려와 도움이 있었기에 나는 진화할 수 있었고 희망의 꿈을 담은 이 책을 세상에 펼칠 수 있게 되었습니다. 감사합니다.

인간 중심의 시간학을 위하여

"시간에 대한 사색은 모든 형이상학의 예비 작업이다."[1]

– Gaston Bachelard

인간은 누구나 태어나서 죽는 유한한 존재다. 인간에게 시간이 얼마나 주어지는가는 출생과 사망이라는 두 극단적 사건에 의해 결정된다. 유한한 존재에게 가장 소중한 것은 시간이다. 내가 죽고 나면 명성과 재산은 의미가 없다. 무에서 시작해서 무로 끝나는 인생이기에 살아 숨 쉬고 있다는 것 그리고 스스로 삶의 주인으로서 살아간다는 것은 그 무엇보다 소중하다. 그래서 시간은 곧 생명이고 시간의 문제는 곧 삶의 문제다. 인간의 삶을 배제한 시간 담론은 모두 공허한 사변적 유희일 뿐이다.

우리는 시간을 마치 호주머니 속의 돈처럼 여기는 시대에 살고 있다. 시간을 인간의 삶과 분리하는 모든 담론은 시간을 독립적으로 존재하는 것처럼 보이게 한다. 그래서 사람들은 시간을 동전처럼 마음대로 꺼내서 쓰고 소비하는 것으로 생각한다. 그런데 돈은 다시 벌 수 있지만 시간

---

1 Gaston Bachelard, *L'intuition de l'instant*, Paris, Stock, 1992, p. 141.

은 결코 다시 벌 수 없다. 객체화되고 사물화된 시간을 소비하는 동안 시간이 사실은 자신의 삶이라는 사실을 잊고 있는 것이다.

심지어 사람들은 종종 '인간이 시간의 창조자'라는 사실조차 잊어버린다. 그렇다. 시간의 창조자는 바로 인간이다. 이 명제가 매우 도발적으로 들릴지도 모른다. 만약 그렇게 생각한다면 지금까지 시간에 대해 배운 것들을 상기해 봐야 한다. 그리고 그것을 그냥 아무런 의심 없이 수용해 온 것은 아닌지 심각하게 고민해 봐야 한다.

사실 이 문제는 그리 단순하지 않다. 우리는 지금까지 시간으로부터 삶을 소외하고 배제하는 지배적인 담론에 길들여져 왔기 때문이다. 이 담론의 영향에서 벗어나 시간에 대한 새로운 관점을 발견하는 것 그리고 시간을 삶의 관점에서 새롭게 이해하는 것은 결코 쉬운 일이 아니다. 우리는 시간을 본연의 자리인 삶에 돌려줄 때 우리 자신이 시간의 창조자임을 이해하게 될 것이다.

***

인간은 태어나면서부터 자신의 고유한 삶의 시간을 외부 세계의 변화에 맞추어 가며 살아간다. 낮밤이 반복되고 계절이 순환하는 것과 같이 자연계의 리듬에 삶의 리듬을 조화하는 것이다. 한편 사회가 발전하고 복잡해지면서 인간 개개인은 사회의 시간 질서에도 적응하고 복종할 것을 강요받는다. 결국 인간은 세상을 살아가기 위해 서로 다른 세 가지 시간을 모두 조화해야 하는 어려운 숙제를 부여받는다. 이 세 가지 시간은 바로 인간의 고유한 심리 · 생물학적 시간, 자연의 시간, 사회의 시간이다. 그런데 이 세 가지 시간의 조화를 이루는 것은 결코 쉽지 않다. 인류의 역사를 반추해 보건대, 이 세 가지 시간이 서로 영향을 주고받으며 조정되는 과정을 문명화 과정이라고 해도 과언이 아닐 것이다.

오늘날 현대인은 고도로 문명화된 사회에 살고 있다고 자부한다. 하지만 문명의 고도화가 반드시 인간에게 행복한 삶을 선사한다고 단언하기는 어렵다. 역사의 변천 과정을 거시적으로 보면, 근대 산업화 과정부터 사회적 시간을 더욱 엄격하게 통제하는 경향이 있음을 볼 수 있다. 점점 더 정확하고 정밀해진 시계가 근대 이후의 시간성을 상징적으로 보여 준다. 오늘날에는 더욱 정확하고 세부적인 시간 규율이 사회 구성원에게 부과되고 있다. 그래서 20세기 유럽에서 사회의 진보는 곧 근로시간의 감축이자 여가 시간의 증가였다.

그럼 우리 사회는 어떠한가? 우리 사회는 시간적 관점에서 볼 때 아직 후진국이다. 여전히 근로시간이 많기로 악명이 높을 뿐만 아니라 시간을 통한 감시와 통제 역시 매우 심한 나라다. 오랜 경기 불황(혹은 경기 불황 담론)은 이 열악한 근로조건을 묵인하거나 심지어 정당화하는 역할을 해 왔다. 이뿐만이 아니다. 우리나라는 세계가 인정하는 정보통신 기술의 강국이지만, 사람들은 그 발전 속도에 숨이 가빠 헐떡이고 있다. 인간이 기계 덕분에 자유로워지는 것이 아니라 기계와 경쟁하기를 강요당하고 있는 것이다. 심지어 더 우려스러운 것은 사람들이 미래의 희망을 발견하지 못하고 있다는 사실이다. 광활한 사막 한가운데서도 인간은 곧 오아시스를 발견할 수 있다는 희망이 있으면 극심한 갈증도 끝까지 견딜 것이다. 미래의 희망은 어떤 고통도 극복하게 한다. 그렇다면 우리 사회는 과연 희망을 주고 있는가? 그렇지 않은 것 같다. 희망을 주는 사회라면 자살률이 세계 1위일 리가 없다. 자살은 인간이 절망에 처했을 때 선택할 수 있는 최후의 수단이다. 바로 이 자살이 지금 우리 사회에서 유행병처럼 번지고 있다.

내가 이 책을 쓰는 이유가 바로 여기에 있다. 이 시대 우리는 역사상 유례없이 발전한 과학기술의 혜택을 누리고 있으며 그런대로 민주화된 사회에서 산다고 생각한다. 그런데 역설적이게도 시간적 관점에서 보면 우리의 삶은 별로 나아진 것이 없다. 아니, 어쩌면 우리의 삶은 더 나빠지고 있는지도 모른다. 우리는 그 어느 시대보다도 더 엄격한 사회의 시간 규칙을 강요받고 있다. 아이부터 어른까지 현대인은 빡빡하게 짜인 시간표에 따라 항상 쫓기듯 살아간다. 또 사람들은 불안한 미래, 보이지 않는 미래, 희망이 없는 미래를 성토하고 있다. 오늘날 우리 사회의 시간 문제를 새롭게 그리고 심각하게 고민해 봐야 하는 이유가 여기에 있다.

***

이 책은 난해한 시간 철학서도, 성공을 위한 시간 습관을 제시하는 자기계발서도 아니다. 이 책은 이 시대 우리가 당면하고 있는 시간적 문제를 새롭게 인식하고 희망의 길을 찾기 위한 작은 시도다. 궁금하지 않은가? 우리는 왜 매일 시간에 쫓기며 살아야 하는 것일까? 우리는 왜 과거의 후회와 미래의 불안 속에서 살아가는 것일까? 우리는 우리 스스로 결정한 시간 리듬에 따라 자유롭게 살아갈 수는 없는 것일까? 과거의 추억을 즐기고 희망찬 미래를 바라보며 살아갈 수는 없는 것일까?

이 책은 이런 질문에서 시작해서 그 답을 찾아가는 여정이다. 이 여정에는 많은 장애물이 도사리고 있다. 가장 큰 장애물은 지배적인 시간 담론이다. 지배적인 시간 담론은 사람들에게 시간 약속을 잘 지키고 열심히 일하라고 말한다. 그리고 시간은 곧 돈이니 효율적으로 관리하라고 말한다. 이 담론은 이처럼 사람들에게 자본주의 시간 개념을 주입하고 사회의 시간 질서에 순응하라고 가르친다. 과연 이 담론이 당연한 것일까? 결코 그렇지 않다. 만약 이 담론에 따른다면 우리는 결코 우리의 삶에 주어진 소중한 시간의 의미를 찾을 수 없다.

그래서 이 책은 지배적인 시간 담론에 대한 도전이다. 그런데 이 담론을 이기는 것은 결코 쉽지 않다. 이 담론은 오랜 역사를 지니며 사람들의 정신에 깊이 뿌리내리고 있기 때문이다. 이 담론은 근본적으로 시간을 선험적이고 객체적인 실체로 본다. 또 시간을 양적이고 물리적인 것으로 치환한다. 이 담론은 결국 시간을 우리의 삶과 동떨어진 대상으로 인식하게 만든다.

　　나는 결코 이런 생각에 동의하지 않는다. 나는 구성주의적 관점[2]에서 시간이 자연과 사회라는 공간에서 언어, 사물, 제도의 형태로 만들어진 것이라고 본다. 그리고 시간은 여전히 진화하고 변화하는 개념이자 상징이고 제도라고 본다. 나는 이 관점에서 인간이 시간을 어떻게 만들어 왔는지를 추적하고 이 시대 우리 사회의 지배적인 시간관과 시간 제도의 실체를 보여 주고자 한다. 그리고 시간은 인간이 스스로 만든 것임을 밝힐 것이다.

　　궁극적으로 나는 인간의 삶을 고민하고 인간의 행복에 기여하는 인간 중심의 시간학을 제시하고자 한다. 이 책은 나 자신을 비롯하여 시간의 문제로 고민하는 모든 이를 위한 것이다. 이 책은 시간의 속박에서 해방되는 삶, 미래의 희망을 꿈꿀 수 있는 삶, 그래서 더 행복한 삶을 발견하기 위한, 소박하지만 간절한 기원을 담고 있다.

＊＊＊

　　이 책은 크게 세 단계의 지적 여정으로 구성되어 있다.

　　첫 번째 여정에서 나는 인간의 고유한 시간 의식에서 시간 문제의 근본적인 출발점을 발견하고자 한다. 시간 의식이 우리의 구체적인 삶 속

2　구성주의는 지식에 대한 이론, 즉 인식론을 말하는 것으로 객관성을 이유로 지식의 생산에서 인간을 배제시키는 것에 문제를 제기한다. 구성주의는 인간이 지식을 생산하는 주체라고 보고 파편적인 지식을 다시 결합하여 현실의 복잡성에 부합하는 지식의 생산을 추구한다.

에서 어떻게 작용하고 있는지를 이해한다는 것은 시간의 문제를 인간의 삶과 직결된 문제로 복원하는 것이다. 이 여정에서 왜 과거의 후회와 미래의 불안 사이에서 현재가 고독하게 떠 있는 섬이 되고 있는지가 드러날 것이다. 그래서 현재가 과거의 비옥한 토양 위에 서서 미래의 눈부신 햇빛을 기대하는 삶의 가능성을 찾아볼 것이다.

두 번째 여정에서는 역사적으로 시간이 어떻게 사회 속에서 새롭게 창조되고 변화되어 왔는지를 알아보고자 한다. 그 과정에서 사회의 시간 구조가 얼마나 억압적이고 폭력적인지를 이해하게 될 것이다. 또 시간이 어떻게 인간의 삶과 분리되었고 어떻게 사람들의 삶을 감시하고 통제하는 도구로 변신하였는지가 드러날 것이다. 이 지적 여정에서 시계와 같은 시간 상징의 계보를 이해하고 오늘날 우리의 생각을 지배하는 시간관의 실체와 문제점을 만나게 될 것이다.

세 번째 여정에서는 오늘날 삶의 나침반인 기대와 희망이 왜 붕괴되었고 이것이 어떤 구체적인 현상으로 나타나고 있는지를 보게 될 것이다. 그리고 현재 우리 사회는 왜 구조적으로 미래의 희망을 꿈꾸기 힘든 사회인지를 보게 될 것이다. 여기서 이 책이 마무리된다면 우리는 여전히 절망의 늪 속에서 계속 헤매야 할지도 모른다. 물론 문제의 인식은 문제의 개선으로 나아가는 출발점이지만 나는 여기서 멈추고 싶지 않았다. 그래서 나는 이 지점에서 희망의 불빛을 찾기 위해 오랜 시간을 고독한 성찰과 독서로 보내야 했다. 그 결과, 나는 한 줄기 희망의 불빛을 찾을 수 있었다. 독자들도 이 책의 말미에 그 불빛을 발견할 수 있기를 희망한다.

차례

■■■ 제2부 사회의 시간

차
례

15

인간의 시간

"(우리에게) 남겨진 숙제는 전통에 의해 계승되는 과거의 수용과 미래를 향한 기대 지평의 투사 사이에서 매개의 역할을 해 주는 역사적 현재에 창조적 행위의 모든 특성을 발견하는 것이다."*

- Paul Ricoeur

인간은 눈을 감아도 뒤를 보고 앞을 볼 수 있다. 시간 의식이 있기 때문이다. 시간은 시간 의식에서 태어난다. 시간 의식은 역사적 현재를 만들고 내일을 창조한다. 시간 의식이 있기에 인간은 황량한 사막에서도 자신의 길을 찾을수 있다. 시간 의식은 작은 상처에도 신음하고 앞에서 불어오는 신선한 바람에 설레기도 한다. 시간 의식은 짐이고 나침반이다.

---

* Paul Ricoeur, *Temps et récit, T. 3: Le temps raconté*, Paris, Seuil, 1985, p. 421.

시간은 시간 의식에서 태어난다

━━ 인간의 시간을 찾아서

시간이란 무엇인가? 우리는 시간이라는 용어를 수없이 쓰며 살아가지만 막상 이 질문을 접하면 출구를 알 수 없는 미로 속에 들어간 느낌을 받는다. 어쩌면 이 질문 하나만으로 평생을 공부와 연구로 보내야 할수도 있다. 나도 이 질문에 대한 답을 찾느라 오랜 시간을 보내야 했다. 그 결과 발견한 것은 다양한 시간의 형상이었다. 시간이라는 대상에 대한명백한 하나의 정의를 찾아다녔는데 결국 발견한 것은 서로 이질적이고다양한 단어, 상징, 개념이었던 것이다.

우선 철학을 보자. 그리스 시대부터 오늘날까지 많은 철학자가 시간에 관한 정의를 남겼다. 그런데 이 철학자들 사이에 통일된 시간의 개념을 발견하기란 결코 쉽지 않다. 물론 때때로 흥미로운 시간 철학을 만날 수 있었지만 모두에서 일관되는 보편적인 시간의 정의를 찾기란 무척어려운 일이었다.

그러면 다른 학문 분야로 눈을 돌려 보자. 심리학에서는 시간을 인간이 의식적으로 혹은 무의식적으로 경험하는 심리적 현상으로 설명하고 있다. 물리학에서는 물체의 운동을 측정하는 지표로 시간을 바라본다. 결국 매우 간단해 보이는 질문에서 시작한 나의 탐험은 이처럼 갈수록 미궁의 늪에 빠져들게 되었다. 단답을 예상하고 시작한 탐험이 수많은 유사 답안 속에서 길을 잃어버린 것이다. 마치 좋은 산삼 한 뿌리를 캐리라고 마음먹고 입산했지만 더덕만 가득 담아 하산하는 심마니처럼 뭔가 아쉬운 마음이 계속해서 나의 마음을 무겁게 했다. 오래된 산더덕은 산삼 못지않게 좋다는 말로 위안을 삼아야 할 것인가?

무엇이 문제인가? 공부가 부족했던 것일까? 아니면 모두가 동일하게 쓰는 시간이라는 말이 원래 이렇게 다양한 개념을 총칭하는 것이었단 말인가? 그러면 이렇게 다양한 시간 개념을 포괄하는 보다 보편적인 시간의 개념 혹은 시간의 지식을 찾는 것은 불가능한 일인가?

오랜 고민 끝에, 어느 날 나는 그간의 노력이 헛되지 않았다는 것을 깨달았다. 다시 말해서, 나는 시간이 인류의 역사를 관통하는 보편적인 관심사이면서 동시에 학문과 이론의 다양성만큼 다양하다는 것을 깨달았다. 다양한 시간 개념이 존재한다는 것은 학문적 관점에 따라 그리고 시공간에 따라 시간이라는 것이 다르게 해석될 수 있다는 것을 보여 준다.

시간의 정의가 학문과 시공간에 따라 달라진다는 사실은 어쩌면 너무나 당연한 것처럼 보이지만, 이 사실 자체가 나에게는 매우 중요한 의미로 다가왔고 나의 시간 탐험에 새로운 길을 열어 주었다. 사실 사람들은 복잡한 세상을 자기가 가진 전문 지식만을 써서 이해하는 데 익숙하다. 하지만 세상을 이해하는 이런 방식이 결코 당연한 것은 아니다. 이것은 사람들이 인위적으로 복잡한 세상을 자신들의 전문 지식의 범주로 분할해서 이해하는 방식일 뿐이다. 또 시간의 정의가 시공간에 따라 달라진다는 사실은 역사적 변천 과정에서 시간에 대한 관점과 지식이 달라진다는 것을 시사한다. 이러한 성찰은 우리에게 익숙한 지배적인 인식론[1]에

---

1 인식론épistémologie은 좁은 의미에서는 '과학 철학' 혹은 '과학에 대한 이론'이고,

대해 의문을 제기한다. 이 말은 시간이라는 복잡한 인식의 대상을 이해하기 위해서는 단순히 하나의 이론이나 학문에서 볼 것이 아니라 근본적으로 인식론적 관점에서 새롭게 출발할 필요가 있다는 것을 의미한다.

다시 시간 탐험의 출발점으로 와 보자. '시간이란 무엇인가?'라는 질문은 한 가지 근본적인 전제를 달고 있다. 이 전제는 시간이라는 것은 객체적 대상으로 존재한다는 것이다. 우리는 어떤 지식의 대상을 탐구할 때 그것이 객체적 대상이라고 받아들이는 경향이 있다. 그 이유는 근본적으로 두 가지로 구분된다.

첫 번째 이유는 언어의 영향에서 발견된다. 우리는 실제로 경험적으로 지각할 수 없는 대상이라고 하더라도 그것을 지칭하는 단어가 존재하면 마치 그 대상이 실제로 존재하는 것처럼 믿는다. 예를 들어, 우리는 이마에 뿔이 달린 '유니콘'이라는 동물을 본 적이 없지만 유니콘이라는 단어를 사용함으로써 이 신화적 동물이 마치 존재하는 것처럼 생각하고 이야기한다. 시간이라는 것도 우리가 보거나 만진 적이 없지만 이 단어가 존재하기에 우리는 시간을 객체적으로 존재하는 대상으로 믿는다.

두 번째 이유는 지배적인 인식론의 영향에서 발견된다. 우리는 자신도 모르게 학습된 오래된 인식론적 패러다임의 영향을 받고 있다. 이 인식론적 패러다임은 바로 사실·실증주의 인식론épistémologies positivistes et réalistes이다. 이 인식론은 모든 지식의 대상은 인간으로부터 독립적이고 객관적으로 존재한다고 전제한다.[2] 실제로 많은 시간 연구에서 발견할 수 있는 공통적인 전제 역시 바로 시간은 객관적이고 독립적인 대상이라는 것이다. 사실·실증주의는 객관적이고 독립적으로 존재하는 대상은 다시 분할이 가능하다고 보기 때문에 학문의 분화를 촉진하고 정당화하는 역

넓은 의미에서는 '지식에 대한 이론'이다. Hervé Barreau, *L'épistémologie*, Paris, PUF, 1990.

2 Jean-Louis Le Moigne, *Les épistémologies constructivistes*, Paris, PUF, 1995.

시간은 시간 의식에서 태어난다

제 1 장

할을 해 왔다.[3] 그 결과, 시간의 개념 역시 학문이 그랬던 것만큼 분화되고 구획화되었다. 그래서 오늘날 우리는 철학, 사회학, 심리학, 물리학, 생물학 등 다양한 학문 분야에서 상호 호환되기 어려운 다양한 시간의 개념을 만나게 되는 것이다.

■ 성 아우구스티누스(354~430)

언어와 사실·실증주의가 시간에 대한 인식에 미치는 영향은 성 아우구스티누스Saint Augustin의 『고백록Confessions』에도 잘 나타난다. 그는 "과거가 더 이상 존재하지 않고 미래는 아직 존재하지 않으며 현재는 지속되지 않는 찰나에 불과하다면 도대체 시간은 어떻게 존재할 수 있을까?"[4]라는 질문을 던진다. 이 질문은 시간을 인간과 독립되고 객체화된 실체로 가정할 뿐만 아니라 시간을 다시 과거, 현재, 미래로 쪼갠 다음 이 단어들을 독립적인 실체로 보기 때문에 결국 해결될 수 없는 논리적인 모순으로 향하게 된다.[5]

3　사실·실증주의의 선구자라 할 수 있는 데카르트Descartes는 주체(인간)와 객체(사물 혹은 자연)를 철저히 구분하면서 객체의 객관성과 독립성을 인정하고 그것을 수 없이 쪼개어서 분석한 후 과학적 진리에 도달함으로써 인간이 자연의 주인이 될 수 있다고 보았다. Dominique Bourg, *Nature et technique: essai sur l'idée de progrès*, Paris, Hatier, 1997; Edgar Morin, *L'introduction à la pensée complexe*, Paris, Seuil, 2005; Georg Henrik Von Wright, *Le mythe du progrès*, Paris, L'Arche, 2000.

4　Paul Ricoeur, *Temps et récit, T. 1: L'intrigue et le récit historique*, Paris, Seuil, 1983, p. 26.

5　모랭Morin은 사실·실증주의 방법론의 문제점의 하나로 '형식 논리'를 지적하고 있다. 형식 논리는 '동일성의 원칙'(A는 A다), '비모순의 원칙'(A는 동시에 B와

이러한 인식론적 문제를 인정한다면 우리는 새로운 인식론적 관점으로 시간을 바라볼 필요가 있다. 프랑스의 사회학자 부르디외Bourdieu[6]는 학자들의 사변적인 학풍이 시간을 인간 주체가 대면하고 있는 외재적 객체처럼 보이게 만들었다고 비판한다. 또 그는 오늘날 우리의 일상 언어는 시간을 마치 획득하거나 잃어버리는 물건과 같은 것으로 착각하게 한다고 말한다. 그는 이와 같은 사물화된 시간의 관점을 버리고 행동하는 주체로서의 인간의 관점에서 시간을 다시 바라봐야 한다고 주장한다. 그러면서 인간의 행위가 시간 속에 있는 것이 아니라 행위가 시간을 만드는 것이라는 새로운 시간론을 제시한다. 이러한 부르디외의 관점은 시간을 바라보는 기존의 지배적인 관점과 차별화되며 '구성주의' 인식론의 관점과 상당한 유사성을 보여 준다.

그렇다면 구성주의 인식론épistémologie constructiviste은 무엇인가? 구성주의 인식론은 사실·실증주의 인식론의 한계를 지적하고 새로운 지식체계를 주장하는 인식론이다. 이 인식론에 따르면 지식의 모든 대상은 인간의 지적 활동을 거친다. 다시 말해, 지식은 객관적이고 독립적인 진리가 아니라 인간이 세상을 이해하기 위해 만든 인간의 산물이다.

회화적 재현의 역사는 이러한 인간이 매개하는 지식의 특성을 잘 보여 준다. 그림은 어떤 대상을 재현한 것이지 그 대상 자체는 아니다. 또 그림은 그 대상의 모든 것을 완벽하게 재현할 수는 없다. 그림에서 대상은 화가의 손과 관점을 거쳐 특별한 속성이 강조된 형태로 나타난다. 이런 특성은 사실주의 회화에서도 볼 수 있다. 사실주의 작품은 그리려는 대상 그 자체를 그대로 그리는 것이 아니라 집단적으로 사실적이라고 믿

-B가 될 수 없다), '삼자배제의 원칙'(A는 B이거나 -B다)이라는 세 가지 원칙을 지닌다. Edgar Morin, *La méthode 4. Les idées: leur habitat, leur vie, leurs mœurs, leur organisation*, Paris, Seuil, 1991, p. 174.

6 Pierre Bourdieu, *Méditations pascaliennes*, Paris, Seuil, 1997, p. 299

■ 임마누엘 칸트(1724~1804)

는 것을 보여 주기 위한 것이었다. 예를 들어, 사회주의 체제에서 등장한 사실주의 그림은 노동 혁명을 정당화하거나 노동 행위의 가치를 극대화하는 재현의 방식을 취한 것이다. 심지어 우리가 대상을 있는 그대로 재현한다고 믿는 사진도 마찬가지다. 사진은 대상이 반사하는 빛을 포착하는 카메라라는 기계적 장치와 인간의 조작을 통해 새롭게 창조된 것이다. 즉, 우리의 믿음과는 달리 사진도 결코 대상을 완벽하게 복제한 것이 아니라는 말이다. 칸트Kant가 인간은 결코 자신의 경험과 독립적으로 세상을 이해할 수 없다고 말한 것처럼, 인간은 객관적 지식을 만들기 위해 대상과 '인위적인 거리 두기'를 시도하지만 인간 자신의 매개 없이 만들어지는 지식은 없다.

이 관점에서 볼 때 인간으로부터 독립적이고 객관적인 시간이라는 현실은 존재하지 않는다. 인간의 지식은 인간과 사물, 인간과 환경 간의 끊임없는 상호작용 속에서 '창조'되는 것이므로 시간에 대한 지식 또한 인간의 경험과 지적 활동 그리고 기억과 재현의 산물일 뿐이다. 결국 시간은 인간의 지적 활동을 통해 파악되는 인식론적 대상일 뿐 인간으로부터 독립적으로 존재하는 객체적 대상은 아니다. 그래서 시간은 본질적으로 '인간의 시간' 혹은 '인간이 만들어 낸 시간'일 뿐이다.

이 관점에 따라 '시간이란 무엇인가?'라는 질문은 '인간의 시간은 무엇인가?' 또는 '인간은 시간을 어떻게 만드는가?'라는 질문으로 대체하는 것이 타당할 것이다. 이 새 질문은 인간 중심으로 시간에 대해 새롭게 사고하는 길을 열어 준다. 나는 이 새 질문을 통해 독립적으로 존재하는 객체적 시간이 아닌 인간이 경험하는 시간의 문제를 탐구해 보기로 한다.

인간의 시간을 탐구한다는 것은 인간이 어떻게 시간을 인식하고 상징화하며, 이러한 인식과 상징화가 실제 우리의 삶과 어떠한 관계를 맺고 있는지를 살펴보는 것이다. 나는 이러한 접근 방식이 인간의 삶과 분리된 시간을 다시 인간의 삶의 문제로 복원해 줄 것이라 생각한다.

시간은 개념이다

전통적으로 데카르트적 철학에서는 시간을 선험적인 것으로 본다. 물론 20세기 철학에서는 이러한 관점이 상당 부분 수정되었다. 한편 심리학은 인간의 성장 과정에서 시간 개념이 서서히 발전한다는 것을 보여 주었다. 발달심리학자이자 구성주의 인식론자인 피아제Piaget는 아동을 대상으로 한 실험을 통해서 시간이 선험적인 것이 아니라 인간이 태어나 세상과 상호작용을 하는 과정에서 서서히 획득하는, 인지적이고 지적인 산물임을 보여 주었다.

❚ 르네 데카르트(1596~1650)

피아제는 세상에는 하나의 움직임이 아닌 수많은 움직임이 존재하고 인간은 이러한 복잡한 움직임을 경험하면서 동물과는 다른 고유한 시간 의식을 갖게 된다고 말한다. 동물의 시간은 즉각적으로 연속성과 기간을 인지하는 '직관적 시간temps intuitif'에 머무는 반면 인간의 시간은 동시성, 연속성, 기간의 적합한 관계를 재구성할 수 있는 '조작적 시간temps opératoire'으로 발전된다는 것이다.[7]

7 Jean Piaget, *Le développement de la notion de temps chez l'enfant*, Paris, Presses Universitaires de France, 1981.

　　피아제는 여러 연령층의 아동을 대상으로 물의 높이가 다르게 두 물병을 배치하고 높은 위치의 물병에서 낮은 위치의 물병으로 물이 흐르는 실험을 하였다. 이 실험에서 아동의 시간 의식은 세 단계로 형성된다는 것이 드러났다. 첫 번째 단계에서 아동은 물의 변화에 따라 '전'과 '후'를 구분할 수 있게 된다. 즉, 아동은 이 단계에서 연속성을 파악할 수 있게 된다. 두 번째 단계는 한 물병에서 다른 물병으로 물을 옮기는 실험에서 드러났는데, 이번에는 아동이 한 물병은 물이 빠지면서 비게 되고 다른 물병은 물을 받으면서 차는 상태를 동시에 파악하게 된다. 이 단계에서 아동은 동시성을 인지할 수 있게 된다. 세 번째 단계에서는 두 개의 연속적 움직임이 발생했고 이미 이전으로 되돌릴 수 없는 상태에서 아동이 정신적 활동만으로 이러한 현상을 재구성할 수 있게 된다. 바로 이 단계에서 인간의 시간 의식은 움직임 혹은 공간적 연속성을 감각적으로 지각하는 차원을 넘어 기억을 통해 과거를 재구성할 수 있게 된다.

　　피아제의 개념을 빌리자면 동물의 '직관적 시간'은 사물의 위치나 상태의 변화를 지각하면서 만들어진다. 반면 인간의 고유한 시간 의식은 여러 움직임의 논리적 혹은 인과적 관계를 정신적 활동을 통해서 재구성할 수 있는 능력을 말한다. 결국 '조작적 시간'의 단계에 와서야 인간만의 고유한 고차원적인 시간 의식이 형성된다.

피아제의 실험에서 주목해야 할 것은 인간이 시간이라는 어떤 대상을 인지하거나 인식하는 것이 아니며, 인간이 성장하면서 사물의 움직임이나 변화를 통해 단절과 연속, 동시성과 비동시성, 기간을 파악하면서 가지게 되는 일종의 지적 개념이 바로 시간이라는 것이다.

현상학자 메를로퐁티Merleau-Ponty도 시간은 "나와 사물들의 관계로부터 태어난다"고 말한다.[8] 그는 시간의 연속성이 세계와의 관계 속에서 사물을 지각하는 '인간 – 관찰자'에 달려 있다고 말한다. 이러한 측면에서 메를로퐁티는 전통적인 시간 철학과는 차별화되고 피아제의 주장과는 유사한 입장을 보여 준다. 피아제의 관점에서 시간은 선험적으로 존재하는 것이 아니라 인간 지능의 발달 과정에서 생성되는 지적 활동의 산물이자 개념이며 언어적으로 시간이라는 단어에 의해 객체화될 뿐 인간의 시간 의식과 별개로 존재할 수 없는 것이다.

시간의 독립적인 존재를 인정하는 데카르트적 시간 철학에서 보면 피아제의 주장은 단순히 심리학적 이론 혹은 그만의 이론으로 치부되어 버릴 수도 있다. 하지만 피아제는 발달심리학자로 많이 알려져 있지만 '구성주의 인식론'에 대해서도 방대한 업적을 남긴 학자다. 그는 어떤 지적 대상의 '현실reality'이 객체적으로 존재할지는 모르나 인간 지성의 발달과 동떨어져 재현되거나 인식될 수는 없다고 주장한다. 이러한 주장이 매우 이론적이고 소모적인 학문적 논쟁으로 보일 수도 있지만 우리가 시간을 이해하는 데 매우 의미 있는 성찰을 제공한다. 피아제의 이론은 시간

---

8 Maurice Merleau-Ponty, *Phénoménologie de la perception*, Paris, Gallimard, 1945, p. 471.

이 인간의 지적 활동에서 태어나 언어나 사물로 상징화되는 과정을 추적하고 인간과 사회의 시간이 어떻게 만들어지는지를 탐험하도록 자극하는 동기를 부여한다.

▅▅▅ 시간 지평에서 시간의 문이 열리다

이제 인간을 중심으로 시간에 대해 사고해 보자. 근본적으로 시간은 인간이 세상의 변화를 경험하고 그것을 기억함으로써 만들어진다. 이 기억을 바탕으로 인간은 미래를 유추할 수 있는 정신적·지적 능력을 발전시킨다. 이것이 바로 시간 의식이다. 이 시간 의식을 통해 우리는 시간을 개념화하고 마치 객체화된 대상처럼 인식한다. 심리학자 프레스Fraisse는 이러한 인간의 시간 의식을 '시간 지평horizon temporel'이라는 개념으로 설명한다.[9] 시간 지평은 인간이 기억과 상징을 통해 지나간 경험을 보존하고 그것을 통해 사물의 미래를 예측하기 시작하면서 갖게 되는 것으로, 피아제가 말하는 '조작적' 시간의 단계 이후에 등장하는 시간 의식의 작동 원리를 설명하는 개념이다.

시간 지평의 작동 원리는 과거, 현재, 미래라는 시간의 세 개념적 구성 요소의 상관관계를 통해 설명된다. 시간 지평은 인간이 현재에 살지만 의식은 항상 과거와 미래를 넘나들고 있다는 사실을 보여 준다. 구체적으로 이것이 작동하는 원리를 보자. 우리가 현재 어떤 자극을 받고 있다면 기억에 의해 축적되고 보존된 과거의 경험은 이 자극에 어떤 의미를 부여한다. 즉, 과거의 경험이 현재의 자극을 해독 가능한 기호로 전환하여 의미를 파악할 수 있도록 해 준다. 이 기호에서 추출되는 의미는 단순히 의미를 해독하는 차원에서 끝나지 않고 미래까지 예측할 수 있도록 해

---

[9] Paul Fraisse, *Psychologie du temps*, Paris, PUF, 1957.

준다. 그 결과, 자극은 현재에 어떠한 감정을 야기하고 필요한 행동을 유발한다. 달리 말하면, 시간 지평은 현재의 자극에 관련된 과거의 기억을 동원하고 의미를 해석한 다음 미래에 만족을 줄 행동을 취하게 하거나 미래에 위험을 가져올 행동을 피하게 해 준다.

시간 지평의 작동 원리에서 매우 중요한 것은 언어적으로는 과거와 미래라는 단어가 각각 독립적인 현실을 반영하는 것 같지만 사실 그것은 현재에서 떠올리는 과거와 미래의 이미지다. 즉, 과거와 미래는 현재에 존재하는, 떠올리는 이미지인 것이다. 또 인간의 시간 의식 속에서 과거의 회상과 미래의 예측은 결코 분리되어 독립적으로 존재할 수 없다. 우선 과거의 기억이 없으면 미래의 예측은 없다. 물론 미래의 예측이 반드시 들어맞는다는 보장은 없지만, 또 사람마다 예측하는 미래가 달라지기도 하지만, 미래의 예측은 과거의 기억이 있어야 가능하다.

따라서 과거와 미래는 독립적으로 존재하는 실체가 아니다. 과거는 현재화된 과거이고 미래는 현재화된 미래다. 우리는 미래를 예측하면서 현재화된 미래의 여러 가능성을 만나게 된다. 이 여러 가능성은 우리가 과거라는 방대한 기억의 서재에서 어떤 책을 꺼내 펼치느냐에 달려 있다. 미래를 예측할 필요성이 과거의 개별 기억을 소환하는 것이다. 인간의 인과적 사고의 근원도 바로 이러한 시간 지평의 활동에서 발견된다. 시간 지평을 통해 전에 일어난 것을 원인으로 보고 후에 일어나는 것은 결과로 보기 때문이다.

═══ 시간 지평이 감정과 행동을 만든다

시간 지평은 결코 단순한 심리적 유희가 아니다. 시간 지평이 없다면 인간은 온전한 삶을 영위할 수 없다고 해도 과언이 아니다. 시간 지평은 우리의 삶 속에서 감정, 결정, 행동 등에 매우 큰 영향을 미치기 때문이다. 나의 이등병 시절의 일기를 한번 보자.

초소에서 밤 보초를 서며 하늘을 쳐다본다. 무수한 별이 반짝이고 있다. 자대에 배치받고 겨우 한 달이 지났다. 너무나 적막한 어둠 속에서 머리는 맑아지기만 한다. 어쩌면 이 시간이 군대 내에서 가장 자유로운 시간이다. 고참은 건너편 초소에 있고 나는 내 초소에 서서 누구의 간섭도 받지 않고 자유로이 상상의 나래를 펼 수 있기 때문이다. 나는 이 순간 군인의 제복에서 빠져나와 자유롭게 시간 여행을 하기 시작한다. 기억이 부족하면 상상력을 동원해 과거의 어느 시절로 빠져든다. 이 삭막하고 통제된 공간에 오기 전 대학 교정을 오르던 기억이 떠오른다. 밤늦게까지 북적이던 대학교 주변 카페 거리, 그 길에서 만난 반가운 이들의 얼굴, 계절의 화려한 빛깔을 잔뜩 뽐내던 교정의 단풍나무들.

이 이등병의 일기는 시간 지평의 단면을 잘 보여 준다. 대한민국 청년에게 군 입대는 시간의 단절을 의미한다. 어쩔 수 없는 의무의 시간이고 고난의 시간이다. 잠잘 때가 제일 행복한 시절이다. 그래서 이등병은 그리운 과거를 추억하며 산다. 제대는 너무나 아득한 미래의 일이기 때문이다. 그럼 말년 병장은 어떨까?

한여름 뙤약볕 아래 소대원들이 굵은 땀방울을 흘리고 있다. 나와 동기는 막사 뒤 그늘 아래 누워 말년의 특권을 만끽하고 있다. 눈앞에 하늘이 푸른 도화지처럼 펼쳐져 있다. 그 위에 나는 상상의 그림을 그린다. 제대하면 나를 반겨 줄 가족, 친구, 그 그리운 얼굴들이 지나간다. 조금만 참으면 이 지긋한 군대 막사를 떠나 차압된 자유를 되찾게 될 것이다. 이 자유로 무엇이든 할 수 있을 것이다.

말년 병장에게는 미래에 대한 기대와 희망이 과거의 향수를 능가한다. 2년 이상을 군대에서 보내고 나면 제대는 거의 구원의 시간과 같다. 시간 지평은 우리의 삶 속에서 항상 의식적으로 혹은 무의식적으로 작동하고 있다. 하지만 우리의 현재 상황에 따라 과거와 미래의 관계는 상당히 다르게 나타날 수 있다. 현재는 고통의 시간이기 때문에 군인의 시간 지평은 과거의 추억을 떠올리거나 미래의 희망을 상상하는 것이다. 이등병 시절에는 과거에 대한 추억을 먹고 살지만 병장 시절에는 미래에 대한 기대나 희망으로 산다.

호모 템포라리스의 삶

인간의 본성을 표현하는 말은 호모 사피엔스homo sapiens, 호모 파베르homo faber, 호모 아카데미쿠스homo academicus, 호모 루덴스homo ludens 등과 같이 다양하다. 나는 시간적 관점에서 인간을 정의하기 위해 '호모 템포라리스homo temporalis'라는 표현을 사용하고자 한다. 굳이 라틴어 사전에서 이런 표현을 찾는 이유는 시간이라는 말의 기원을 살펴볼 필요가 있기 때문이다.

호모가 인간을 의미한다는 것은 누구나 알 것이다. 템포라리스는 어원적으로 종교 언어에서 '영원한'의 반대어, 즉 '유한한'을 의미했고 이후에는 '세속의'라는 의미로 사용되었다.[10] 템포라리스는 현대 프랑스어의 'temporel', 즉 '시간의'의 어원이라는 점에서 서구적 시간 개념의 유래를 짐작게 한다. 서구에서 시간의 개념은 근본적으로 영원하지 않는 것, 유한한 것에 뿌리를 내리고 있는 것이다. 우리말 시간時間도 '시각과 시각 사이'를 의미하므로 유한성의 의미를 내포하고 있다. 우리말 시간이

---

10 Jean Bouffartigue & Anne-Marie Delrieu, *Trésors des racines latines,* Paris, BELIN, 1981, p. 177

라틴어와 의미적으로 유사한 이유는 서구의 시간 개념을 근대에 와서 수용한 일본어에서 유래했기 때문일 것이다.

그래서 호모 템포라리스의 우리말 번역은 '유한한 인간' 혹은 '시간적 인간'이 모두 가능하다. 하지만 시간이라는 말이 역사적 과정에서 분화하고 그 의미가 변화해 왔다는 점을 볼 때 제한적인 의미를 담은 유한한 인간보다 시간적 인간이 더 적합한 번역이다. 시간적 인간은 유한한 인간을 포괄하면서 복합적이고 현대적인 의미까지 함축하고 있는 표현인 것이다. 그래서 시간적 인간의 정의는 쉽지 않으며 정의하는 사람에 따라 달라질 수 있다.

나는 시간적 인간을 이 책의 제목으로 구상하면서 내 나름의 개념을 담고자 했다. 이 개념은 동물과 차별화되는 인간의 고유한 본성을 보여 주는 것이다. 이 본성은 바로 인간의 시간 의식이다. 인간은 자신을 비롯하여 세상의 모든 것에 탄생과 소멸이 있다는 사실을 스스로 의식하고 있다. 이 유한성을 의식하기 때문에 인간은 아파하고 고민하고, 그래서 생각하고 성찰하는 존재가 된다. '시간 의식을 가진 인간', 이것이 시간적 인간에 대한 나의 정의다. 시간 의식은 시간적 인간을 특징짓는 가장 본질적인 특성이다. 시간에 관한 사유와 철학, 심지어 인간의 역사와 문명 그 모두가 인간의 이 본성에서 비롯되고 가능해진다.

인간은 타 동물과는 달리 매우 고차원적인 시간 의식을 가지고 있다. 물론 동물도 기억력을 가지고 있고 제한적이지만 미래도 예측할 수 있다. 하지만 동물은 일반적으로 '직관적 시간'만을 가지고 산다. 그래서 동물은 감각적 세계에 크게 영향을 받고 현재에 충실하며 살 수 있으나 오래된 과거를 회상할 수 없고 먼 미래를 예측하거나 계획할 수 없다.

반면 시간 의식을 가진 인간은 현재의 감각적 세계를 벗어나 정신적 활동을 통해 과거와 미래를 자유롭게 넘나들 수 있다. 이때 인간의 의식 속에서 과거와 미래는 현재화된 과거와 현재화된 미래를 말한다. 사실

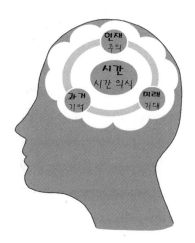

과거와 미래는 항상 현재에 떠올려지는 것이다. 그래서 인간의 정신 활동으로 표현하면 현재화된 과거는 기억 혹은 회상으로, 현재화된 미래는 예측 혹은 기대로 옮길 수 있다.

물론 인간의 시간 의식에서 과거, 현재, 미래가 항상 균형 상태를 유지하는 것은 아니다. 정상적인 인간에게는 시간 지평이 유사한 방식으로 작동한다. 하지만 과거 또는 미래가 미치는 영향은 상황, 경험, 성향, 연령에 따라서 상당히 다르게 나타난다.

현재가 불행하고 미래에 희망이 보이지 않는 사람은 과거의 좋은 기억을 탐닉하는 경향이 있다. 또 과거에 충격적인 사건으로 큰 상처를 입은 사람은 과거의 고통스러운 기억에서 빠져나오지 못하는 경우가 많다. 이 사람은 결국 과거의 기억 때문에 현재를 신음하며 살아간다. 앞으로 살아갈 날보다 살아온 날이 훨씬 많은 노인도 미래의 희망을 품고 살기보다는 과거 젊은 시절의 추억을 먹고 산다. 그래서 노인은 자식 앞에서 옛 경험을 쏟아 놓으며 추억에 잠기곤 한다. 이것이 '과거 지향적' 성향의 특징이다.

한편 '현재 지향적' 성향은 현재에 누릴 수 있는 즐거움을 찾고 그것에 몰입하는 경향이 있다. 돌아봐도 과거에 행복한 기억이 별로 없고 미래에 대한 희망도, 계획도 없이 오직 하루 벌어 하루 사는 것으로 만족하는 사람이나 도박, 경마와 같은 것을 하여 빨리 대박을 터뜨리고자 하는 사람이 여기에 속한다. 또 게임이나 술과 같은 중독성이 강한 것을 통해 의도적으로 시간 지평의 확장을 억제하고 현재에 몰입하는 사람도 이 범주에 속한다. 한편 최근에는 상당히 합리적이고 지적인 사람들도 현재 지향적 성향을 보이기도 한다. 이들은 의도적으로 '현재주의적' 삶을 선택한다. 현재주의는 과거는 바꿀 수 없는 부질없는 것이고 미래는 아직 다가오지 않은 것이라고 보며, 오직 감각이나 행동으로 접근하고 바꿀 수 있는 현재를 중시하는 태도를 말한다. 현재주의자는 주로 현재의 감각적 삶과 몰입을 즐기는 성향을 보인다. 이러한 삶의 태도는 시간에 대한 개인적 성찰에서 비롯되는 경우도 있고, 과거의 고통이나 미래의 불안 때문에 현재 속으로 피신하고 싶어 하는 심리적 경향에서 비롯되는 경우도 있다.

'미래 지향적' 성향은 과거나 현재에 결코 만족하지 못하고 더 나은 미래를 꿈꾸며 살아간다. 그래서 이 성향은 이상주의자에게서 많이 나타난다. 이상주의자는 다시 실천하는 이상주의자와 실천하지 않는 이상주의자로 나뉜다. 실천하지 않는 이상주의자는 과거와 현재를 비판만 하고 항상 새로운 것만 찾거나 이상 속에서 만족을 찾으려고 한다. 그는 항상 새로운 길을 찾지만 중도에 포기하는 경우가 많다. 반면 실천하는 이상주의자는 실제로 강한 동기를 가지고 상당한 성취를 이루기도 한다. 하지만 항상 더 나은 미래를 꿈꾸기 때문에 때로는 현재의 즐거움이나 행복을 놓치는 경우가 많다.

===== 시간 의식이 행복을 좌우한다

인간의 시간 의식은 행복에 큰 영향을 미친다. 과거 지향적 인간, 현재 지향적 인간, 미래 지향적 인간 중에서 누가 더 행복할까? 사실 세 성향을 지닌 인간은 모두 그리 행복한 삶을 누리지 못한다. 왜냐하면 지나치게 한 측면에 치우쳐 있기 때문이다.

행복한 사람은 과거, 현재, 미래 간에 균형과 긴장 관계를 유지하며 살아간다. 우리는 분명 물리적으로 현재의 삶 속에서 살아가고 있지만 의식 속에서는 결코 과거와 미래의 끈을 놓아 버릴 수 없다. 그렇다고 과거 또는 미래에 지나치게 집착하면 현실감을 상실할 수 있다. 그래서 균형 잡힌 삶을 영위하는 사람은 현재의 시간 의식 속에서 과거의 기억과 미래의 예측이 팽팽하게 줄다리기하는 것을 경험한다. 때에 따라 이 줄다리기에서 과거 또는 미래가 상대적으로 우위에 설 수 있지만 결코 과거가 이겨서도 안 되고 미래가 이겨서도 안 된다. 그리고 현재는 양측으로부터 삶의 생명력을 부여받아야 한다. 현재의 삶은 과거로부터 끊임없이 존재의 이유를 발견하고 미래를 예측하고 준비하기 위한 지식과 지혜를 얻어야 한다. 한편 미래로부터는 삶의 동기와 희망을 찾아야 한다. 그래야만 인간은 원하는 미래를 계획하고 이것을 실천에 옮길 수 있다. 현재가 반드시 과거와 미래를 연결하는 다리가 될 필요는 없다. 현재는 과거가 만들어 놓은 조건들을 수용하지만 때에 따라서 의지와 행동으로 새로운 미래로 전환하는 분기점이 될 수 있어야 한다.

이처럼 과거, 현재, 미래는 시간의 연속적인 흐름을 보여 주기 위한 것처럼 보이지만 실상은 인간의 시간 의식에서 공존하면서 상호 의존적인 관계를 맺고 있다. 이 관계 속에서 각각은 고유한 역할을 수행하며 삶에 지대한 영향을 미친다.

그런데 시간 의식 속에서 과거, 현재, 미래의 균형을 유지하는 일

은 그 누구에게도 결코 쉬운 일이 아니다. 그 이유로는 두 가지를 들 수 있다. 첫째, 우리의 의식은 종종 불시에 무의식의 영향을 받기 때문이다. 무의식의 세계는 우리 자신도 잘 알 수는 없지만 그 속에 기록된 과거의 경험은 마치 잔에 가득 찬 물처럼 약간만 흔들려도 흘러넘칠 수 있다. 그렇기 때문에 시간 의식이 항상 무의식과 구분되는 의식의 차원에 머물러 있는지도 명확하지 않은 것이 사실이다. 일반적으로 심리학에서는 무의식에는 시간이 존재하지 않는다고 말한다. 하지만 나는 무의식이 어떤 방식으로든 시간 의식에 영향을 미칠 수 있다고 생각한다. 둘째, 시간 의식은 인간의 내부에서 독자적으로 움직이는 주관적인 심리적 활동이 아니라 끊임없이 외부의 환경 변화로부터 자극을 받아 이루어지기 때문이다. 현재의 삶에서 항상 불현듯 일어나는 다양한 사건이나 사고 또는 경제적 위기나 사회적 변혁 등은 기존에 우리가 가지고 있던 시간 지평을 한순간에 뒤집어 버릴 수도 있다. 그렇게 되면 스스로 새로운 시간 지평을 만들기 위해 고통을 인내하고 많은 노력을 기울여야 하지만 개인적 노력으로 외부에서 밀려오는 수난을 극복하기는 쉽지 않다.

심리적인 차원에 볼 때 시간 의식과 행복은 이처럼 매우 밀접한 관

계를 가지고 있다. 우리는 일상생활에서 과거, 현재, 미래 중 어느 한쪽에 너무 쏠리는 것을 경계하며 그 관계를 적절하게 조정하면서 살아간다. 하지만 때로는 과거의 상처가 돌출되어 슬퍼하기도 하고 때로는 미래에 대한 근심에 휩싸이기도 한다. 그래서 시간 의식은 동물이 갖지 못한 인간만의 특권이면서 동시에 불행의 씨앗이기도 하다. 철학자 니체Nietzsche는 이 점을 명확히 직시하고 있었다.

풀을 뜯어먹으면서 나의 앞을 지나가는 소 떼를 보며 생각한다. 소들은 어제 있었던 일을 알지 못하고 오늘이 무엇인지 알지 못한다. 그들은 여기저기 뛰어다니고 먹고 쉬다가 다시 뛰기 시작한다. 아침부터 저녁까지, 날마다, 즐거움이 무엇이든, 불쾌함이 무엇이든. 순간의 말뚝에 묶여 그들은 우울함과 지겨움도 없다. 인간은 이것을 보며 슬퍼한다. 왜냐하면 인간은 짐승들 앞에서 거드름을 피우면서도 짐승의 행복을 질투하기 때문이다. 이것은 짐승에게서 원하는 것을 보기 때문인데, 인간은 짐승처럼 염증이나 고통을 느끼지 않기를 원하는 것이다. 그러면서도 한편으로 인간은 이러한 것을 느끼기를 원한다. 왜냐하면 짐승과 같아지기를 원하지 않기 때문이다. 어느 날 인간은 아마 짐승에게 묻고 싶을 것이다. "왜 너는 나에게 너의 행복을 말하지 않지? 왜 나를 바라보기만 하는 거지?" 짐승은 답할 것이다. "그 이유는 내가 대답하고자 하는 것을 매번 잊어버리기 때문이야." 짐승은 대답을 준비하는 동안 대답을 잊어버리고 침묵한다. 그리고 인간은 놀란다.[11]

들판의 소에게는 기억할 과거도 예측할 미래도 없다. 오직 현재, 이 순간만이 있을 뿐이다. 그래서 니체는 소를 부러워한다. 돌이킬 수 없는 과거의 영향으로부터 자유롭고 미래에 대한 걱정과 불안도 없이 현재의 매 순간에 몰입하는 것은 분명 행복한 삶의 한 모습이기 때문이다. 하지만 이 부러움은 체념에 가깝다. 인간의 의식 속에는 항상 과거와 미래를 넘나드는 시간 지평이 작동하고 있어서 인간은 소처럼 현재에 충실하고 싶어도 그렇게 할 수 없기 때문이다. 그래서 인간에게 현재는 결코 독립적으로 인식될 수 없으며 항상 과거 그리고 미래와의 관계 속에서 현재의 의미나 가치가 발견된다.

---

11 Friedrich Nietzsche, *Seconde considération intempestive: de l'utilité et de l'inconvénient des études historiques pour la vie* (*1874*), Paris, GFFlammarion, 1988, p. 75.

제 2 장

과거는 창조의 에너지다

과거가 삶에 미치는 영향

2012년 여름에 개봉한 〈미드나잇 인 파리Midnight in Paris〉라는 영화를 보면서 나는 현재와 과거에 관한 흥미로운 상상에 빠져들었다. 주인공은 성공한 시나리오 작가로 새로운 소설에 도전하고 있다. 그는 약혼녀와 함께 파리에 체류하면서 약혼녀의 부모 그리고 우연히 만난 약혼녀의 친구 부부와 함께 파리의 상류층 문화를 마음껏 누린다. 로댕의 조각상을 감상하고 베르사유 궁전을 거닐고 파리의 최고급 레스토랑에서 최고의 요리와 와인을 즐긴다. 하지만 그는 이러한 물질적이고 사치스러운 생활보다 파리가 간직하고 있는 옛 문화를 그리워한다. 그래서 그의 소설에도 골동품 가게를 운영하는 주인공이 등장한다. 현재의 삶에 지친 그는 어느 날 약혼녀 가족의 제안을 거절하고 홀로 밤늦게 걸어서 호텔로 돌아가기로 한다. 그런데 걷다가 잠시 쉬는 동안 놀라운 일이 벌어진다. 영화에서나 나올 법한 고풍스러운 승용차가 멈추고 그 안에서 술에 취한 사람들이 그에게 빨리 타라고 손짓한다. 그는 주저하다가 얼떨결에 그 승용차에 올라탄다. 그는 달리는 차에서 파리의 과거 모습을 본다. 그는 차 안의 취한 사람들을 따라 파티장에서 카페로, 식당에서 살롱으로 여기저기 옮겨 다니면서 헤밍웨이, 피카소, 달리 등 그가 동경하던 문인과 예술가를 만나는 환상적인 밤을 보낸다. 그가 동경하고 꿈꾸던 '아름다운 시대Belle Epoque'로 되돌아가서 그들과 함께 생활하는 것이다. 밤마다 그는 이 놀라운 경험을 계속한다. 그런데 그 과정에서 그는 피카소의 옛 애인과 사랑에 빠지고 만다. 그가 그녀에게 키스하던 어느 날 밤, 두 사람은 또다시 한 단계 더 과거의 세계로 빠져들고 그녀는 그곳에 남기를 원한다. 결국 그와 마찬가지로 그녀도 자신의 시대에 만족하지 못하고 과거를 동경하고 꿈꾸고 있었던 것이다. 이 사실을 깨달은 그는 결국 다시 현실로 돌아오고 자기처럼 빗속의 파리 거리를 좋아하는 여인을 발견한다.

이 영화는 마지막 장면에서 결국 주인공을 과거에서 다시 현재의 삶으로 복귀시킨다. 그런데 흥미로운 것은 관객에게 과거에 대한 아련한 향수를 불러일으키다가 마지막에는 현재의 삶이 중요하다는 메시지를 던지고 있다는 점이다. 이 영화를 본 관객은 상당수가 관람 중에 오랫동안 펼쳐 보지 않은 먼지가 소복한 사진 앨범을 다시 펼쳐 보는 상상을 하지 않았을까?

사실 인간은 누구나 때때로 과거를 회상한다. 회상이라는 것은 그리움일 수도 있고 후회일 수도 있다. 회상하는 과거가 그리움의 향기를 품고 있다면 그 과거가 현재보다 더 나은 혹은 현재에는 가질 수 없는 무언가를 가지고 있기 때문일 것이다. 그렇다면 과거에 대한 추억은 현재의 불만족에 대한 정신적 반작용일 가능성이 높다.

한편 과거를 후회하는 사람은 과거의 특별한 경험과 사건 자체가 불만스럽거나 혹은 그때 욕망이 충족되지 못했기 때문에 현재에도 고통, 아쉬움, 스트레스를 느끼는 사람일 것이다. 이런 사람에게는 과거에 대한 안타까움이 절망에 가깝다. 왜냐하면 그 과거는 그가 어떻게 해 볼 수 있는 가능성의 영역을 벗어난 곳에 그대로 매장되어 있기 때문이다. 어쩌면 그렇기 때문에 때로는 회상이라는 정신적 활동은 과거 사건을 정신적으로 재현하거나 단순히 안타까움을 재확인하는 것이 아니라 상상의 붓으로 그 사건을 의식적으로 혹은 무의식적으로 채색하는 작업일 수도 있다. 달리 말하면 정신적 치유의 과정일 수 있다는 말이다.

　일반적으로 인간에게 과거를 회상하고 그리워하거나 후회하는 일은 자연스럽게 발생하는 일이다. 이것은 달리는 기차에서 사심 없이 먼 풍경을 쳐다보는 것과 비슷하다. 하지만 인간은 때로 지나치게 과거에 집착한다. 그래서 현재의 삶을 내팽개치기도 하고 심지어는 미래에 대한 계획을 폐기하기도 한다. 과거의 경험이 지식이나 지혜를 주는 것이 아니라 현재의 삶의 발목을 잡기도 하는 것이다.

　과거에 과도하게 집착한 나머지 현재의 삶이 황폐해지거나 파괴되는 경우도 있다. 이것은 과거에 너무나 충격적인 사건을 경험해서 그때의 트라우마를 극복하지 못하는 사람에게서 종종 발견된다. 비행기 참사, 교통사고, 대지진, 가족의 죽음, 테러, 집단 학살 등을 겪은 사람들이 종종 이 경우에 해당한다. 심지어 고통스러운 기억을 극복하지 못하고 술과 마약에 빠져 남은 인생이 폐허가 되어 버리기도 한다. 그래서 때로는 망각이 삶에 도움이 되기도 한다. 돌이킬 수 없는 과거가 현재의 삶을 지속

적으로 뒤흔들 때는 더욱 그러하다. 하지만 시간 의식을 가진 인간에게는 망각 자체도 결코 쉬운 일이 아니다.

하지만 고통스러운 과거의 경험에 대한 기억이 반드시 삶의 파괴로 귀결되는 것은 아니다. 어떤 사람은 오히려 살아 있음의 소중함을 절실히 깨닫고 남은 시간을 더욱 충실하게 살기도 한다. 제2차 세계대전에서 생존한 유태인 중에는 이런 삶의 길을 걷고 있는 사람이 많은 것으로 알려져 있다. 일제강점과 6·25전쟁을 겪은 우리 부모 세대도 마찬가지가 아닐까. 가족을 잃고 폐허가 된 땅에서 국가를 재건하고 자식에게 열정을 쏟은 그들의 삶을 우리는 잘 알고 있다. 오히려 과거의 고통스러운 경험이 현재의 삶에 대한 애착과 감사함을 줄 수도 있는 것이다.

▬▬▬ 후회를 하려면 처절하게

인간은 동물과는 달리 시간 지평을 가지고 있기 때문에 현재의 삶에서 심리적으로 과거의 영향에서 벗어나기가 힘들다. 하지만 과거는 이미 활을 떠난 화살이요, 돌아오지 않는 강물이라는 사실을 인간은 잘 알고 있다. 그럼에도 인간은 누구나 가끔 과거를 후회하거나 과거로 되돌아가 후회되는 일을 바꾸고 싶은 충동에 사로잡힐 때가 있다. 그럼 과연 과거를 후회하는 일은 부질없는 일일까?

여기서 우리는 시간 의식에 등장하는 심리적 과거와 물리적 과거를 구분해야 한다. 물리적 과거는 실제로 발생한 사건이기 때문에 결코 되돌릴 수 없다. 심리적 과거는 항상 해석을 동반한다는 점에서 물리적 과거와 다르다. 단순히 기억의 차원을 넘어 후회한다든지 그리워한다든지 하는 심리적 반응은 항상 현재적 평가 또는 해석에서 비롯된다. 이처럼 과거의 의미는 현재의 삶에서 평가되는 것이며, 따라서 시간이 지나면서 또 바뀔 수 있다.

과거의 의미가 바뀐다는 것은 과거의 사건 자체가 바뀌는 것이 아니라 그것의 해석이 바뀐다는 것이다. 이처럼 과거의 긍정적 혹은 부정적 의미는 과거 그 자체에서 비롯되는 것이 아니라 현재 혹은 미래와의 관계에서 해석되는 가변적인 것이다. 그래서 우리는 삶에서 후회스러운 과거의 사건이 때로는 긍정적인 사건으로 둔갑하는 것을 종종 경험한다. 삶에서 이러한 현상을 잘 보여 주는 고사성어가 바로 '새옹지마塞翁之馬'다. 실제로 우리는 살면서 복이라고 생각한 것이 화를 불러오고, 화라고 생각한 것이 나중에 복을 가져오는 계기가 되는 것을 수도 없이 경험한다. 이러한 새옹지마의 경험은 물리적 과거는 변화하지 않지만 과거의 의미는 계속해서 변화할 수 있다는 사실을 잘 보여 준다.

새옹지마라는 인생에 대한 성찰은 과거를 후회하는 사람에게는 위로가 될 것이다. 하지만 실제 한 개인의 삶에서 새옹지마가 과연 그렇게 자주 일어날까? 만약 그렇다면 그는 새옹(변방의 늙은이)처럼 어떤 사건이 벌어졌을 때 웃거나 울지도 않는 밋밋한 삶을 살아야 하지 않을까?

새옹지마가 분명 다사다난한 삶 속에서 우리에게 위안을 주기도 하지만 한 가지 중요한 점을 놓치게 만든다. 이 고사성어의 교훈 속에는 개인의 의지와 노력에 대한 성찰이 빠져 있다. 누군가가 큰 실수를 저질렀을 때 새옹지마의 교훈에 따라 인내심을 가지고 기다린다고 치자. 운이 좋아 며칠 혹은 몇 달 후에 화가 복으로 바뀌면 다행이겠지만 경우에 따라서는 몇 년, 심지어 몇십 년이 걸릴 수도 있다. 이 경우에도 그는 새옹지마라는, 길흉화복의 운에 의지하고 살아야 하는가?

이 지점에서 우리는 후회스러운 과거에 대처하는 인간의 매우 능동적인 행동을 발견하게 된다. 대학 신입생을 보자. 우리나라 대학은 서열화되어 있기 때문에 신입생은 입학과 동시에 그 대학의 상징 자본을 갖게 된다. 치열한 경쟁 속에서 원하는 대학에 들어가지 못한 학생은 고교 시절 좀 더 열심히 공부하지 못했다며 후회하기도 한다. 물론 서열화된 구조 속에서 1등을 제외한 대학에 들어간 학생들은 모두 자신의 처지에서 후회를 할 수 있다. 그럼 이 학생은 입학한 후에 후회되는 과거에 대해 어떻게 대응할까?

다양한 대응 방식이 있겠지만 후회되는 과거에 대한 태도로 주목할 만한 대표적인 두 유형을 발견할 수 있다. 우선, 매우 빠르게 대처하는 학생은 바로 휴학이나 자퇴를 하고 재수를 할 것이다. 열심히 노력해서 좀 더 상위의 대학에 들어갈 수도 있다. 하지만 실패한다면 복학을 하거나 기존에 합격한 대학과 유사한 순위의 대학에 들어가게 될 것이다. 이 경우 대학 시절 내내 마음 한구석에 불만과 후회를 안고 살아간다. 물론 재수를 하지 않아도 이러한 심리적 상태에서 대학을 다니는 학생도 있을 것이다.

반면 어떤 학생은 만족스럽지는 않지만 현재의 현실을 받아들인다. 그리고 입학을 새로운 출발점으로 삼고 더 나은 미래를 계획한다. 하지만 과거를 의도적으로 망각하거나 기피하지는 않는다. 오히려 과거를 직시해서 과거 실패의 원인을 발견함으로써 후회를 교훈으로 대체한다. 이 경우 후회되는 과거는 매우 능동적인 에너지의 원천으로 승화된다. 실제로 유명한 위인 중에는 열등감이나 과거의 후회가 성공의 동력이었다고 말하는 사람이 적지 않다.

조금 단순화하기는 했지만 우리는 끊임없이 이 두 가지 태도 사이에서 고민하고 선택한다. 과거를 계속 후회하는 태도는 과거를 끊임없이 후회해야 할 과거로 고착화한다. 반면 과거를 후회하는 데 그치지 않고 교훈을 발견하여 현재 또는 미래를 개척해 나가는 태도는 결국에는 과거의 의미조차 바꾸어 놓는다.

여기서 과거의 문제를 개인의 심리적 차원과 사회구조적 차원으로 구분할 필요가 있다. 개인의 심리적 차원에서 문제가 되는 것은 과거에 대한 과도한 후회와 집착이다. 과거를 끊임없이 후회만 하는 사람은 이미

관람한 한 편의 영화처럼 과거의 일이 이미 종결되어 버렸다고 본다. 그러고는 현재의 불행이 지나간 과거 탓이라며 후회한다. 하지만 이 사람은 다시 유사한 일과 마주치면 과거와 유사한 선택과 행동을 할 가능성이 높다. 과거에만 집착하면 집착할수록 과거 그 자체가 아닌 그 집착 때문에 앞으로도 실패할 확률이 높다. 그리하여 후회스러운 과거는 앞으로도 계속 후회스러운 과거로 남게 될 확률이 높다. 과거가 과거를 재생산하여 악순환이 반복되는 것이다. 반면 미래에 더 많은 가치를 두고 과거의 반성으로부터 자양분을 얻는 사람도 있다. 시간이 지나면 어느 순간 그에게 그 과거는 더 이상 후회의 대상이 아니라 성공의 원인이 되어 있을 것이다. 이것이 과거에 대한 반성과 개선의 노력으로 더 나은 현재와 미래를 만듦으로써 부정적인 과거를 긍정적인 과거로 재평가하게 되는 경험이다. 이것이 인간이 타임머신 없이도 과거를 바꿀 수 있는 유일한 방법이다.

　한편 사회구조적 차원에서 볼 때 과거는 개인적 노력에도 불구하고 지속적으로 개인의 자유와 가능성을 제한하는 중요한 요인으로 작용할 수 있다. 대학의 상징적 가치가 서열화되어 있는 우리나라에서는 출신대학이 소멸되지 않는 상징 자본으로 작용하기 때문에 개인이 경력을 개발하는 데 지속적으로 영향을 미칠 수 있다. 그래서 개인의 미래가 비록 미리 결정되어 있다고까지 말하기는 힘들지만 과거의 영향에서 벗어나기 위해서는 상당한 개인적 노력이 필요하다. 이것은 미래가 구조적으로 닫힌 사회의 중요한 특징이다. 미래가 닫힌 사회에서는 한 번의 실수나 실패도 개인의 미래를 결정하는 데 중요한 요인이 된다. 반면 미래가 열린 사회에서는 어느 정도까지 과거의 실수나 실패를 허용한다. 이 사회에서는 과거의 결정력이 비교적 작기 때문에 도전이나 실패를 오히려 장려하고 이러한 경험을 통해 개인은 스스로의 노력으로 새로운 길을 개척할 수 있다.

이처럼 과거의 문제는 개인적 차원과 사회적 차원을 함께 고민해야 풀어 갈 수 있는 숙제다. 본질적으로 과거는 미래의 가능성을 제한하는 경향이 있다. 현재는 과거가 퇴적된 토양 위에서 자라기 때문이다. 하지만 인간의 상황은 다르다. 인간은 과거의 후회를 더 나은 미래를 위한 발판으로 만들 수 있다. 그리고 더 나은 미래를 실현하고 난 다음에는 그 과거가 더 이상 후회스러운 과거가 아니다. 후회한다는 것은 미래에 대한 일말의 희망을 품고 있다는 것을 의미한다. 만약 이 희망조차 없다면 그 것은 후회가 아닌 절망이기 때문이다. 조조가 적벽대전에서 대패하고 난 후 울고 있는 장수들과 병사들을 모아 놓고 말한다. "명의는 사람을 많이 죽여 본 의사이고 명장은 많이 패해 본 장수다."

═══ 인간은 왜 과거를 후회하는가?

과거의 후회는 매우 쓰라린 정신적 고통을 동반한다. 후회는 마치 독감에 걸리듯 우리가 원하지 않는데도 불쑥 찾아와 우리를 괴롭힌다. 때로는 후회가 독감 수준을 넘어 심각한 병으로 악화되기도 한다.

그럼 과거를 후회하지 않을 수는 없을까? 안타깝게도 인간은 누구나 과거를 후회하는 경험을 한다. 과거를 후회한 적이 없는 사람은 시간 의식 없이 매 순간의 감각적 자극에 몰입하는 동물과 유사한 삶을 살아왔을 것이다. 하지만 나는 아직 이런 사람을 본 적이 없다. 그렇다면 후회는 그냥 어쩔 수 없이 겪을 수밖에 없는 것이고 그때그때 치료해야 할 병으로 받아들일 수밖에 없는 것일까? 하지만 후회는 신체적 질병과는 달리 약국에 치료약이 존재하지 않는다. 그래서 많은 사람은 후회하는 사람에게 지나간 일은 후회해 봐야 소용없으니 잊으라고 혹은 그냥 후회하지 하지 말라고 조언한다. 하지만 나는 과거의 후회가 단순히 의식적 망각으로 해결된다고 생각하지 않는다. 그 이유는 과거 행동의 결과가 현재에 영향을 미치고 있고 미래에도 지속적으로 영향을 미치기에 언젠가 다시 후회가 되살아날 것이기 때문이다.

그런데 나는 후회가 반드시 기피해야 할 것이라는 관점에 동의하지 않는다. 사실 과거의 후회는 인간 고유의 시간에 대한 매우 소중한 교훈을 함축하고 있다. 우리는 왜 과거를 후회하는 것일까? 물론 그 이유는 한마디로 인간이 시간 의식을 가지고 있기 때문이다. 시간 의식을 가진 인간이라면 과거를 기억하지 않고 살아갈 수가 없다. 물론 과거의 기억이 항상 정확한 과거 사건의 재생은 아니라고 하더라도 인간은 과거의 기억 때문에 종종 슬퍼하거나 고통스러워하고 후회한다. 과거의 후회는 과거의 기억에서 파생되는 하나의 특별한 정신적 반응이다. 많은 사람이 과거를 후회하는 이유로 과거에 실수를 저질렀거나 잘못된 행동을 했기 때문이라고 말한다. 이 답변에서 우리는 두 가지 흥미로운 사실을 발견할 수 있다. 첫째, '잘못된'이라는 표현은 과거에 일어난 사실에 대한 묘사가 아닌 평가 혹은 해석이라는 것이다. 둘째, 과거의 행동에 대한 평가는 항상 현재적 관점에서 내린 평가라는 것이다.

여기서 우리는 후회를 하는 보다 본질적인 이유를 만나게 된다. 즉, 후회라는 것은 바로 인간이 기억을 통해 경험하는 정체성의 혼란에 대한 정신적 반작용이라는 것이다. 인간은 변화하는 세상 속에서 살고 있다. 자연이 변화하고 사회가 변화하고 자신도 변화한다. 인간은 지속적으로 이러한 변화를 감지하고 기억의 창고 속에 변화에 대한 정보를 저장한다. 새옹지마라는 고사성어도 바로 세상만사는 변화한다는 이 보편적인 사실을 알려 준다. 여기서 중요한 것은 이처럼 변화하는 세상 속에서 적응하며 사는 동안 인간은 끊임없이 정체성의 혼란을 겪는다는 사실이다.

　　인간에게 기억하는 일은 단순히 변화에 대한 정보를 기록하는 차원을 넘어서 변화를 이해하는 의식적 노력이다. 여기서 이해한다는 것은 마치 어떤 사건에 대해 한 편의 이야기를 쓰는 것과 같이 사건의 시작과 끝을 찾아 통일성 있는 질서를 부여하는 것이다. 이야기를 쓰는 작가는 대부분 끝을 미리 알거나 결정한 상태에서 이야기를 구성해 간다. 그렇기 때문에 작가는 한 편의 소설이나 영화 시나리오에서 독자가 사건의 논리적 전개 과정을 쉽게 이해하도록 쓸 수 있는 것이다.

　　우리가 살면서 기억한다는 것도 바로 이러한 삶의 이야기를 쓰는 작업과 비슷한 과정을 거친다. 삶 속에서 기억은 삶에서 벌어지는 수많은 사건에 대해 질서를 부여하는 작업을 수행한다. 그런데 소설과 달리 우리의 삶은 항상 진행형이기 때문에 끝을 알 수가 없다. 끝을 모르는 작가가 소설을 쓸 수 없듯이, 우리는 삶이 지속되는 동안 중요한 사건이 발생할 때마다 매번 삶의 이야기를 수정해야 한다. 항상 완성되지 않는 이야기, 끝을 알 수 없는 이야기를 쓰면서 우리는 자신을 이해하는 데 혼란을 경험하게 된다. 그런데 이 정체성의 혼란이 바로 후회의 근본적인 원인이다.

　　과거 자아와 현재 자아가 달라서 야기되는 정신적 위기 혹은 대혼란이 바로 후회인 것이다. 현재의 자신의 눈에서 볼 때 과거에 실수를 저지른 자신을 용납하기가 힘들지만 인정하기는 싫어도 과거의 자신 역시 다름 아닌 자기 자신이다. 기억의 거울 속을 쳐다보면 과거의 자아가 서 있는 것이다. 그래서 후회하는 이는 후회를 하는 동안 거울을 쳐다보기가 싫다. 거울 앞에 서 있는 현재의 자신은 기억의 거울에 투영된 과거의 자신을 미워하지만 결국 두 자신은 동일한 자신이며 시차를 통해 분열된 자신인 것이다. 이 동일한 자신의 두 얼굴, 즉 정체성의 혼란이 바로 과거의 후회인 것이다. 그리고 언젠가 현재 자아가 과거 자아에게 화해의 손을 내미는 순간 후회는 사라지고 자신의 이야기는 새롭게 쓰이게 된다.

기억은 무언가를 창조한다

기억은 무엇인가? 기억은 시험을 잘 보기 위한 도구일까? 기억은 저녁노을을 바라보며 지나간 일을 추억하기 위한 것일까? 사실 기억은 그렇게 단순한 것이 아니다. 기억은 광활하고도 심오한 우주와 같은 세계다. 이 기억의 세계에서 시간이 탄생한다. 한마디로 기억은 시간의 창조자다. 기억이 없으면 인간은 시간을 알 수 없다. 따라서 기억을 이해한다는 것은 인간의 고유한 시간을 이해하는 것이다.

그러면 이제 기억의 세계를 탐험해 보자. 우선, 우리는 물질의 시간과 기억의 시간을 구분해야 한다. 우리는 사물의 외면과 움직임을 감각적으로 지각하면서 마치 그 사물에 대해 모두 아는 것처럼 생각한다. 하지만 이렇게 사물을 인식하는 것은 사물을 공간적으로 파악하는 것일 뿐 그 사물의 본질을 아는 방법은 아니다. 우리 눈에 잘 보이지는 않지만 모든 사물은 끊임없이 운동한다. 심지어 단단한 돌이라 하더라도 마찬가지다. 단지 우리의 눈이 보지 못할 뿐이다. 이처럼 물질의 존재 방식은 운동 그 자체다. 그래서 물질의 시간도 운동 그 자체다. 이 운동은 공간 속에서의 이동이 아닌 사물의 내적 운동을 말한다. 우리가 사물을 지각하는 것은 운동하는 사물의 한 순간을 포착하는 것이다. 그것은 그 사물의 사진을 찍는 것과 같다. 사진의 본질적인 기능은 사물이 '과거 어느 순간에 있

었다$_{\text{ça a été}}$'는 것을 증명하는 것이라고 바르트$_{\text{Barthes}}$[1]가 말한 이유가 여기에 있다.

우리는 매 순간 정지된 세상을 지각할 뿐 사실 모든 물질은 운동하고 있다. 우리는 보통 이 사실을 잊고 살거나 외면하며 산다. 사실 그것을 인식하며 산다는 것은 괴로운 일이다. 세상의 모든 것은 운동하고 변화한다는 사실은 유한한 생명체인 인간을 불안하게 만들기 때문이다. 그래서 인간은 무덤에 비석을 세우는 것이 아닐까? 비석을 세운다는 것은 인간보다 훨씬 느리게 변화하는 돌이라는 상징적 물질로 유한한 인간을 기억하고 영속화하는 하나의 방법이니까 말이다. 그래서 인간은 불멸을 동경하며 오래된 돌과 나무를 숭배한다. 인간은 자신보다 더 오래 존재하는 것에 의존하고 위로를 받는 것이다. 하지만 속도의 차이가 있을 뿐 세상의 모든 물질은 끊임없이 운동하고 변화한다.

인간을 포함한 모든 생명체도 물질과 마찬가지로 운동한다. 이 운동도 마찬가지로 공간에서의 움직임이 아닌 내적 운동을 말한다. 생명체에서는 이 내적 운동을 진화라고 부를 수 있다. 진화라는 개념에서 생명체의 고유한 운동이 드러난다. 생명체의 진화는 환경에 적응하며 변화하지만 그 과정에서 동일성을 유지한다. 프랑스의 철학자 베르그손$_{\text{Bergson}}$은

---

1   롤랑 바르트$_{\text{Roland Barthes}}$는 20세기 후반기의 프랑스 사상계를 대표하는 기호학자이자 문학평론가다. 그는 이미지 기호학을 개척하여 세계적인 명성을 얻었고 그의 사상은 문학을 넘어 타 학문에도 큰 영향을 미쳤다. Roland Barthes, *La chambre claire : Note sur la photographie*, Paris, Seuil, 1980.

이러한 운동을 '지속duree'이라고 부른다.[2] 그의 철학적 관점에서 지속한다는 것은 운동하고 변화하지만 동시에 동일성을 유지하는 것을 의미한다. 인간의 몸은 태어나서 죽을 때까지 계속 변화하지만 자신의 동일성을 유지하는 것이다.

지속은 변화와 파괴만을 야기하는 운동도, 고정된 것이 유지되는 운동도 아니다. 이것은 자신의 동일성을 유지하는 운동이다. 여기서 운동은 필연적으로 변화를 동반하는데 어떻게 동일성을 유지할 수 있는가에 대한 의문이 제기될 수 있다. 지속 현상은 생명의 진화 과정을 보면 더욱 명확해진다. 한 종이 미래에 갖게 될 특징은 그 종이 과거에 갖지 못한 새로운 특징이다. 하지만 미래의 종은 과거의 종과 완전히 다른 새로운 종은 아니다. 한 종은 계속해서 종의 동일성을 유지하면서 동시에 운동을 통해 창조적으로 진화해 가는 것이다.

생명체는 이처럼 자신의 동일성을 유지하면서 동시에 변화하는 환경 속에서 생존하기 위해 창조적 진화를 계속해 나간다. 그런데 생명체가 진화해 나가도록 하는 것이 바로 기억이다. 기억은 물질세계의 감각적 지각에서 출발한다. 인간의 감각은 세상과 소통하는 창구다. 이 창구를 통해 우리는 세상의 변화를 직접 몸으로 접하고 이를 지각한다. 그리고 지각된 것은 기억 속에 기록되고 보존된다.

기억은 '육체적 기억'과 '정신적 기억'으로 나눌 수 있다.[3] 육체적 기억은 우리의 습관을 보면 쉽게 이해할 수 있다. 이 기억은 반복적인 운동이나 훈련을 통해 생명체의 몸, 즉 근육과 신경에 각인되어 유사한 자극이나 환경에서 동일한 행동을 이끌어 낸다. 그래서 우리는 젓가락으로

---

2 앙리 베르그손, 『의식에 직접 주어진 것들에 관한 시론』(최화 옮김), 서울, 아카넷, 2001, p. 311. '지속'에 대해서는 제9장에서 추가로 설명할 것이다.

3 베르그손에 따르면 육체적 기억은 '습관 기억souvenir-habitude'이고, 정신적 기억은 '이미지 기억souvenir-image'이다. 기억에 대한 설명은 제9장에서 이어진다.

식사할 때 매번 그 사용법을 배우지 않아도 되는 것이다.

정신적 기억은 반복되지 않는 고유한 사건에 대한 기록과 같은 것이다. 인간의 정신은 지각된 경험을 기록하긴 하지만 어떤 것이 정신세계에 기록되었는지 일상생활에서는 잘 알지 못한다. 왜냐하면 인간의 몸은 모든 기억이 일상생활에서 떠오르는 것을 억제하기 때문이다. 우리가 일상에서 항상 기억의 세계 속을 떠돌아다니면 현실 세계를 지각하며 살아갈 수 없다. 그래서 몸은 현재에 지각된 것과 유사하거나 유용한 것만 기억에서 호출하고 다른 기억은 억제한다.

이제 이 지점에서 우리는 기억의 중요한 역할을 만나게 된다. 흥미로운 것은 현재 호출된 과거의 기억은 현재의 지각을 새롭게 창조한다는 것이다.[4] 이때 기억은 우리의 몸이 현재 지각하고 있은 것을 완전히 이해할 수 있을 때까지 최대한 과거의 기억들을 호출한다. 그래서 우리는 현재 지각된 것을 점점 더 섬세하게 이해할 수 있다.

나는 대학 시절 베토벤의 피아노 협주곡 5번 〈황제〉의 2악장을 들은 적이 있다. 당시 나는 팝 음악에 빠져 있었고 클래식을 들어도 잘 이해할 수 없었다. 그래서 내게는 〈황제〉도 따분하기 그지없는 음악이었다. 그리고 오랜 시간이 지나 우연한 기회에 나는 다시 이 곡을 듣게 되었다. 그런데 놀랍게도 이때의 이 곡은 과거에 처음 들었던 그 곡이 아니었다. 다시 들었을 때 나는 각 악기의 고유한 소리들이 조화롭게 어우러져 만드는 멜로디와 화성을 하나하나 섬세하게 느낄 수 있었던 것이다. 나는 그 사이 진화했고 '지속'했던 것이다. 뿐만 아니라 〈황제〉를 다시 들은 그 순간 나는 이 곡과 관련된 과거의 추억들을 동시에 하나씩 불러들이고 있었다. 대학 시절의 추억들이 이 곡과 함께 내 기억 속에 기록되어 있었던 것이다. 이것은 단순히 과거에 들었던 동일한 음악과 관련된 추억을 호출하

4 앙리 베르그손, 『물질과 기억』(박종원 옮김), 서울, 아카넷, 2005, p. 434.

는 차원이 아니다. 나의 기억은 그 사이 수많은 다른 경험의 조각들을 기록해 왔다. 그리고 〈황제〉를 다시 듣는 순간 이 곡에 대한 경험과 다른 경험의 조각들이 뒤섞여 이 음악과 추억들을 새롭게 해석한 것이다. 시간의 흐름 속에 나의 기억은 이 곡을 새롭게 창조하고 있었던 것이다.

최근 〈나는 가수다〉, 〈응답하라 1988〉, 〈투유 프로젝트-슈가맨〉 등과 같은 방송 프로그램이 대중에게 큰 인기를 얻었다. 그 원인으로 사람들은 과거에 대한 동경 혹은 향수를 말한다. 이 말이 틀린 것은 아니지만 그들이 놓치는 점이 있다. 이 프로그램을 시청하며 대중이 느낀 즐거움은 과거에 대한 향수를 넘어서는 그 무엇에서 비롯된다. 이 프로그램을 보면서 사람들은 관련된 과거의 경험을 불러온다. 이 경험이 현재 시청하고 있는 음악과 영상을 새롭게 해석하고 느끼고 이해하도록 해 주는 것이다. 기억은 과거를 호출할 때 동일한 것을 단순히 반복하지 않는다. 기억은 그것에 새롭게 색깔을 입혀 새로운 것을 창조한다. 기억의 놀라운 능력, 그것은 바로 창조다.

이러한 기억의 역할을 이해한다면 우리는 후회의 긍정적인 면을 발견할 수 있다. 후회 역시 기억으로부터 과거 경험을 호출하는 데서 시작된다. 우리는 현재 후회할 때 무언가 잘못되었거나 불만족스러운 과거의 경험을 상기한다. 그런데 이 상기된 경험은 과거의 경험 그 자체가 아니다. 이 경험은 기억 속에 기록된 다른 경험을 스치고 부딪히면서 현재로 부상한다. 그 과정에서 이 경험은 새로운 의미로 변신한다. 이처럼 사실 후회라는 행위 자체가 이미 과거와 다른 새로운 자신을 전제하고 있는 것이다. 그래서 후회는 정체성의 급격한 전환을 예고하는 징후다. 후회하는 사람은 그 어느 때보다도 더 급격한 정체성의 혼란을 느낀다. 후회하는 순간은 후회스러운 과거의 나와 후회하고 있는 현재의 나가 만나는 순간이다. 만약 후회를 망각으로 대체하지 않는다면 후회는 기억의 놀라운 힘을 통해 자신을 새롭게 진화시킬 수 있는 중요한 계기가 된다.

미래는 삶의 나침반이다

현재에 존재하는 미래

　　일반적으로 미래는 뒤쫓아 가지만 결코 거리를 좁힐 수 없는 것으로 묘사된다. 두 사람이 길을 걷는 상황에 비유해 보면 앞서가는 사람은 미래이고 뒤따라가는 사람은 현재다. 그리고 이 두 사람 간의 간격은 좁힐 수 없다. 왜냐하면 현재가 미래의 위치에 도달할 때 그사이 미래는 또 그만큼 앞서 있기 때문이다. 그래서 흔히 미래는 영원히 다다를 수 없고 현재만이 있다고 말한다. 그렇기에 눈앞에 보이고 만질 수 있는 현재를 잡으라고 말한다. 현재에서만 참다운 삶을 누릴

수 있다고, 미래는 마치 신기루와 같다고 한다.

이런 말을 듣는 순간에는 상당히 설득력이 있어 보인다. 그리고 불안한 미래로부터 해방해 주는 구원의 말처럼 들리기도 한다. 하지만 이러한 논리를 곱씹어 보면 무언가 석연치 않은 점이 있다. 가장 명확한 사실을 가지고 생각해 보자. 인간은 언젠가는 죽는다. 죽음은 반드시 현재에 현실로 다가온다. 이러한 관점에서 보면 미래는 결코 무작정 연기되는 것이 아닌 것이다.

그렇다면 미래에 대한 어떤 생각이 맞는 것일까? 사실 이러한 혼란은 우리말에서 비롯된다. 프랑스어는 미래를 두 가지로 구분한다. 즉, 두 가지의 다른 미래를 각각 지칭하는 단어가 존재한다. 프랑스어에는 'futur'라는 단어가 있는데 우리말로는 미래로 번역하는 것이 가장 타당하다. 하지만 이 단어의 구체적 의미는 시간상 현재보다 앞서 있는, 즉 앞으로 일어날 어떤 것을 말한다. 즉, 시간상 전과 후를 알려 주는 상대적 개념이다. 이 개념에 따르면 앞에서 살펴본 것처럼 미래는 항상 현재에 앞서 있는, 경험할 수 없는 것이 된다.

한편 프랑스어에는 'futur'와 유사하지만 약간 구별되는 의미를 가진 'avenir'라는 단어가 별도로 존재한다. 이 단어도 우리말에서는 미래로 번역하는 것이 가장 적합하겠지만 그 구체적 의미는 'à venir', 즉 '앞으로 다가올'이다. 즉, 이 단어가 말하는 미래는 사건, 사고, 현상처럼 구체적인 실체로서 현재에 발생할 것을 의미한다.

우리말 미래未來는 사전적으로 '아직 오지 않은 것', 달리 말하면 '앞으로 올 때'를 의미한다. 따라서 어원적으로 우리말 미래는 프랑스어 'avenir'와 같은 의미다. 그럼에도 우리는 일상에서 미래라는 단어를 때로는 'futur', 즉 상대적 미래, 때로는 'avenir', 즉 다가올 미래의 의미로 혼동하며 사용한다. 지금부터 이러한 혼동을 피하기 위해 '상대적 미래'와 '다가올 미래'를 구분해서 사용하기로 하자.

'상대적 미래'는 항상 앞서가는 미래이기 때문에 결코 붙잡을 수 없는 미래다. 하지만 '다가올 미래'는 구체적 실체로 현재에 등장하고 계속해서 현재를 덮어씌운다. 그리고 과거로 퇴적한다. 따라서 달리 표현하면 '상대적 미래'는 우리의 시간 의식 속에서의 미래이고, '다가올 미래'는 잠재적 실체성을 가진 미래다. '상대적 미래'는 우리가 배를 타고 바다에 나갔을 때 보이는 수평선과 같다. 우리는 아무리 노를 저어도 수평선을 만날 수 없다. 수평선은 항상 저만치 앞서 있다. 하지만 '다가올 미래'는 그 수평선을 향해 노를 저어 가는 도중에 수없이 만나는 파도와 같다. 잔잔한 파도, 거친 파도, 해일과 같은 파도 등 우리는 수많은 다양한 파도를 만난다.

  이러한 관점에서 볼 때 미래가 계속 앞서가는, 결코 붙잡을 수 없는 것이라고 생각하는 것은 상대적 미래를 생각하기 때문이며, 우리가 미래에 대해 불안이나 희망을 느끼는 것은 다가올 미래를 생각하기 때문이다. 따라서 미래는 결코 붙잡을 수 없는 것이니 현실에만 충실하라는 말은 다가올 미래에 대한 불안과 걱정을 잊기 위해 상대적 미래만 보라는 말과 같다. 결국 이 말은 일시적인 심리적 위안을 주기 위한 것일 뿐이다.

  또 하나 우리가 직시해야 하는 매우 중요한 사실은 상대적 미래건 다가올 미래건 이 미래가 항상 현재의 삶에 영향을 미치고 있다는 것이다. 달리 말하면, 미래는 현재를 살고 있는 우리의 의식 속에 존재한다. 그래서 미래는 현재를 살아가는 우리의 감정과 행동에 매우 큰 영향을 미친다. 반드시 실현될 미래가 아니라 하더라도 어떤 미래건 우리는 이 미래를 미리 예측하고 행동하기 때문에 미래는 항상 현재에 영향을 미친다. 이 미래가 바로 우리의 시간 의식이 심리적으로 만드는 현재화된 미래다.

과거가 없으면 미래도 없다

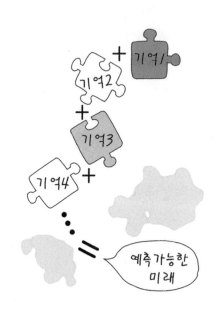

인간의 시간 의식 속에는 과거와 미래가 항상 공존한다. 과거가 없으면 미래도 없다. 이 말은 과거의 기억 없이 미래의 예측 혹은 상상은 일어날 수 없다는 말이다. 또 우리의 시간 의식 속에서 과거의 기억과 미래의 지평은 일정 부분 비례한다. 과거의 경험과 지식이 축적되면 축적될수록 미래에 대한 지평은 더욱 확장된다. 경험과 지식이 많은 사람일수록 그만큼 더 넓고 다양하게 미래를 예측하고 상상할 수 있다. 그래서 미래를 생각하지 않으려면 과거가 없어야 하는데 과거의 기억은 삶 속에서 계속 비대해지기 때문에 미래에 대한 예측은 불가피한 것이다. 이처럼 우리의 시간 의식 속에서 과거와 미래는 결코 각각 독립적으로 존재할 수 없다.

인간의 시간 의식이 항상 미래를 향해 열려 있다는 것은 피할 수 없는 사실이다. 잠시 동안 의도적으로 미래를 생각하지 않을 수는 있어도 결코 이것이 지속될 수는 없다. 그래서 세상에 대한 경험과 지식이 많은 어른들은 걱정이 많다. 많은 세상 경험을 통해 많은 것을 예측하고 상상하기 때문이다. 그래서 자식이 물놀이를 가거나 여행을 떠나면 부모는 노파심에 잔소리를 늘어놓는다. 반면 세상 경험이 적은 아이들은 그런 걱정에서 상대적으로 자유롭고 어른들이 왜 그리 걱정이 많은지 이해하지 못한다. 운 좋게 낚싯바늘에서 빠져나온 물고기는 기억이 짧아 몇 분 지나면 또다시 같은 미끼를 문다고 하지 않던가. 직전에 겪은 경험의 기억이 사라졌기 때문에 미끼를 다시 물 때 벌어질 일을 예측하지 못하는 것이다. 하지만 인간의 기억은 더 오래간다.

그런데 우리가 예측하는 미래가 반드시 실제로 다가올 미래는 아니다. 가까운 미래를 예측하기란 쉽지만 먼 미래는 예측하기 어렵다. 그 사이 수많은 사건이 개입해서 예측되는 미래의 진로를 바꾸기 때문이다. 또 단순한 사건의 미래는 예측하기 쉽지만 복잡한 사건의 미래는 예측하기 어렵다. 예를 들어, 유리컵이 바닥에 떨어지면 깨진다는 것은 누구나 쉽게 예측할 수 있지만 한 기업의 미래는 예측하기 어렵다. 기업은 계속해서 경쟁하기 때문에 경쟁자나 시장 상황에 따라 예상하지 못한 결과를 만날 수 있기 때문이다.

그렇다면 인간은 나이가 들수록 미래를 더 잘 예측한다고 말할 수 있을까? 반드시 그렇지는 않다. 풍부하고 다양한 경험은 분명 미래를 예측하는 데 도움이 된다. 하지만 풍부하고 다양한 경험이 반드시 나이와 비례하는 것은 아니다. 평생을 동일한 공간에서 동일한 일을 반복하는 사람이 풍부하고 다양한 경험을 했다고 말할 수는 없다. 경험에는 직접적인 경험과 간접적인 경험이 있다. 따라서 제한된 시간 속에서 경험의 양과 다양성은 사람마다 다를 수밖에 없다. 뿐만 아니라 기억 속에 경험이 잘 기록되어 있는지도 중요하다. 인간의 기억은 때로는 과거 경험을 변형하거나 왜곡하기 때문이다. 그리고 이 경험들이 섞이고 관계를 맺어 유용한 지식을 생산하는지도 미래를 예측할 때 매우 중요한 영향을 미친다.

언어는 과거, 현재, 미래라는 독립된 용어를 제시하기 때문에 우리는 과거, 현재, 미래가 마치 각각 독립된 현실인 것으로 착각하기 쉽다. 하지만 이 세 요소는 결코 독립적으로 움직이지 않는다. 인간의 정신세계 속에서는 과거, 현재, 미래가 항상 공존하고 있기 때문이다. 그리고 인간의 의식은 과거, 현재, 미래에 속한 것을 구분하는 역할을 한다. 우리는

제1부

인간의 시간

의식 속에 학창 시절에 간 수학여행을 떠올릴 때 그것이 과거의 일이라는 사실을 분명히 분간한다. 이 과거의 일은 기억을 통해 현재화되어 의식 속에 나타나는 것이다. 이 과거의 일은 불현듯 상기되기도 하지만, 종종 현재의 지각이나 자극에 의해 호출되기도 한다. 예를 들어, 어떤 소리나 이미지의 지각이 이것들과 관련된 과거의 기억을 호출할 수 있다.

이렇게 과거의 경험이 수동적으로 호출되는 경우도 있지만 어떤 상황에서는 미래의 행동을 결정하기 위해 의식에 의해 능동적으로 호출되는 경우도 있다. 이처럼 과거, 현재, 미래는 의식의 활동, 즉 각각 회상, 지각, 기대에 의해 만들어지는 일종의 이미지 같은 것이다. 이 이미지들은 의식 속에서 공존하면서 상호 의존적인 관계를 맺고 있다. 달리 말하면, 내가 나 자신을 현재 지각하는 순간에 과거의 회상과 미래의 기대가 공존하고 있는 것이다.

인간의 시간 의식은 현재의 지각, 지각된 경험의 기억, 미래의 예측 순으로 만들어진다. 동물의 사례를 보자. 개와 돌고래는 상당히 좋은 기억력을 가진 동물로 알려져 있다. 이 동물들은 매 순간 현재의 지각을 기억 속에 기록한다. 그 결과, 어떤 행동을 했을 때 어떤 보상을 받는지를 알게 된다. 즉, 경험의 기억을 통해 미래를 예측할 수 있게 된다. 하지만 동물의 시간 의식은 여기까지다. 인간은 더 나아가 현재의 자극이 없어도 과거를 호출하거나 미래를 상상할 수 있다. 이것이 인간의 시간 의식만이 가진 고유한 능력이다. 이 점에 관하여 뇌과학도 흥미로운 연구 결과를 보여 준다.

인간의 뇌는 예전의 생명체들이 가졌던 뇌 구조를 대부분 가지고 있다. 가장 먼저 생겨난 게 현재 생존을 위한 뇌(교뇌)다. 눈앞에 맛있는 게 있으면 그냥 먹는 거다. 그다음에 생겨난 게 과거 위주의 뇌(중뇌)다. 여기에는 예전의 경험과 경험마다 매겨 둔 가치가 입력된다. 그래서 좋다, 나쁘

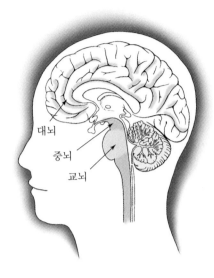

대뇌

중뇌

교뇌

다, 선하다, 악하다를 구별한다. 가장 뒤늦게 생겨난 게 대뇌피질이란 미
래 예측의 뇌(대뇌)다. 이게 용량도 가장 크고, 중요도도 가장 높다. 그래
서 인간은 현재의 상태, 과거의 경험을 가지고 미래를 예측한다.[1]

뇌과학에서 흥미로운 것은 미래 예측을 담당하는 대뇌가 가장 나
중에 생겨났고 용량도 가장 크다는 사실이다. 이것은 과거의 기억에 비해
미래의 예측이 매우 고차원적인 정신 활동이라는 것을 짐작하게 한다. 사
실 과거의 기억은 상당히 수동적인 정신 활동이다. 그것은 현재의 특정한
자극을 지각하면서 호출을 받아 등장하는 것이기 때문이다. 반면 미래의
예측은 매우 능동적이고 창조적인 정신 활동이다. 우리가 어떤 미래를 예
측할 때는 관련된 과거의 기억을 총동원하고 그것을 분석하는 과정을 거
친다. 그다음에는 어떤 미래의 결과를 도출한다. 그래서 미래의 예측에는

1   뇌과학자 김대식 교수의 인터뷰("1.5kg 고깃덩어리의 선언 ··· 애쓰고, 노력하고,
     그게 바로 행복". 『중앙일보』, 2013년 8월 20일자 기사).

매우 고차원적인 정신 활동이 필요하다. 한편으로 이러한 사실은 미래의 전망이 그만큼 어렵다는 것을 시사한다. 하지만 인간은 미래의 예측으로 만족하지 않는다. 인간은 원하는 미래를 스스로 창조하기도 한다. 이것이 인간의 시간 의식이 가진 놀라운 힘이다.

▬▬ 미래가 현재에 미치는 영향

시간 의식 속의 미래, 즉 현재화된 미래는 현재의 감정과 행동에 큰 영향을 미친다. 흔히 사람들은 과거의 기억 때문에 웃거나 운다고 생각한다. 이러한 생각이 완전히 틀린 것은 아니지만 사실 과거의 기억은 현재 그리고 더 나아가 미래에 영향을 주면서 현재의 정서에 영향을 미치는 경우가 많다. 예컨대, 과거의 기억이 후회스럽게 느껴질 때는 종종 그것이 현재의 삶, 더 나아가 다가올 미래에 부정적인 영향을 미칠 때다.

배가 난파해서 표류하다가 무인도에 도달했다고 치자. 우리는 상상만으로도 그때 느낄 두려움과 불안감을 추측할 수 있다. 이러한 심리적 반응은 미래를 전혀 예측할 수 없기 때문에 발생한다. 또 이 예측 불가능성은 과거의 기억에 무인도에 대한 정보가 전혀 없기 때문에 일어난다. 보다 현실적인 예를 들어 보자.

2008년 당시 미국발 세계 금융 위기가 감지되던 초기 상황에서 전 세계의 경제 전문가들이 그 위기의 실체를 구체적으로 파악하기도 전에 이미 전 세계 증시는 대폭락하고 말았다. 왜 위기의 원인과 향후의 파장이 전혀 예측되지 않은 상황에서 증시가 폭락한 것일까? 그것은 전혀 경험해 보지 못한 유형의 위기가 미래의 예측을 불가능하게 했기 때문이다. 미래의 예측이 불가능하면 사람들은 극도의 불안과 공포를 느끼는데 이런 감정에 휩싸인 투자자들이 집단적으로 주식을 팔았다. 아는 위기는 더 이상 위기가 아니고 보이는 적보다 보이지 않는 적이 훨씬 더 무서운 법이다. 그래서 공포 영화에서도 괴물을 항상 어두운 곳에 두고 관객이 가급적 그 실체를 잘 알 수 없도록 연출하는 것이다. 다가올 미래를 예측하기 힘들면 인간은 불안해하고 어떠한 행동을 취해야 할지 몰라 방황한다. 그래서 처음 겪는 재난이나 사고가 일어난 직후에 발견되는 사람들의 행동을 사후에 분석해 보면 매우 비합리적인 것으로 드러나는 경우가 많다.

이처럼 과거의 기억보다 미래의 예측이 보다 직접적으로 현재의 정서와 행동에 영향을 미친다. 왜냐하면 과거는 이미 지나가 버린 것이지만 미래는 다가올 것이기 때문이다. 인간은 앞을 보고 걷지 뒤를 보고 걷지 않는다. 이처럼 인간의 행동은 항상 미래 지향적인 것이다. 행동의 미래 지향성은 인간의 행동이 항상 미래의 어떤 효과를 기대하면서 선택되고 실천된다는 것을 의미한다. 다가올 미래를 예측하지 못한다면 인간은 현재 어떤 행동도 취할 수 없다. 그래서 예측하기 힘든 미래는 불안을 야기하고 현재의 행복을 위협한다.

그렇기에 인간은 다가올 미래를 끊임없이 예측한다. 그런데 이 예측되는 미래는 원하는 미래일 수도 있고 원하지 않는 미래일 수도 있다. 원하는 미래라면 편하게 현재 상태를 유지하며 기다리면 된다. 내일 소풍을 가는 초등학생처럼 들떠 기다리고 즐겁게 맞이할 일만 남아 있다. 하지만 원하지 않는 미래가 그려지는 순간 우리는 슬퍼진다. 비록 슬프기는 하지만 예측이 된다는 것 자체는 그나마 다행한 것이다. 체념하고 그 미래를 받아들이든지 혹은 그 미래를 좋은 미래로 바꾸기 위해 어떤 행동을 취하든지 하나를 선택할 수 있는 것이다.

가장 난처한 문제는 미래가 전혀 예측되지 않을 때에 나타난다. 말기 암 판정을 받은 사람은 최후의 그날까지 슬픔과 절망 속에서 살아가겠지만 현실을 받아들이고 남은 삶을 살아갈 것이다. 현재의 행복이 예측되는 미래에 의해 좌우되기는 하지만 원인을 알고 미래의 결과를 알기에 불안하지는 않다. 반대로 진짜 불안한 사람은 아픈 것 같은데 그 질병의 실

제3장

체를 알지 못하는 사람이다. 그는 질병의 실체를 알게 되기까지 수없이 많은 고통스러운 상상에 시달리게 될 것이다.

예측되지 않는 미래는 불안하기에 인간은 미래를 예측 가능한 것으로 만들기 위해 다양한 방법과 수단을 동원한다. 미래 예측에 도움을 주는 것은 과거의 경험과 지식이다. 그런데 과거의 경험과 지식은 매우 다양하다. 시계와 달력은 인간이 만든 가장 오래된 발명품이다. 시간과 관련된 이 도구들은 과거의 경험을 기록하고 미래를 예측하는 데 쓰이는 가장 대표적인 도구들이다. 날짜와 시간을 확인함으로써 우리 인간은 앞으로 일어날 자연의 현상을 예측할 수 있다.

인간은 미래의 불안을 극복하기 위해 보다 적극적인 방식을 취하기도 한다. 사회라는 것 자체도 궁극적으로는 미래의 불안에 대응하기 위해 인간이 만든 것이다. 사회는 법과 제도라는 것에 의해 운영되고 이것이 사회 속에 미래의 예측 가능성을 부여한다. 법과 제도는 사람들이 따라야 하는 것이고 만약 어기면 제재를 받는다. 그 말은 법과 제도가 사회의 질서를 부여하기 때문에 사회 전체와 구성원의 미래가 그 질서의 범주에서 어느 정도 결정되어 있다는 것을 의미한다.

종교도 인간이 미래의 불안을 극복하기 위해 만든 중요한 수단이다. 죽음이야말로 미래의 불안을 야기하는 사건 가운데 가장 큰 사건이다. 종교는 인간이 현세에서는 결코 알 수 없는 사후의 세계를 현세에 알려 준다. 인간은 사후의 세계를 미리 알게 됨으로써 미래에서 비롯되는 불안감을 극복하고 현재의 삶에 충실할 수 있게 된다.

━━ 행동이 만들어 가는 미래

미래의 기대와 예측이 인간의 심리적 행복에만 관여하는 것은 아니다. 미래 의식은 인간이 행동을 결정할 때 지대한 영향을 미친다. 프랑스 심리학자 프레스Fraisse는 다음과 같이 말한다. "매 순간 우리의 행동은 단순히 우리가 처한 상황뿐만 아니라 우리의 모든 과거 경험과 모든 미래 예측에 따라 결정된다."[2]

이 말에는 시간 의식이 우리의 행동에 미치는 영향이 잘 나타나 있다. 그런데 여기서 한 가지 명확하게 해야 할 것은 행동에서의 과거 의식, 현재 의식, 미래 의식의 관계다. 인간은 과거 의식과 현재 의식을 통해 미래 의식을 만들고 이 미래 의식에 따라 행동을 결정한다. 이 점은 매우 중요하다. 사람들은 과거 의식이 현재의 행동을 결정한다고 생각하는 경향이 있지만 행동은 항상 미래 지향적이기 때문에 미래 의식의 영향을 필연적으로 받는다. 다시 말해서, 현재의 행동은 과거에 만들어진 조건과 미래에 열린 가능성 사이에서 결정된다.

단순히 목이 말라 물을 마시고 배가 고파 밥을 먹는 것도 미래 지향적 행동이다. 물을 마시고 밥을 먹는 행위는 갈증을 해소하고 에너지를 얻는 미래의 목표를 달성하기 위한 것이다. 그런데 이러한 행위는 몸

---

2 Paul Fraisse, *Psychologie du temps*, Paris, PUF, 1957, p. 149.

에 각인된 '습관'을 통해 자연스럽게 이루어진다. 우리는 매번 의식적으로 노력하지 않고도 몸의 기억을 통해 자동적으로 행동하면서 미래의 목적을 달성하는 것이다. 습관적인 행위는 가까운 미래, 즉 근近미래의 목적을 달성할 때 적합하다.

하지만 먼 미래, 즉 원遠미래에 대한 예측과 행동은 차원이 다르다. 우리가 교육을 받고, 자격증을 준비하고, 저축을 하고, 투자를 하는 것은 주로 먼 미래를 예측하고 그에 대비하는 현재의 행동이다. 먼 미래를 준비하는 사람은 대부분 다가올 미래가 자신이 원하는 미래가 되도록 능동적인 노력을 기울인다. 먼 미래의 경우에는 중간에 많은 요인이 개입할 수 있기 때문에 원하는 미래를 만들기 위해서는 계획이 필요하고 이 계획이 실현되도록 지속적인 노력을 기울여야 한다. 서울에서 과천으로 갈 때보다 서울에서 부산으로 갈 때 확률적으로 사고의 위험이 더 높아지는 이치와 같다.

이처럼 미래의 예측은 현재 행동을 결정할 때 필수적이다. 미래 예측이 힘든 사람은 마치 로터리 광장에서 방향을 찾지 못하는 사람과 같다. 그래서 지금 현재 뭘 해야 할지 모르는 사람은 대부분 자신이 원하는 미래가 무엇인지 혹은 사회의 미래가 어떻게 될 것인지를 예측하지 못한다.

그런데 미래의 예측은 사실 쉽지 않다. 그래서 한 치 앞도 모르는 것이 인생이라는 말이 등장한다. 특히 현대사회에서는 미래를 예측하기가 더더욱 어렵다. 현대사회는 과거보다 더 복잡하고 더 빠르게 변화하기 때문이다. 과거는 결과물로서 제시되지만 미래는 하나의 가능성으로 다가온다. 가능성은 과거와 현재에 의해 조건 지어지지만 이 조건이 미래를 결정하지는 않는다. 특히 우리는 공간 속에서 살고 있는데 오늘날은 이 공간 속에서 자유롭고 빠른 이동과 교류가 이루어진다. 이러한 이동과 교류는 미래의 다양성을 확대함과 동시에 미래의 불확실성을 높인다.

또 오늘날 미래의 예측을 어렵게 만드는 것은 경쟁이다. 사람들은 학교나 직장 혹은 소속 집단에서 자신의 자본이나 권력을 확대하기 위해 치열하게 경쟁한다. 이런 경쟁은 미래의 계획을 실현하는 과정에서 많은 변수를 만든다. 그 결과, 미래의 예측이 어려워지고 미래의 불확실성이 높아진다.

하지만 이런 사회는 미래의 가능성이 열려 있는 사회다. 적어도 경쟁이 공정하게 이루어진다는 전제하에서 그렇다. 그럼에도 권력자는 이러한 사회를 좋아하지 않는데 자신이 가진 권력이 미래에 어떻게 될지 모르기 때문이다.

바로 이 지점에서 미래 의식의 문제가 권력의 문제와 만난다. 권력자는 미래의 불확실성을 높이는 자유롭고 공정한 경쟁을 좋아하지 않는다. 권력자는 자신의 현재 권력을 이용해 '합법적으로' 원하는 미래를 만들어 갈 수 있다. 취업을 준비해 본 사람은 우리 사회가 종종 권력자를 위한 특별한 길을 열어 주고 있음을 잘 알 것이다. 또 정상적으로 노력해서는 부를 축적하기가 너무나 어렵다는 것을 잘 알 것이다. 자본, 학연, 지연 등은 권력자들이 미래를 원하는 대로 만들기 위해 잘 이용하는 수단이자 그 자체가 권력이다. 이러한 수단을 이용해서 권력자는 심지어 미래의 가능성 자체를 조정하기도 하고 비권력자의 눈에는 가능성이 희박한 것을 이루어 내기도 한다.

그래서 현재의 권력은 미래의 권력이기도 하다. 왜냐하면 현재의 권력은 미래에도 상대적으로 용이하게 그 권력을 유지하거나 확장할 수 있기 때문이다. 오늘날 민주주의의 한계는 이러한 미래 권력을 합법적으로 제어할 방법을 가지고 있지 못하다는 데 있다. 현재의 권력은 공정하지는 않지만 그렇다고 비합법적이지도 않은 수단을 동원하여 자신과 가족의 권력을 미래에도 재생산할 수 있다.

사회의 시간

"시간의 수수께끼는 시간 개념의 진화 과정을 이해하지 않으면 풀리지 않는다."*

                                                – Norbert Elias

      시계는 시간 상징이다. 최초의 시계는 자연의 리듬을 따랐다. 그 속에서 인간은 자연과 조화롭게 살았다. 그런데 문명의 장대한 흐름 속에 시계는 과거를 잊어버린다. 시계는 언제부터인가 인간을 감시하고 통제하고 있다. 시간은 자연을 버린 채 균일한 숫자가 되고, 삶을 사고파는 돈으로 변신한다. 거리에 사람들이 시계 팔찌를 차고 뛰어다닌다.

* Norbert Elias, *Du temps*, Paris, Fayard, 1996, pp. 103-104.

제 4 장

사회적 시간과 권력

시간 의식의 사회화

시간 의식은 심리학의 영역이고 사회적 시간은 사회학의 영역일까? 얼핏 그렇게 보이지만 사실 이 두 시간은 명확하게 구분되지 않고 오히려 연장선상에 있다. 시간 의식은 개인의 주관적인 시간을 말하는 것이지만 사회적 시간은 여기서 출발한다. 시간 의식은 결코 개인적 차원에서만 머무르지 않는다. 개개인이 모여 사회를 형성하면서 개인적 시간은 필연적으로 사회적 문제로 확장될 수밖에 없다. 인간 개인은 모두 미래의 불확실성을 두려워한다. 그래서 사회를 건설하고 자연의 불확실성으로부터 자신을 보호하고 사회적 질서 속에서 안정된 미래를 찾는다.

사회는 시간이 가진 불확실성을 줄이기 위해 시간을 통제한다. 시간을 통제한다는 것은 과거의 사건들을 수용하고 미래를 예측 가능한 것으로 만드는 것이다. 시간의 통제는 사회 구성원에게 심리적 안정을 주고 미래를 위한 행동을 결정할 수 있게 해 준다.

인간의 시간 의식이 사회화되는 현상, 즉 시간 의식의 사회적 확장은 크게 두 가지 방향으로 이루어진다. 첫 번째 방향은 시계와 달력과 같은 시간 상징을 발명해서 추상적인 시간을 가시적이고 측정 가능한 것으로 변환시키는 것이다. 시간 상징은 자연의 시간 질서에 사회의 시간 질서를 접목하게 해 줌으로써 집단적 행위에 질서를 부여하고 미래의 예측 가능성을 높인다. 결국 시간 상징은 사회의 시간적 통제와 질서 유지에 기여한다. 역사의 발전 과정에서 이러한 상징적 시간 도구는 진화를 거듭해 왔다. 새로운 상징적 시간 도구의 발명은 매번 새로운 시간 개념을 탄생시킨다.

두 번째 방향은 개인의 시간 의식을 집단적 '시간관'으로 확장하는 것이다. 집단적 시간관은 모든 세계관이 반드시 포함하고 있는 것으로, 세상의 원리를 설명하거나 사후의 세계 혹은 유토피아적 세계를 설명하는 역할을 한다. 이 시간관은 세상의 시간적 법칙을 설명함으로써 사회 구성원에게 불안을 야기하는 미래의 불확실성을 최소화하고 결국 사회의 존립과 질서 유지에 기여한다.

사회의 시간이 작동하기 위해서는 사회 구성원이 공유할 수 있는 집단적인 시간 개념이 필요하다. 시간 상징과 시간관이 바로 이러한 시간 개념을 제공하는 역할을 한다.

시간, 삶에서 분리되다

시간이 돈이라는 말은 이제 너무나 일상적인 표현이 되어 버렸다. 우리는 시간을 마치 호주머니에 넣어 두었다가 꺼내서 쓰는 돈처럼 간주한다. 오늘날 이러한 시간관은 너무나 단단해서 쉽게 깨뜨릴 수 없는 지배적인 시간관이 되어 버렸다. 이 시간관은 현대인의 의식 속에 깊이 뿌리를 내리고 있다. 그래서 "시간 있으세요?" 혹은 "괜히 시간만 버렸네"와 같은 일상적 표현에서 이 시간관이 무의식적으로 표출된다. 시계는 이러한 시간관을 대변하는 상징이다. 우리는 시계를 보면서 흐른 시간을 재고는 그것을 돈으로 환산하는 데 익숙해져 있다.

그런데 과연 이 시간 개념은 당연하고 자연스러운 것인가? 그렇지 않다. 이 시간관은 근대 이후 만들어진 역사적 산물이다. 하지만 대부분의 현대인은 이것을 너무나 당연한 것으로 받아들이고 있다. 그래서 사람들 생각에서 이 시간 개념을 바꾸는 것은 매우 힘들다. 그럼 이것을 그대로 수용하고 살아가야 할 것인가? 그러기에는 이 시간 개념이 우리의 삶에서 야기하는 문제가 너무 많다. 이 문제를 이해하기 위해서는 시계라는 기계의 정체를 근본적으로 알아볼 필요가 있다.

시계는 근대 과학기술이 만든 발명품이다. 그리고 다른 모든 발명품과 마찬가지로 시계는 어떤 특수한 목적을 위해 만들어졌다. 그것은 바로 시간량의 측정이다. 시계는 초, 분, 시라는 일정한 단위별로 시간의 흐름을 재현해 낸다. 시계의 눈금이 분초로 더욱 세분화된 것은 시계가 애초에 물리학적 실험이라는 특수한 목적을 위해 발명되었기 때문이다. 자연현상에서는 그 어떤 사물의 현상이나 움직임도 시계와 같이 정확하고 균일한 움직임으로 나타날 수 없다. 또 시계의 시간에는 아무런 의미가 없다. 숫자만 기입되어 있는데 그 숫자 자체는 무의미한 것이다. 다만 그것을 사용하는 사람이 각각의 숫자에 의미를 부여할 뿐이다. 이처럼 시계가 보여 주는 시간은 기계의 정확한 순차적 움직임을 표시한 숫자에 불과하다. 하지만 우리는 시계 바늘이 지나가는 숫자를 보고 마치 시간이 균일하게 흘러가는 것처럼 착각한다. 이처럼 시계라는 시간 상징은 새로운 시간 개념을 만들어 내었고 결국 시간에 대한 우리의 인식 자체를 변화시켰다.

시계의 숫자로 표현되는 우리의 일상은 날마다 유사하게 기계적으로 흘러가는 것처럼 보인다. 날마다 같은 시간에 비슷한 일은 하는 현대 직장인의 삶이 숫자로 표현되는 순간, 인간의 삶은 기계적 운동과 비슷해진다. 하지만 숫자로 표현되지 않는 일상의 질적인 변화는 전혀 다른 의

미를 지닌 시간으로 다가온다. 햇빛이 가득한 날, 비가 오는 날, 흐린 날,
눈이 오는 날 등, 우리의 삶은 날마다 다른 색으로 그려진다. 출근길에 어
디선가 흘러나오는 노래가 주는 감흥이 하루 종일 지속될 때도 있다. 어
쩌다가 지난날 좋아하던 곡을 들으면 그날은 왠지 모르게 감상적인 하루
가 지속되기도 한다. 이처럼 우리는 매일 비슷한 시간 구조 속에서 살지
만 날마다 질적으로 다른 삶을 살고 있다. 쳇바퀴같이 반복적으로 움직이
는 것처럼 보이지만 그 속에서도 차이를 발견할 수 있는 것이다.

　　숫자는 우리의 삶에 대해 별다른 얘기를 해 주지 않는다. 오히려
시간이 수치화되면서 숫자가 일상 속에서 참다운 삶의 의미를 가리고 있
다. 계량적 시간이 지배하는 사회에서는 우리의 삶이 균일하고 규칙적인
운동으로 왜곡되어 버린다. 시계의 숫자는 감정, 느낌, 다양한 삶의 모습
을 보지 못하게 한다. 심지어는 각 개인이 지닌 고유한 삶의 중요성을 왜
곡하기도 한다. 수치화될 수 없는 시간이 바로 진정한 생명의 시간이라는
것을 잊게 한다.

오늘날 우리가 사용하는 시계는 인류 역사상 유래 없이 정밀하고 균일하게 시간의 흐름을 재현해 내는 기계다. 그래서 이것이 사용되는 곳은 매우 다양하다. 사람들은 이 시계로 과학적 실험을 하고, 업무 시간표를 짜서 일을 하고, 스포츠 경기를 하고, 비행기를 타고, 사람들과 약속을 정한다. 이제 시계는 일상생활에서 없어서는 안 될 필수적인 도구가 되었다.

시계에 길들여진 현대인은 그것이 사람이 발명한 다양한 상징적 시간 도구 중 하나일 뿐이라는 사실을 잊고 산다. 그리고 그들은 시계를 통해 매우 특별한 시간적 경험을 하고 그것이 부과하는 질서를 자연스럽게 받아들인다. 시계는 우리에게 기계처럼 정확하게 시간을 엄수할 것을 요구한다. 또 시계는 노동의 질적 가치를 시간의 양적 수치로 대체한다. 결국 삶의 시간은 화폐와 교환이 가능한 것으로 전락해 버리고 만다. 그리고 마침내 시계는 시청과 공장의 벽에서 내려와 인간의 팔에 매달려 매 순간 인간을 통제하고 있다. 물론 사람들은 이것이 전자 팔찌처럼 자신을 감시하고 통제하기 위한 도구라는 것을 인식하지 못하고 자랑스레 차고 다닌다.

최초의 시계는 자연의 리듬을 재현함으로써 인간이 자연 속에서 조화롭게 살 수 있도록 도와주었다. 이후 오랜 역사적 과정을 거치면서 시계는 이동성, 정확성, 정밀성을 높이는 방향으로 발전을 거듭한다. 그리하여 어느 순간부터 시계는 자연의 현상과는 독립적으로 존재하기 시작한다. 그다음 시계는 시간을 대체하고 시간에 새로운 가치와 의미를 주입한다. 이것은 마치 세계지도가 세계를 대체해 버리는 것과 같은 일이다. 사람들은 세계지도에 표시된 것들을 보며 마치 세계를 모두 아는 듯한 착각에 빠진다. 결국 시간은 인간의 삶으로부터 분리되어 마치 독립적이고 객관적인 것처럼 보이게 된다. 인간의 삶은 이때부터 시계의 정확성과 정밀성에 맞추어 조직되고 관리된다. 그래서 시간은 오늘날 그 본연의 의미를 상실하고 특정한 목적을 달성하는 데 필요한 수단으로 전락해 버렸다. 시간이 도구화되어 버린 것이다.

오늘날 우리가 알고 있는 시간 개념은 바로 이러한 역사적 과정 속에서 변화를 거듭하며 만들어진 것이다. 이 점에 관하여 사회학자 엘리아스Elias는 고층 타워를 올리는 사람들의 이야기를 통해 설명한다.[1] 첫 번째 세대가 5층을 쌓고 두 번째 세대가 7층까지 쌓는다. 세 번째 세대는 10층까지 올라간다. 그리고 세월이 흘러 어느 날 그들의 후손들이 100층에 도달한다. 그런데 갑자기 계단이 모두 붕괴되고 만다. 결국 그들은 100층에서 터를 잡고 살아야 한다. 시간이 지나면서 그들은 조상이 낮은 층에서 살았다는 사실과 그들이 어떻게 100층에 도달했는지를 잊어버리고 만다. 이 타워에서 100층 아래의 무너진 계단을 다시 복구하지 않는 한 그들은 현재 100층에서 보는 세계가 세계의 전부인 것으로 믿게 되고 이러한 생각을 공유하게 된다.

이 이야기는 오늘날 사람들의 생각을 지배하는 시간관에 대해 시사하는 바가 크다. 오늘날 사람들은 자신의 생각을 지배하는 시간 개념이 바로 99층까지 쌓는 과정을 거쳐 만들어진 것이라는 사실을 잊고 있다. 그리고 시간이 사고팔 수 있는 소비재와 같은 것이라고 착각하며 산다. 우리는 유한한 존재인 인간에게, 한시적 생명을 부여받은 인간에게 소중한 삶의 시간이 시계를 매개로 상품처럼 거래되는 시대에 살고 있다. 생명의 시간을 사고파는 영화 〈인타임In Time〉에서처럼 시간이 시계에 의해 소외된, 상품화된 그런 시대 말이다.

사회적 시간은 왜 필요한가?

인간의 기억은 과거의 경험이나 지식을 완벽하게 기록하고 보관

---

1 Norbert Elias, *Du temps*, Paris, Fayard, 1996, p. 151.

하는 저장고가 아니다. 그래서 인간의 기억을 완전히 신뢰하기는 어렵다. 인간은 누구나 자신이 어딘가에 둔 물건을 찾지 못해 온 집 안을 뒤지는 경험을 해 봤을 것이다. 뿐만 아니라 인간은 때로는 심리적으로 과거의 경험을 미화하거나 부정하기도 하고 망각하기도 한다. 그래서 우리는 때때로 개인적인 기억의 신뢰성에 대해 의심을 품기도 한다.

미래 예측도 불완전하기는 마찬가지다. 어쩌면 과거의 기억보다 미래의 예측이 더 불완전하다. 왜냐하면 미래는 아직 일어나지 않은 잠재적인 것이기 때문이다. 인간은 미래를 잘못 예측하기도 하고 전혀 예측하지 못할 때도 많다. 예측하기 힘든 미래는 인간을 불안하게 만들고 행동을 결정하기 어렵게 한다.

이처럼 개인의 시간 의식은 때로는 주관적이고 불완전해서 집단적 기준이 되지 못한다. 이러한 이유로 사회는 구성원 모두가 공유하고 따르는 집단적인 시간 질서를 요구한다. 실제로 모든 사회는 과거의 경험을 기록하고 미래를 예측할 수 있도록 하며 집단적으로 구성원의 행동을 통제할 수 있는 시간적 장치를 마련하고 있다. 그 대표적인 장치가 바로 '시간 상징'이다.

고대사회는 자연환경에 적응하고 구성원의 집단적인 행위를 조정하여 질서를 유지하기 위해 상징적 시간 도구를 발명하여 사용하였다. 상징적 시간 도구를 대표하는 것이 바로 시계와 달력이다. 이 상징적 시간 도구는 자연현상에서 경험적으로 파악된 반복적 현상을 재현하고 기록하여 불확실한 미래를 예측 가능한 미래로 전환하는 기능을 한다. 예를 들어, 시계는 날마다 해가 이동하는 시간을 알려 주기 때문에 사람들은 보다 정확하고 규칙적인 리듬으로 일상을 살아갈 수 있다. 달력은 일 년을 주기로 계절의 리듬을 알려 주기 때문에 농업에서 필수적인 시간 도구가 되었다.

이처럼 상징적 시간 도구는 시간의 질서를 보여 줌으로써 과거를 기억하고 미래를 예측할 수 있게 해 준다. 그 결과, 사회 구성원은 무질서에서 비롯되는 불안에서 해방되고 시기에 맞추어 적합한 행동을 취할 수 있게 된다. 사회 구성원은 시계와 달력에 따라 일정한 행동을 반복하게 되므로 결국 집단적으로 일정한 시간 패턴이 형성된다. 그리하여 사회에 집단적 시간 질서가 성립되는 것이다. 이렇게 상징적 시간 도구는 사회 구성원의 개인적 시간 의식을 집단적 시간 의식으로 확장해 사회의 질서를 존속하는 역할을 한다. 그래서 "날짜를 부여하는 것은 질서를 세우는 것이고 세상에 대한 무지를 줄이는 일"[2]이라고 아탈리Attali는 말한다.

▬ 시계의 발명과 혁신

상징적 시간 도구는 여러 움직임의 관계를 관찰하여 그중 하나를 다른 것을 측정하는 기준으로 세우는 방식에 따라 만들어진다. 이러한 대원칙은 시대나 문화권을 불문하고 동일하게 발견된다. 다만 어떤 물리적 현상을 선택하고 어떠한 기술과 표현 방식을 사용할 것인가에서 세부적인 차이가 날 뿐이다.[3]

고대 농경 사회에서 구성원의 행위에 가장 중요한 기준이 되는 것은 바로 해와 달의 반복적 운동이었다. 멜 깁슨 감독의 영화 〈아포칼립토 Apocalypto〉에서 주인공은 처형당하기 직전에 갑자기 일어난 일식 덕분에 목숨을 건진다. 이 이야기는 당시 사람들이 해의 움직임과 변화에 얼마나 크게 영향을 받았는지를 짐작게 한다. 일식이나 월식은 사람들이 행동의 기준으로 삼는 자연의 정상적인 리듬에서 벗어나는 것이기 때문에 고대인은 이것을 하늘의 특별한 계시인 것처럼 해석하였다.

---

2 Jacques Attali, *Histoires du temps*, Paris, Fayard, 1982, p. 32.
3 Jean Matricon & Julien Roumette, *L'invention du temps*, Paris, Presses Pocket, 1991.

■ 조선 시대 과학자 장영실이 발명한 해시계 앙부일구仰釜日晷와 물시계 자격루自擊漏

시간 상징의 역사는 이 해의 움직임을 재현한 해시계에서 시작한다. 해시계는 인간이 만든 가장 오래된 시간 상징으로 인류 문명의 태초부터 존재해 온 것으로 알려져 있다. 이 사실은 인간의 삶에서 시간이 얼마나 중요한지를 잘 보여 준다. 해시계는 햇빛이 만들어 내는 그림자의 위치와 길이를 통해 낮 시간의 흐름뿐만 아니라 계절의 변화까지 알려 주는 가장 기초적인 형태의 시계다. 해시계는 사람들이 자연의 순환적 리듬에 적응하고 농작물을 재배하는 데 필수적인 도구였다. 하지만 해시계의 결정적인 단점은 태양의 빛에 의존하기 때문에 흐리거나 비가 오면 이용할 수 없다는 것이다.

그래서 고대인은 해시계의 문제를 보완할 수 있는 더욱 안정적이고 편리한 시계를 발명한다. 그것이 바로 물시계다. 물시계는 날씨에 구애받지 않으며 설치 장소도 해시계보다 비교적 자유로운 장점이 있다. 또물의 흐름과 양으로 해시계보다 더 정확한 시간의 흐름을 잴 수 있다.

물시계는 또한 권력자에게도 유용한 도구였다. 고대사회에서는 정치와 종교가 분리되어 있지 않았기 때문에 하루의 특정한 시간, 연중 특정한 날은 종교적인 의미를 지니고 있었다. 물시계는 구성원에게 그러한 시간을 알리며 강제하는 역할을 하여 정치와 종교 권력이 사회질서를 통제하는 데 활용되었다.

한편 물시계도 물이 증발하거나 이끼가 끼는 것 등에 의해 야기되는 문제가 있고 이동도 어렵다는 단점이 있었다. 서양에서는 동양보다 훨씬 빨리 물시계를 대체하는 새로운 시계가 발명된다. 13세기 유럽에서는 처음으로 물시계를 대체하는 '기계식 시계horloge à foliot'가 발명된다. 당시이 시계는 자연현상에 의존하지 않고 운동이 발생시키는 무게로부터 에너지를 얻어 규칙적으로 작동하는 혁신적인 시계였다. 게다가 이 시계는 기존의 물시계보다 더 정확하고 이동이 편리하다는 장점이 있었다. 이 시계가 발명되면서 유럽인은 정확하게 시간을 측정할 수 있다는 믿음을 갖게 되었다. 이 기계식 시계는 유럽 전역의 도시로 전파되어 기존의 시계를 대체하였다.

이후 시계의 기능은 종교적 기능에서 점차 정치적·상업적 기능으로 옮겨 간다. 종교적 의식에 주로 활용되던 시계는 서양의 중세 후반기에 교역의 교차로에서 발전한 도시에서 시청의 종루에도 모습을 드러내기 시작한다. 시계가 정치와 상업에 본격적으로 활용되기 시작한 것이다. 유럽에서 발달한 도시국가의 유적을 보면 시청의 종루에 시계가 달려 있는 것을 쉽게 발견할 수 있다.

▬▬ 달력의 역사는 권력의 역사다

해시계 또는 물시계와는 달리, 달력은 인류의 시간 역사에서 또 다른 중요한 의미를 지닌다. 달력은 지구의 자전과 달의 공전 그리고 지구가 태양을 도는 주기를 계산해서 만들어진 것이다. 달력은 이처럼 자연의 순환적 리듬을 기록해 주기 때문에 농사나 생활에 필요한 실용적인 정보를 담고 있다. 하지만 이것만으로 달력을 모두 설명할 수는 없다.

달력의 역사는 달력이 단순히 행성의 움직임 주기를 기록한 것만이 아니라는 사실을 보여 준다. 프랑스의 정치학자 아탈리는 달력이 자연의 리듬에 대한 '성스러운' 해석이라고 말한다.[4] 달력이 종교적 사건이나 행사 또는 제식의 날들을 기록하고 있기 때문이다.

로마 남쪽의 라티움 지방의 소도시에서 발견된 달력 '파스티 안티아테스 마이오레스Fasti Antiates Maiores'는 가장 오래된 로마력으로 알려져 있다. 이 달력은 약 2,000년 전에 만들어진 것으로 추정된다. 이 달력에는 Februarius(2월), Martius(3월), Aprilis(4월), Marius(5월) 등과 같은 오늘날 영문 달력에서 익숙한 용어가 나온다. 한편 이 달력에서 7월과 8월은 각각 퀸틸리스Quintilis와 섹스틸리스Sextilis로 표기되어 있는데 약 20년 후(기원전 46년)에 율리우스 카이사르가 율리우스력을 시행하면서 퀸틸리스가 율리우스Julius로 대체한다. 기원전 8년에는 아우구스투스 황제가 섹스틸리스를 아우구스투스Augustus로 대체한다.[5] 오늘날의 July와 August가 여기서

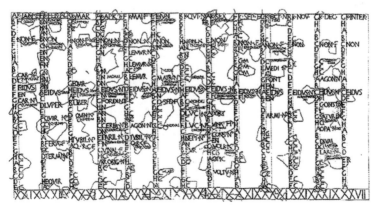

■ 파스티 안티아데스 아이오레스

4 Jacques Attali, *Histoires du temps*, Paris, Fayard, 1982, p. 35.
5 외르크 뤼프케, 『시간과 권력의 역사』(김용현 옮김), 파주, 알마, pp. 12-13.

유래한 것이다. 여기서 달력과 정치권력의 긴밀한 관계를 엿볼 수 있다.

율리우스력은 오늘날 우리가 사용하는 달력과 가장 가깝다. 이 달력은 이집트의 천문학자들이 4년마다 윤년을 정해서 1년을 365.25일로 정리하도록 도와준 것으로 알려져 있다. 1582년 그레고리력의 개혁은 1000년마다 생기는 약 8일의 잔여일의 문제를 해결하기 위해 100년마다 윤년을 실시하지 않고 1600년과 2000년과 같이 앞의 두 자리가 4로 나뉘는 경우에만 윤년을 실시하도록 했다. 그래도 여전히 남아 있던 편차는 1923년 그리스정교의 달력 개혁으로 다시 줄어들어 2000년이 윤년이 되었고 2400년이 윤년이 될 예정이라고 한다.[6]

그렇다면 오늘날의 주 7일은 어디서 유래한 것일까? 역사 자료에 따르면 문화적·종교적 차이로 한 주의 리듬에 차이가 나타난다. 로마 시대에는 주 8일 단위의 모델과 매월 달의 변화주기를 따르는 모델이 공존했다고 전해진다. 한편 우리나라의 오일장처럼 당시 시장은 4~8일의 주기로 열렸다. 시기적으로 앞선 시대의 메소포타미아에서는 7일마다 반복되는 안식일 모델이 있었다. 그리고 그리스도교 역사에서는 천지창조 역사의 영향으로 주 7일을 도입한 것으로 알려져 있다. 그리스 시대에는 7개 행성(토성Saturnus, 목성Jupiter, 화성Mars, 태양Sol, 금성Venus, 수성Mercurius, 달Luna)의 신들을 통해 일주일 리듬이 만들어졌다. 나중에 메소포타미아의 바빌로니아식 일주일 리듬이 로마에 전해졌다고 하는데, 이것은 바로 그리스도교 안식일 방식과 그리스 점성술 방식을 경유한 것이다. 그 이후 그리스도교식 안식일 제도에 그리스식 방식이 접목되어 7일 리듬의 일주일 방식이 빠르게 확산되고 정착되었다고 전해진다.

로마제국을 배후로 그리스도교가 세계적으로 확산되면서 그리스도교의 시간 리듬도 함께 전파되었다. 이 시간 리듬은 사회적으로 빠르게

---

6 앞의 책, pp. 15-16.

수용되었는데 단순한 시간 구분에 정확한 점성술 방식을 접목했다는 점도 유리하게 작용했을 것으로 추정된다. 일요일을 휴무일로 규정한 사람은 콘스탄티누스 황제로 전해진다. 그는 칙령을 통해 일요일, 즉 '태양의 날'은 판결이 없는 날로 규정하였다. 하지만 태양의 날이 군인, 농민, 상인에게 모두 휴일을 의미하는 것은 아니었다. 일련의 상업 활동은 중단되었으나 모두가 전반적인 노동에서 벗어나는 시간은 아니었다. 예배가 일요일에 정해져 있었고 그리스도교도 군인은 업무를 면제받을 수 있었다. 당시 일요일의 휴식은 오늘날과는 달리 일종의 강제적인 자유 시간이었고 외설적인 오락이나 놀이는 금지되었다고 한다.[7]

역사적으로 종교적 색채가 강한 주 7일제를 폐지하려는 움직임도 있었다. 프랑스 혁명기에는 주 10일이 시도된 바 있다. 1920년대 후반 러시아에서는 5~6일 단위의 노동 주일을 시도하기도 했으나 지속되지는 못했다.

이처럼 오늘날의 달력은 오랜 역사의 결과물이고 다양한 권력의 자취를 발견할 수 있는 시간 상징이다. 달력은 여전히 사회의 변화에 따라 세부적으로 조금씩 변화하고 있다. 달력의 역사는 달력이 농업과 상업에서 쓰인 것과 같이 생활에 필수적인 시간 도구였으면서 동시에 종교적·정치적 행사, 축제, 제식이 있는 날을 알려 줌으로써 사람들의 집단적인 참여를 촉구하거나 강제하는 도구였음을 보여 준다. 달력은 종교권력 또는 정치권력이 사회를 통제하는 데 필수적인 수단이었던 것이다.

여기서 통제의 의미를 확장해서 생각해 볼 필요가 있다. 통제는 단순히 특정한 시간에 어떤 행위를 강제하는 것만을 의미하지 않는다. 달력의 중요한 통제 기능은 미래를 예측할 수 있게 해 준다는 데 있다. 달력을 통해 미리 미래에 다가올 일과 해야 할 일을 파악하고 준비할 수 있게 함으로써 미래에도 동일한 사회의 질서를 유지할 수 있는 것이다.

7 앞의 책, pp. 237-242.

시간의 물리학적 혁명

물리학의 발전은 시간 상징의 역사에 극적인 전환을 가져왔다. 물리학은 새로운 상징적 시간 도구를 발명하도록 이끌었을 뿐만 아니라 시간의 개념도 획기적으로 변화시켰다. 이 혁신을 불러온 물리학자는 17세기에 지동설을 주장한 갈릴레이Galilei로 알려져 있다. 기계학이라는 새로운 과학의 영역을 개척한 갈릴레이는 당시 사용되던 시계의 부정확성을 개선하기 위해 추진자로 작동하는 시계를 구상하였다. 이것이 최초로 과학적 용도로 발명된 추시계다. 이 시계 모델은 호이헨스Huygens라는 동시대의 저명한 과학자에 의해 실제로 구현된다. 이때부터 시계는 분과 초로 더욱 세분화된 시간을 측정할 수 있게 되었다. 이후 용수철을 사용한 시계가 발명되었고 더욱 정확할 뿐만 아니라 작고 가벼운 손목시계까지 등장하게 된다. 추와 용수철을 사용하는 시계는 복잡한 과학 이론이 직접

시계 기술에 접목된 사례로 간주된다.[8]

　여기서 주목해야 할 것은 시간 측정에 있어서 과학이 시계의 기술적 혁신을 가져왔을 뿐만 아니라 시간의 새로운 개념을 창조했다는 사실이다. 갈릴레이가 시간 측정에 관심을 보인 것은 사물의 움직임의 속도와 지속성을 측정할 수단이 필요했기 때문이었다.[9] 즉, 물리학이 발명한 시계는 인간이 특정한 목적을 위해 발명한 시간 도구였던 것이다. 결과적으로 과학적 실험의 필요성이 시간을 측정하는 도구를 발명하는 데 중요한 동기가 된 것이다.

　구분해서 보면, 종전의 시간 도구는 인간의 활동과 사회의 질서를 위해 사용되었다. 그런데 갈릴레이는 새로운 시계를 발명하여 물리적 현상을 측정하는 도구로 사용한 것이다. 이때부터 시간은 자연현상이나 사회 활동에서는 찾아볼 수 없는, 극도로 규칙적이고 정밀하고 정확한 움직임에 의해 묘사되기 시작한다. 엘리아스는 물리적 시간 개념이 탄생함으로써 시간은 정치·종교·사회적 의미를 벗어나 독립적으로 사물의 움직임을 측정하기 위한 도구가 되었다는 점을 강조한다.[10] 다시 말하면, 물리학적 시계가 등장하면서 시간이 인간의 특정한 목적을 위해 도구화된 것이다. 물론 이후 기존의 시간 개념이 모두 사라진 것은 아니나, 이 시기부터 시간은 자연과 사회로부터 독립적인 지위를 부여받고 양적 시간이 점차적으로 지배적인 시간 개념으로 부상하기 시작한다. 때와 장소에 따라 변화하지 않는 독립적인 시간 측정이 가능하고 모든 현상을 정확히 숫자로 측정할 수 있는 시계의 시대가 열린 것이다.

　더욱 정확하고 이동성까지 갖춘 시계는 점차 상업에 활용되기 시

8 　Jean Matricon & Julien Roumette, *L'invention du temps*, Paris, Presses Pocket, 1991.
9 　Norbert Elias, *Du temps*, Paris, Fayard, 1996, p. 142.
10 　앞의 책, p. 129.

작한다. 18세기에 국제무역이 발전하면서 식민지를 확보하기 위해 유럽의 해군은 이동하는 배에서도 시간을 정확하게 측정할 수 있는 시계가 필요했다. 당시 유럽 국가들은 이런 시계의 발명을 적극 지원하였고, 시계 제조 업체들은 치열하게 경쟁하였다. 그리고 마침내 장소를 불문하고 더욱 정확하게 시간을 측정하는 시계가 발명되었다. 이 시기가 사실상 시계 산업의 황금기에 해당한다. 영국의 그리니치Greenwich가 표준 시간의 기준점으로 정해진 것도 이 시기다. 이때부터 시간의 계산 방법이 제도화되고 국제적으로 표준화되기 시작한다. 즉, 시계가 사회의 여러 분야에서 활용되기 시작하고 인위적이고 기계적인 시간에 맞추어 사회의 질서가 통제되기 시작한다.

　　18세기 후반기에는 시계에 새로운 역할이 부여된다. 산업혁명이 일어나면서 도시 공장에 시계가 설치되었다. 이 시계에 따라 집단적으로 노동자의 노동이 통제되었다. 또 이 시계로 측정된 노동시간에 따라 노동자의 임금이 정해졌다. 시계가 노동시간과 생산성을 계산하는 도구로 활용되기 시작한 것이다. 노동시간 대비 생산량을 측정하여 임금을 책정함으로써 시계는 노동의 가치를 평가하는 데 필수적인 도구가 된다. 이때 시계는 또다시 새로운 시간 개념을 만들어 낸다. 그것이 바로 '시간은 돈'

이라는 자본주의의 시간 개념이다.

이처럼 시계의 역사는 시계가 사회의 필요성에 따라 특정한 목적을 위해 발명되어 왔음을 보여 준다. 이 목적은 결국 시간의 개념을 변화시킨다. 시계는 시간의 흐름을 재현하기 위해 인간이 인위적으로 만든 하나의 상징일 뿐이지만 그것이 보편적으로 이용되면서 그것을 사용하는 사람들의 시간 개념까지 바꾸는 것이다. 그 과정에서 사람들은 자신도 모르게 시계의 시간이 마치 시간 그 자체인 것처럼 착각하게 된다.

손목시계를 차는 이유

어릴 적 어느 날 사우디아라비아에서 장기 파견 근무를 마치고 귀국한 이모부가 찾아와서 나에게 예쁜 외제 전자시계를 선물했다. 그때의 기쁨은 이루 말로 표현할 수 없다. 나는 그 시계를 보물처럼 아끼며 자랑스럽게 차고 다녔다. 그런데 며칠 후 시계 옆에 있는 작은 구멍이 궁금해졌다. 참으면 참을수록 호기심이 커져 나는 결국 사고를 치고 말았다. 뾰족한 것으로 그 구멍 속 버튼을 누르고 만 것이다. 그러자 갑자기 액정 화면에 시간 대신 알 수 없는 문자가 등장했다. 나는 너무 놀라 어쩔 줄 모르다가 부모님께 이 사실을 알렸다. 그리고 시계를 압수당하고 말았다. 이후 오랫동안 그 시계는 어두운 캐비닛에 갇힌 장물이 되어야 했다. 지금 돌이켜 보면 웃음이 나오는 일이지만 당시에는 전자시계가 정말 희귀하고 귀중한 물건이었다.

나는 최근 몇 년째 시계를 차지 않고 다닌다. 이유는 매우 단순하다. 시계가 고장 났기 때문이다. 새 시계를 사려고 했으나 마음에 드는 디자인의 시계는 너무 비싸고 또 스마트폰이 있으니 시계가 없어도 별로 불편하지가 않다. 처음에는 조금 허전했으나 이제는 손목이 자유로워서 오히려 편하다. 그리고 보니 왜 지금까지 시계를 항상 달고 살았는지 모르겠다. 허리 벨트도 마찬가지다. 바지가 몸에 잘 맞으면 굳이 벨트를 찰 필요가 없다. 살다 보면 이처럼 이유도 모른 채 그냥 습관처럼 하는 일이 많은데 시계를 차는 것도 그런 경우다.

그런데 나중에 깨닫게 된 것은 시계가 반드시 시간을 보기 위한 것은 아니라는 사실이다(물론 벨트도 마찬가지다). 실용주의자인 나는 처음에 그리 잘 이해가 되지 않았다. 어떤 사람에게는 시계가 시간을 알려 주는 도구가 아니라 몸을 치장하고 사회적 지위를 드러내는 장신구라는 것이다. 우연히 잡지에서 본 명품 브랜드 에르메스의 시계 광고 카피가 기억에서 떠나지 않는다. "시간을 보지 말고 즐겨라." 에르메스다운 광고 카피가 아닐 수 없다. 그냥 시간을 보기 위해 수백만 원이나 하는 에르메스의 명품 시계를 걸치고 다니는 사람은 없을 것이다. 그렇다면 명품 시계가 아닌 일반 시계를 찬 사람은 누구란 말인가?

손목시계는 이중적 역사를 지닌다.[11] 초기의 휴대용 시계는 아무나 소유할 수 있는 물건이 아니었다. 최초의 소형 휴대용 시계는 16세기 즈음 등장한 것으로 알려져 있다. 1571년에는 엘리자베스 1세가 레세스터 백작으로부터 보석이 박힌 팔찌용 둥근 시계를 선물 받았다고 전해진다. 손목시계가 본격적으로 제조된 시기는 19세기다. 19세기 초 나폴레옹 황제의 부인 조세핀이 팔찌 시계를 찬 사실은 유명하다. 뿐만 아니라 당시 상류층 여성에게도 팔찌 시계가 유행이었다. 사실 당시 팔찌 시계가 유행할 수 있었던 것은 소매가 짧은 옷이 유행했기 때문이다. 팔찌 시계가 드러난 팔 부위를 채워 주는 장신구 역할을 했던 것이다. 또 당시에는 반지 시계와 시계 목걸이도 제작되었다. 당시 이런 휴대용 시계들은 금과 보석이 박힌 고급 장신구였으며 최상류층 여성을 위한 패션의 일부였다.

---

11 Bijouterie du théâtre, http://www.bijouterieduthéatre-arras.fr/content/la-montre-bracelet-partie-1

▌조세핀이 착용한 팔찌 시계

　20세기 초반에는 조끼나 주머니에 넣을 수 있도록 체인이 달린 회중시계가 유행하였다. 영화에도 종종 등장하는 이 시계 역시 당시에는 사회적 신분을 알려 주는 상징적 물건이었다. 이처럼 고급 휴대용 시계는 시간을 알려 주는 기계라기보다는 사회적 지위를 상징적으로 보여 주는 패션의 일부였던 것이다. 오늘날 결혼 예물로 고가의 명품 시계를 주고받는 전통도 여기서 비롯된다.

　한편 일반 대중을 위한 손목시계는 다른 역사적 과정을 거친다. 1880년에 한 시계 제조업자가 독일 황실 군대에 2,000개의 손목시계를 납품했다고 전해진다. 오늘날 명품 시계 브랜드로 잘 알려진 오메가는 1902년부터 시계를 대량생산하기 시작했고 1905년에는 남성용 손목시계를 제작하기 시작했다. 그리고 제1차 세계대전 중에는 대량으로 군인용 손목시계를 제작하기도 했는데, 기존의 주머니에 넣는 회중시계가 군인에게 불편했기 때문이다. 결국 그 이전까지 여성의 장신구였던 손목시계가 대중화되고 남성의 손목에 자리 잡게 된 것은 바로 전쟁 때문이었다.

　손목시계가 군대를 통해 대중화되었다는 것은 시사하는 바가 크다. 군대라는 곳은 명령에 따라 일사분란하게 움직이는 조직이다. 이러한 조직을 통솔하는 데 시계만큼 효율적 도구는 없다. 제1차 세계대전 이후 남성들은 여성의 장신구로만 생각했던 손목시계를 거부감 없이 착용할 수 있게 되었다. 그리고 이때부터 시계 제조업자들도 실용적인 용도의 손목시계를 대량생산하기 시작하면서 빠르게 일반 대중에게 확산되었다. 시계의 개인화가 이루어진 것이다. 이것은 시간 통제의 효율화를 의미하는 것이기도 하다. 이전에는 집단적으로 특정한 공간에서 이루어지던 시간 통제가 이제 개개인의 일상생활 전반에서 가능해졌기 때문이다.

과거 성당이나 시청 광장에 설치되었던 시계의 역할은 오늘날 미디어에 의해 대체되었다. 라디오, 텔레비전, 인터넷은 우리의 삶 곳곳에 침투해서 사람들에게 끊임없이 사회적 시간을 알려 준다. 그리고 사람들은 이제 각자 자신의 몸에 부착된 시계를 쳐다보고 사회나 직장에서 부과한 시간 질서에 따라 스스로 자신의 시간을 통제하며 살아가고 있다.

▬▬ 시간의 감시와 통제

인간의 자유는 크게 신체적 자유와 정신적 자유로 구분할 수 있다. 신체적 자유를 통제하는 방법은 특정한 시간과 공간에 몸을 가두는 것이다. 정신적 자유를 통제하는 것은 담론을 통해 생각을 가두는 것이다. 역사적으로 시간은 이 두 가지 방식으로 인간의 자유를 제한하고 통제하는 도구로 활용되어 왔다.

인간의 몸은 원래 내재된 자연적 시계를 지니고 태어난다. 이 생리적 시계는 점진적으로 몸이 지각하는 자연의 변화와 리듬에 맞추어 조정된다. 그 후 인간은 자신이 속한 사회 공동체에서 만든 사회적 시계에 적응해야 한다. 해시계와 물시계는 공통의 기준 시간을 제공하고 사회 구성원은 이에 따라 집단적 활동을 할 수 있다. 이 집단적 활동은 경제적 활동일 수도 있고 사교적 활동일 수도 있으며 법 제도에 따른 활동일 수도 있다. 상징적 시간 도구는 이 모든 활동에 기준을 제시한다.

상징적 시간 도구는 애초에 자연에 적응하기 위한 것이었다. 하지만 사회가 팽창하는 것과 함께 권력관계가 형성되면서 권력자가 사회질서를 유지하는 데 이용되기 시작한다. 그래서 시계의 역사는 감시와 통제의 역사이기도 하다. 시계가 분초 단위로 세분화될수록 감시와 통제도 더욱 세밀해지는 경향을 보인다.

313년에 로마의 콘스탄틴 황제는 그리스도교를 로마제국의 공식적인 종교로 인정한다. 이후 그리스도교는 선교 활동을 통해 빠르게 전파되었고 권력을 확장하게 된다. 그리고 그리스도가 탄생한 해를 새로운 시간의 시작으로 규정한다. 예컨대, 2016년이라는 표기는 AD Anno Domini, 즉 기원후부터 연도순을 정하는 원칙을 오늘날까지 따른 결과다. 아무튼 시간의 시작을 새롭게 규정한 교황청은 그리스도교 의식을 수행하도록 하기 위해 모든 수도원에 시간 규칙을 부과하였다. 이 시간 규칙은 낮 시간 중 일곱 시간을 지정하여 기도하도록 하는 것이었다. 당시 사람들은 생업에 종사하면서 동시에 이러한 종교적 시간에 맞추어 종교적 의식을 치러야 했다. 만약 이러한 시간을 지키지 않으면 엄격한 벌이 가해졌다. 유럽 도시를 여행하다 보면 성당이 도시의 가장 중심부에 있고 시계가 종탑에

달려 있는 것을 볼 수 있는데, 이는 당시 교회의 권력과 시간 간의 관계를 잘 보여 준다. 이후 수도원의 시간 규칙은 일반인에게도 적용되기 시작한다. 당시 종은 물시계에 맞추어 낮에 일곱 번, 밤에 한 번 울렸다. 이 소리를 들은 사람들은 하던 일을 멈추고 즉시 예배당으로 모여야 했다.

한편 기원후 1000년이 지나 국제 교역이 발전하면서 유럽의 주요 상업로의 교차 지점에 자치도시가 발전한다. 이때부터 교회의 힘이 약화되고 시민 권력이 도시의 주도권을 쥐게 된다. 당시 법을 수호하는 판사에게 부여된 막강한 권위는 이러한 변화를 증명하고 있다. 유럽의 자치도시들은 자체적으로 시민에게 새로운 시간 리듬을 부여하였다. 이를 위해 시청은 벽시계가 붙은 종루를 세웠다. 당시 시계의 종을 치는 인형이 있는 종루는 새로운 도시의 시민 권력을 상징적으로 보여 주는 것이다. 종루의 종은 시민에게 시청과 판사의 소집 명령을 알리거나 도시의 위협을 알리는 데 사용되었다. 또 각 시장에서도 자체적인 종탑을 가지고 있었는데 시장이 열리고 닫히는 시간을 알리는 기능을 했다. 13세기 이후에는 노동시간을 알리는 종탑이 등장하여, 노동자는 하루 노동의 시작과 끝을 종소리로 확인할 수 있었다.

이처럼 서양 중세기에 시계는 사람들의 일상생활에 종교적·정치적·상업적 시간 질서를 부과하고 동시에 이들을 통제하는 데 필수적인 도구였다. 산업사회가 도래하면서 공장에 들어선 종이 달린 벽시계도 동일한 역할을 했다. 분과 초 단위로 더욱 세밀해진 이 시계는 노동자의 노동시간을 더욱 엄밀하게 통제하는 데 유용한 도구가 되었다.

우리나라의 근대적 시간 개념

우리나라에서도 시간을 통해 사회적 통제가 이루어진 역사를 발견할 수 있다. 조선 시대에는 음력을 통해 집단적 제식이 이루어졌고 시각에 따라 일상의 여러 활동이 이루어졌다. 하지만 당시에는 시계가 대중화되지도 않았고 특정한 관례 행사를 제외하고는 시간 통제가 엄격하지는 않았던 것으로 보인다.

『이이화의 한국사』[12]를 보면 시간이라는 용어는 그 자체가 근대어로 일본인이 서구 문물을 받아들이면서 타임time을 시간으로 번역한 것을 조선이 그대로 받아들인 것이다. 그 이전에는 시각時刻이라는 용어를 사용하였다.

> 12간지十二干支에 따라 하루를 열둘로 나누어 시를 표시하고 1각은 84분(15분 정도)으로 정하여 하루를 100각으로 나눈 것이 시각이었다. 조선에서는 햇빛과 물을 이용한 해시계와 물시계를 만들어 시각을 나타내는 도구로 사용했다.[13]

조선 시대의 세종대왕은 앙부일구仰釜日晷라는 시계를 종로 1가와 종묘 앞에 설치해 지나가는 사람들이 '시각'을 알 수 있게 했다. 하지만 대부분의 사람은 자연의 변화를 보고 어림짐작으로 시간을 알았다. 아침에는 닭의 울음소리로 기상했고 해의 위치에 따라 하루의 일과를 수행해 나갔다.

조선의 전통적 시간 개념에 큰 변화가 생긴 것은 개항 이후 외국 문물이 유입되면서부터다. 근대적 시계가 수입되면서 낮과 밤을 각각 12시로 나누게 되었다. 1896년에는 정부가 양력을 도입하였고 고종은 황제 즉위식을 갖고 대한제국을 선포한 뒤 모든 행사를 양력에 맞추도록 명령하였다. 하지만 양력을 쓰는 것에 대한 반발이 만만치 않았고 점차 양력과 음

---

12 한국의 근대적 시간에 대한 구체적 역사적 자료는 이이화, 『이이화의 한국사』, 파주, 한길사, 2006을 참조한 것임.

13 앞의 책. 목차별로 접근이 가능한 전자출판이므로 쪽수는 생략함.

▌옛 서울 역사의 시계탑

력을 병용하는 관습이 이때 생겨나기 시작했다.

양력의 사용을 공포한 그해『독립신문』창간호는 우편 시간표 광고를 실었다. 이 광고는 우편물을 보내는 시간(오전 9시)과 우편물이 오는 시간(오후 3시)을 알리기 위한 것이었다. 이 신문은 몇 년 뒤에 경인 철도의 왕래 시간표도 실었다. 당시 이 시간표는 노량진 3시 출발, 부평 4시 5분 도착, 인천 4시 30분 도착 등 분 단위로 매우 구체적인 시간을 표시하였다. 사람들은 분 단위의 시간에 익숙하지 않았지만 시간을 정확히 지키지 않으면 불이익을 본다는 것을 알면서부터 점차 적응하기 시작했다.[14] 이 시간 개념은 일상생활과 일에서도 점차 정착되었다. 또 당시 세계 각 도시의 표준시간이 소개되면서 경성의 표준시도 일본 동경보다 30분 앞선 시간으로 정해졌다.

이처럼 한반도에서는 개방과 함께 서구의 근대적 시간 개념이 도입되었다. 그런데 갑자기 일제의 강압적인 주권 강탈이 일어났고 이때부터 한반도 역사상 유례없는 엄격한 시간 통제가 시작된다. 1910년에 일본

---

14 앞의 책.

이 주권을 강탈하면서 가장 먼저 한 일 중 하나가 바로 새로운 시간 질서를 부여한 것이었다. 일본은 1911년부터 조선총독부 관측소에서 만든 조선 민력民曆의 사용을 강요하였다. 이 민력에는 조선왕조의 국가 행사는 삭제되고 대신 천황 탄신일과 같은 일본의 국가 의례일이 들어가 있었다. 또 조선총독부는 경성 표준시를 무시하고 동경 표준시를 강제하였다. 이 표준시에 맞추어 낮 12시를 알리는 '오정포午正砲'를 울렸다. 조선총독부는 이 오정포를 통해 근대적 시간 개념을 주입하고 일본 의례를 강요하였다. 오늘날까지 보존되어 있는 서울 역사의 시계탑은 당시 기차 시간뿐만 아니라 일본이 강요한 궁성요배, 정오묵도 등 의례 시간을 알리는 용도로 사용되었다.[15] 또 학교에서도 시간 통제가 강화되고 학생들에게 엄격한 시간규율을 가르쳤다.

　　해방된 후에도 시간의 감시와 통제가 느슨해진 것은 아니다. 감시하고 통제하는 주체가 달라졌을 뿐, 시계의 정밀도와 보편화에 힘입어 시간 통제는 오히려 더 강화되었다고 볼 수 있다. 일제의 영향을 받은 학교는 입학 순간부터 엄격한 시간 교육을 했다. 초·중·고등학교 시절 아침에 지각해 정문 앞에서 벌선 경험이 누구나 한 번쯤 있을 것이다. 학생들은 등교 시간뿐만 아니라 수업, 휴식, 점심 식사, 청소, 자습 등의 시간에 정확하고 일사불란한 행동을 하도록 교육받는다. 게다가 방과 후 학원에 가야 하는 시간까지 하루 종일 정확한 시간 지키기가 요구되었다. 이처럼 초·중·고등학교 시절 동안 철저하게 시간 교육을 받은 학생들은 자연스럽게 시간 규율을 체화하게 된다. 그래서 대학 신입생을 보면 초기에 시간으로부터 해방감을 느끼면서도 스스로 어떻게 시간을 짜야 할지 고민하는 경우가 많다. 그리고 왠지 자유로운 시간이 있으면 불안감을 느낀다. 물론 대학에서도 시간 통제가 전혀 없는 것은 아니지만 그래도 정년

---

15 앞의 책.

퇴직 후를 제외하고는 그나마 대학 시절이 한국인의 생애주기에서 시간 적으로 제일 자유롭다. 직장 생활을 시작하면 경제적 차원에서 가혹한 시간 통제가 시작된다. 직장에서는 출퇴근 시간을 잘 지켜야 한다. 또 식사, 휴식, 휴가 등을 위한 시간도 정해져 있다. 또 시간 지키기는 성실성과 책임감과 같은 도덕적 잣대가 되기도 한다. 따라서 직장에서 시간 규칙을 잘 지키지 않으면 여러 면에서 불이익을 받을 수 있고 심지어 직장에 따라서는 일자리를 잃을 수도 있다. 그래서 출근 시간이 임박하면 시내 곳곳에서 수많은 사람이 뛰기 시작한다.

이처럼 현대인은 초등학교에 들어간 순간부터 은퇴할 때까지 엄격한 시간의 감시와 통제 속에 살아간다. 은퇴를 해서야 비로소 자신을 위한 자유로운 시간을 되찾는다. 하지만 안타깝게도 은퇴자도 갑자기 얻은 자유 시간을 어떻게 써야 할지 몰라 고민에 빠지는 경우가 많다. 항상 누군가가 부여한 시간의 틀 속에서 살아왔기 때문이다.

▬▬ 몸에 주입된 시간 규율

현대인은 시간적으로 감시받고 통제되고 있지만 이것을 의식하지 못하거나 당연한 것으로 받아들이며 살아간다. 게다가 이러한 시간 감시와 통제가 일상생활에서 많은 스트레스를 유발하는 근본적인 요인이라는 사실은 더더욱 잘 인식하지 못한다. 오히려 학업이나 직장일과 무관한 일로 시간을 보내고 있으면 자신이 나태하거나 잘못된 삶을 살고 있다는 심리적 착각이나 자학에 빠지기도 한다.

이러한 현상은 체화된 시간 규율 때문에 일어난다. 인류 역사에서 오늘날만큼 엄격한 시간 통제를 받는 시대는 없을 것이다. 분과 초로 시간을 측정하는 시계가 대중화된 것이 불과 얼마 되지 않았다는 사실이 이것을 간접적으로 증명한다. 역사적으로 사회적 시간 통제는 항상 행해졌

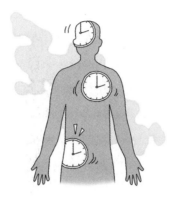

지만 정확한 시간 측정 도구가 없었던 만큼 오늘날 이루어지는 것과 같은 엄격한 시간 통제는 불가능했을 것이다. 그럼에도 현대인은 오랜 학습과 훈련을 통해 시간 규율을 습관화함으로써 이 문제의 심각성을 잘 인식하지 못한다.

시간 규율에 오래 길들여지다 보면 시간 훈육을 받는 시기를 지나서도 스스로 시계를 보고 자신의 시간을 통제하는 단계에 도달하게 된다. 사회학자 부르디외Bourdieu의 개념을 빌리자면, 이것은 '시간 아비투스habitus'라고 부를 수 있다. 아비투스는 개인이 사회화 과정에서 체화하는 생활양식 또는 사회적 규범을 말한다. 부르디외는 아비투스가 어린 시절 교육을 통해 일차적으로 만들어지고 성인이 된 후 사회생활에서 이차적으로 만들어진다고 말한다. 시간 아비투스도 이와 같은 과정을 거쳐 형성된다고 볼 수 있다. 부르디외는 아비투스가 사회계층별로 다르게 형성되고 이것이 사회 불평등을 재생산하는 데 한 요인이 된다고 보았다. 시간 아비투스 역시 사회적 성공과 실패에 큰 영향을 미친다. 사회적 시간을 잘 준수하면 좋은 평판과 보상을 받게 되고 그렇지 않으면 제재를 받거나 사회적으로 도태된다. 그래서 사람들은 스스로 시간 규율을 자연스럽게 체화한다. 그리하여 사회는 힘들이지 않고 사람들을 감시하고 통제할 수 있게 된다. 사람들은 스스로 체화된 사회적 시간 규칙을 실천하는 것이다.

손목시계가 엄격한 규율에 따라 일사분란하게 통제되는 군대를 거쳐 대중화되었다는 사실은 시간이 사회통제와 얼마나 밀접한 관계가 있는지를 상징적으로 보여 준다. 철학자 푸코Foucault는 규율이 시간과 공간을 통해 주입되고 강제되고 있음을 잘 설명해 주었다.[16] 사람들은 살아가면서 특정한 시간과 특정한 공간에 배치된다. 조직이나 사회를 통치하는 사람의 관점에서 구성원이 어떤 시간에 어디에 있는지를 모른다는 것은 매우 불안한 일이다. 그래서 우리나라에서 행정구역이 개편될 때 도시나 도시의 특정 구역에 인구가 많이 집중될 때마다 인구 분산 정책이 행해졌다. 이것은 특정 성격의 인구가 집중되면서 발생할 수 있는 독립적이거나 반항적인 집단 행위를 사전에 차단하기 위한 통치 논리에 따른 것이다. 그래서 공간은 더욱 세분화되어 집단적 움직임을 더 잘 포착하도록 하기 위한 방향으로 조직된다.

푸코는 18세기 공장의 공간 분할을 분석하면서 당시 노동자의 공간 배치가 기계적 생산 공정에 맞추어져 있다는 것을 보여 준다. 그는 4층 건물을 쓰는 공장을 분석하였다. 이 공장의 1층에서는 인쇄 작업이 이루어졌는데, 2줄에 132개의 작업대가 놓여 있었고 각 작업대에는 2명의 노동자가 일했다. 그리고 감독은 중앙 복도를 왕래하며 노동의 속도, 생산성 등 노동 과정 전반과 노동자의 활동을 감독할 수 있었다. 우리나라 기업의 사무실 책상 구조를 보더라도 팀원은 서로 마주 보고 있고 팀장은 그들을 모두 볼 수 있는 곳에 책상을 두고 있다. 적어도 팀장 이상 정도나 되어야 눈치를 덜 볼 수 있는 구조다.

이러한 공간 분할을 통한 통제는 사적 영역도 예외가 아니다. 우리나라에서 아파트가 대중화된 것은 도시에 인구가 집중되는 것에 대처하

---

16 안소니 기든스, 『사회구성론』(황명주, 정희태, 권진현 옮김), 서울, 자작아카데미, 1998, pp. 217-233.

기 위한 주택 보급 정책과 건설 업계의 경제적 이해관계가 만나 이루어진 것이다. 그리고 땅과 친화적인 삶을 지향하던 주민에게는 아파트의 편리함과 효율성을 강조한 홍보 전략이 먹혀들었다. 아파트는 매우 표준화된 공간 면적과 구조를 가지고 있어, 건설사의 입장에서는 건축, 홍보, 판매의 모든 면에서 효율적이다. 또한 정치권력의 입장에서는 집단적인 통제가 용이하다. 마이크 하나만 들면 동시에 모든 입주민을 움직일 수 있다. 물론 입주민은 아파트에 설치된 다양한 편의 시설을 누릴 수 있다. 하지만 주거 환경이 편리한 만큼 권력자가 쉽게 감시하고 관리할 수 있는 구조를 가진 것이 아파트 단지다. 우리나라에서 아파트가 이처럼 보편화된 배경에는 이와 같은 통제의 논리가 보이지 않게 작동하고 있는 것이다.

하지만 공간의 분할이나 배치를 통한 통제는 반쪽짜리 통제일 뿐이다. 그래서 시간 통제가 동시에 이루어진다. 특정한 공간에 있는 사람들에게 집단적인 시간 규율을 부과하는 것이다. 비용이 많이 들고 물리적 제약이 큰 공간과는 달리, 시간은 보다 쉽게 세부적으로 사람들의 행동을 통제할 수 있다. 군대에 갔다 온 사람이라면 누구나 시간 규율의 억압성을 경험해 보았을 것이다. 군대는 분초로 세분화된 시간 단위로 병사를 훈련시킨다. 논산 훈련소에 입소하면 훈련병은 기상, 구보, 작업, 훈련, 식사, 취침, 보초 등과 같은 일을 매우 세부적으로 편성한 시간 규율에 따라 24시간을 움직여야 한다. 군인은 항상 종단적 공간축 y와 횡단적 시간축 x로 표시할 수 있는, 즉 감시와 통제가 가능한 한 지점에 위치하고 있어야 하는 것이다.

제대한 남성은 누구나 훈련소에서 겪은 30초 식사를 마치 영웅담처럼 말하곤 한다. 이 30초는 식사에 필요한 생리적 시간과는 무관하게 훈육 자체를 위해 강요된 시간이다. 훈련소의 30초 식사는 군대가 훈련병들에게 시간 규율을 주입하고 체화하는 방법과 과정을 보여 주는 대표적인 예다.

　　학교나 군대에서 엄격하게 부과되는 시간 규율을 순수하게 교육적 관점에서 보는 시각도 존재한다. 하지만 시간 규율은 내재화되어 학교나 군대를 떠난 뒤에도 여전히 억압적 기제로 작용한다. 게다가 취업한 후부터는 시간 규율이 시간 자본 개념과 결합되면서 개인의 활동이 시간적 효율성이나 시간의 경제적 가치에 의해 조정되거나 통제된다. 이로써 자본 권력은 개인의 시간과 공간을 더욱 쉽고 효과적으로 통제할 수 있게 된다. 개인은 의식 여부와 관계없이 내재화된 시간 규율에 따라 심리적 압박을 받고 산다. 심지어 이것은 업무 외 시간에도 억압 기제로 작용하면서 사적 행위에까지 영향을 미친다. 이러한 이유로 방학을 맞은 학생, 제대한 청년, 혹은 은퇴한 노인은 갑자기 마주한 자유로운 시간 앞에서 어리둥절해진다. 그동안 타율적인 시간 통제에 너무나 익숙해졌기 때문이다.

　　1990년대 후반에 이러한 시간과 공간의 통제로부터 자유를 갈망하던 사람들이 발견한 이상적인 세계가 바로 인터넷이다. 초기 인터넷은 물리적 시간과 공간으로부터 자유를 추구했다. 인터넷은 시간과 공간에 구애받지 않고 전 세계의 수많은 사람이 서로 소통할 수 있는 세계로 발전해 갔다. 하지만 시간이 지날수록 이 세계에도 권력의 그림자가 나타나기 시작했다. 인터넷에서도 포털, 대기업, 정부와 같은 권력의 그림자가 드리우기 시작한 것이다. 점점 인터넷상에서 정보, 의견, 이슈 등에 대한 감시, 통제, 조작이 심화되고 있다. 인터넷과 모바일 미디어의 발전과 대중화로 사람들은 시간과 공간으로부터 더 자유롭게 정보를 얻고 생각을 교환할 수 있게 되었다고 믿는다. 하지만 역설적이게도 보이지 않는 곳에서는 사람들의 개인 정보가 축적되고 있고 이것이 상업적으로 또는 정치적으로 이용되고 있다. 이렇게 축적된 자료를 빅 데이터big data라고 부른다. 사람들이 인터넷에서 자유를 즐기는 동안 누군가는 그들을 감시하고 조종하고 있다. 사람들에게 시공간의 자유를 약속한 인터넷이 어느 순간부터 더욱 촘촘하게 짠 시공간의 그물망으로 사람들을 감시하고 통제하고 있는 것이다.

시간 규율의 정당화

고대에서 오늘날까지 달력은 일, 주, 월, 계절, 연으로 표현되는 시간의 흐름뿐만 아니라 자연이나 세상의 시간적 법칙을 알려 주는 시간 상징이다. 이 말은 달력이 시대의 세계관을 담고 있다는 말이기도 하다. 우리는 오늘날에도 여전히 음력을 사용한다. 음력은 우리 사회의 고유한 전통적 세계관을 반영하고 있다. 연중 몇몇 특정한 날은 우리가 조상과 만나고 우리가 세상에 존재하는 이유를 알려 주는 시간이다. 중세 사회에서 시계탑의 종이 알려 주는 시간도 단순히 의무적으로 따라야 하는 시간이 아니라 하루 중 하느님께 바치는 성스러운 시간이었던 것이다. 이처럼 사회 구성원에게 시간 규율을 부과하는 일은 그냥 강압만으로 이루어지지 않는다. 시간 규율은 사회를 유지하고 있는 가치, 세계관, 이데올로기를 통해 특별한 의미를 부여받음으로써 결국 사회적으로 정당화되고 수용된다.

우리나라의 근대화 과정에서도 새로운 시간 규율을 부과하는 과정에서 이러한 현상이 나타났다. 당시 시간 지키기는 계몽 운동의 일환이었다. 그러니까 정해진 시간을 엄수하는 것이 문명화된 인간이 되는 조건을 의미하였다. 즉, 우리나라가 서구의 문물을 받아들이기 시작하면서 우리 사회에 서구적 가치가 도입되었고 시계의 시간에 따라 생활하는 것이 이 가치에 부합하는 것으로 간주된 것이다. 1896년에 창간된 우리나라의 최초 민영 신문인 『독립신문』은 당시의 이런 상황을 잘 보여 준다. 이 신문에 실린 1899년 10월 3일자 논설을 쉽게 풀어 쓰면 다음과 같다.

사람의 사람됨이 시계의 기계와 같으니 바퀴, 유사(모터 역할을 하는 시계

부품), 태엽 중에 한 가지만 없어도 병신이 되어 쓸데가 없을 것이다. 사람
이 사지백태四肢百態와 이목구비 중에 한 가지만 병들어도 완전한 사람이
되지 못할 것이다. (……) 그 시계가 사시 주야를 막론하고 운동해야 제시
간을 맞출 것이요. 사람도 장부와 기혈이 고른 연후에야 운동과 행위를
마음대로 하지, 만일 병이 있으면 세상만사에 아무 생각이 없을지니 무슨
사업에 경영을 할 수 있으리오.[17]

이 인용문에서 사람의 사람됨을 시계의 기계적 운동에 비유한 것
은 당시의 새로운 시간 의식을 엿보게 한다. 시계는 단순히 시간을 알리
는 기계가 아니라 사람의 성실성과 근면성을 평가하는 중요한 도구로 받
아들여진 것이다.

일제강점기에 '때의 기념일'이라는 행사가 개최되었다. 이때 강조
된 새로운 시간관념은 "첫째, 일상생활 시간으로 자고 일어나는 시간, 운
동 시간, 식사 시간을 일정하게 정할 것, 둘째, 집무 시간으로 출퇴근 시
간을 지킬 것, 근무와 휴식 시간을 구별할 것, 약속 시간을 잘 지킬 것, 셋
째, 집회 시간으로 개회 시간을 엄정히 할 것, 집회 시간에 늦지 말 것"
등이었다.[18] 물론 당시 기차 시간처럼 이 시간을 지키지 않으면 불이익을
당하기 때문에 시간 규율이 자연스럽게 강제되는 측면이 분명 있다. 하지
만 동시에 당시 시간 지키기는 사람의 교양과 성실성을 가늠하는 척도로
간주되었다. 즉, 시간을 잘 지키지 않으면 현실적으로 손해를 입을 뿐만
아니라 사람됨의 평가에서도 불이익을 당했던 것이다.

이때 발생한 시간 이데올로기는 오늘날까지 고스란히 이어져 온
다. 이 시간 이데올로기에 따라 시간 준수는 현대인이 필수적으로 갖추어

---

17 박태호, "『독립신문』과 시간-기계:『독립신문』에서 근대적 시간-기계의 작동 양
    상",『사회와 역사』통권 64집, 2003에서 의역함.
18 이이화,『이이화의 한국사』, 파주, 한길사, 2006.

야 하는 미덕으로 간주된다. 시간을 잘 지키는 사람이 사회적으로 성실하고 근면하며 신뢰할 수 사람으로 평가받는다. 이 이데올로기는 현대인의 생각에 뿌리 깊이 박혀 있어 자신이나 다른 사람을 평가하는 중요한 잣대로도 작용한다. 결국 사람들은 시간을 지키지 못할 경우 집단의 부정적인 평가를 받을 뿐만 아니라 스스로 자아비판을 하고 괴로워한다.

역사적으로 사회가 개인에게 어떤 행위 규율을 따르게 할 때는 감시와 제재만으로 이루어지지 않는다. 경제적 불이익이나 상벌로는 한계가 있기 때문에 항상 이데올로기적 장치를 동반한다. 규율 준수가 '옳은' 행동이라는 점을 설명하고 설득하는 이데올로기적 담론을 만든다는 것이다. 이 담론은 사람들의 의식에 주입된다. 그리고 이것이 내재화되면서 나중에는 무의식 속에서도 자동적으로 작동한다. 또 이 담론은 개개인을 매개로 다른 사람들에게 전달되면서 확산된다. 이러한 방식으로 오늘날 현대인은 시간 규율을 자연스럽게 받아들이고 만약 자신이 지키지 않을 경우 스스로를 탓한다. 결국 역사적 과정을 통해 사회적으로 부과된 시간 규율은 체화된 자기 규율로 변신하게 되는 것이다.

그런데 여기서 한 가지 주목할 것은 이러한 시간 규율이 모두에게 동일하게 적용되는 것은 아니라는 사실이다. 사회에서는 상대적으로 더 엄격한 시간 규율을 받는 사람들이 있고 그 반대편에 서 있는 사람들도 있다. 쉽게 말하면, 약속 시간보다 먼저 도착해야 하는 사람과 약속 시간보다 늦게 도착해도 좋은 사람이 있다. 노동자는 엄격하게 작업 시간을 준수해야 하지만 경영주는 유연하게 자신의 시간을 조정할 수 있다. 물론 직원보다 일찍 출근하는 사장도 있다. 하지만 이것만으로 그가 일반 직원과 동일한 시간 규율을 따른다고 보기 어렵다. 우리나라에서는 사장이 일찍 출근하는 것을 오히려 직원의 시간 훈육의 한 방편으로 보는 편이 맞을 것이다. 사장이 일찍 출근하는데 직원이 '감히' 지각하기는 힘든 것이다.

미래의 발명: 집단적 시간관의 탄생

시간 의식에서 집단적 시간관으로

시간 의식의 사회적 확장은 두 방향으로 진행된다. 한 방향은 지금까지 살펴본 시간 상징이고, 다른 한 방향은 지금부터 살펴볼 집단적인 시간관이다. 보이지 않는 미래, 예측되지 않는 미래는 시간 의식을 가진 인간에게 불안과 공포의 근원이다. 밤늦게 공동묘지를 지나가는 사람이 두려운 것은 귀신 때문이 아니라 귀신을 아직 한 번도 본 적이 없기 때문이다. 그래서 수많은 상상이 그를 불안에 떨게 한다. 길을 걸어가는 사람은 반드시 종착지를 알고 있다. 종착지는 바로 그가 도달할 미래다. 미래가 불투명할수록 사람은 불안과 싸우며 걸어야 하고 때로는 방향을 돌리거나 포기하기도 한다.

개인의 불안은 곧 사회적 불안으로 이어진다. 개인의 가장 원초적인 불안과 공포는 죽음에서 비롯된다. 죽음이 두려운 이유는 아무도 죽음 후에 어떻게 되는지, 어떤 일이 벌어지는지, 마치 잠드는 것처럼 세상이 눈앞에서 까맣게 사라지는 것인지, 지옥은 정말 존재하는 것인지 모르기 때문이다. 유한한 인간에게 죽음은 가장 슬픈 경험이자 가장 두려운 경험이다. 가장 슬픈 이유는 항상 가까이 있던 사람을 더 이상 볼 수 없기 때문이다. 가장 두려운 이유는 살아 있는 사람은 그 누구도 죽음 이후를 실제로 경험해 보지 못했기 때문이다. 죽음은 항상 타인의 죽음을 통해서 상상되는 세계인 것이다.

죽음은 누구도 피해 갈 수 없다. 사회 구성원은 누구나 자신의 주변인이 떠나는 것을 지켜보게 되고 자신도 언젠가는 떠나야 한다. 그래서 죽음의 문제야말로 사회를 위협하는 가장 원초적인 공포인 것이다. 그래서 모든 사회는 죽음을 설명하고 사후를 예측하는 상징적 세계를 창조한다.

그럼 상징적 세계란 무엇인가? 버거Berger와 러크먼Luckmann은 사회와 문화에 따라 현실에 대한 인식과 지식이 달라짐을 밝히며 현실의 사회적 구성론을 주장하였다.[1] 현상학을 사회학에 접목한 이 두 사회학자는 생물학적인 조건의 지배를 받는 동물과는 달리 인간은 정체성이 사회적 과정에서의 특정한 문화적 형태 속에서 형성된다고 보았다. 그리고 자아의 형성은 안정을 지향하는데 사회적 질서는 이 안정의 극단적인 형태가 된다고 보았다. 사회적 질서는 사회 구성원의 상호작용에 따른 '상호적 유형화typification réciproque'를 통해 제도화institutionalisation된다. 상호적 유형화란 사회 구성원이 같은 상황에서 상호작용을 하면서 공통된 습관을 형성하는 것을 말한다. 예를 들어, 가정이라는 사회는 사랑하는 남녀가 만나 상호작용을 하며 서로 공유하는 습관을 형성하면서 만들어지는 것이다. 사회는 이러한 과정을 거쳐 제도를 만들어 간다. 한편 후세들은 이 제도의 형성 과정에 참여하지 않았기 때문에 사회가 그들에게는 그것을 설명하고 정당화하는 기제를 마련한다. 버거와 러크먼은 이 정당화 방식으로 '경험의 언어적 객관화', '격언과 같은 이론적 명제', '전문적 이론의 개발', '상징적 세계의 구성'이 있다고 보았다. 여기서 가장 고차원적인

---

1 Peter Berger & Thomas Luckmann, *La construction sociale de la réalité*, Paris, Armand Colin, 1996.

정당화 방식은 바로 상징적 세계의 구성이다. 상징적 세계는 인간의 일상적 경험에서 접근할 수 없는 세계를 설명하여 현실에서 사회적 질서와 통합을 유지하는 기능을 한다.

　　바로 이 상징적 세계에서 우리는 시간 의식이 사회적으로 구성되고 확장되는 과정을 발견할 수 있다. 버거와 러크먼은 상징적 세계를 특수한 개념적 세계로 보고 대표적인 것으로 신화, 종교, 철학, 과학을 제시하였다. 모든 사회는 질서를 유지하고 존속하기 위해 고차원적인 방식으로 현 세상의 질서를 정당화하는 장치를 마련하는데 신화, 종교, 철학, 과학 등이 제시하는 상징적 세계가 바로 그런 역할을 한다는 것이다. 이 상징적 세계는 삶과 죽음, 자연과 세상의 이치와 같은 인간의 개인적인 삶을 초월해서 모두에게 적용되는 보편적인 문제를 다룬다. 그래서 나는 이 상징적 세계를 세계관과 동일시한다.

　　인류의 역사에서 모든 사회는 미래의 불안과 공포로부터 사회를 보호하고 질서를 유지하기 위해 저마다 고유한 세계관을 지니고 있다. 여기서 흥미로운 사실은 세계관은 반드시 시간관을 내포하고 있다는 것이다. 특히 세계관은 인간이 피해 갈 수 없는 가장 끔찍한 사건이자 사회의 질서를 위협하는 '죽음'을 설명하고 '정당화'하는 내용을 담고 있다. 여기서 죽음을 정당화한다는 것은 죽음을 설명하여 받아들일 수 있는 현실로 환원 혹은 승화한다는 것을 의미한다.[2]

━━━ 신화의 순환적 시간관: 미래는 돌아올 과거다

모든 고대사회에는 신화가 있다. 신화는 '성스러운' 역사를 이야기한다. 이 성스러운 역사는 초현실적인 존재의 신비로운 사건을 이야기하면서 인간과 세상의 창조 과정을 설명한다. 그래서 과학적 사고에 익숙한 현대인에게 신화는 황당한 이야기처럼 들리기도 한다. 하지만 신화는 오히려 현실과 매우 밀접한 관계를 맺고 있다. 신화는 인간과 사회의 기원을 설명해 줌으로써 궁극적으로 현재의 현실이 어떻게 만들어졌는지 알게 해 준다.[3]

현대인은 믿기 힘든 이야기이지만 고대인은 신화가 현실에 토대를 둔 실제 이야기라고 믿었다. 신화 속에 나오는 사람, 동물, 사물은 개별적으로는 의미가 없다. 그 존재들이 성스러운 역사 이야기 속에서 특별한 행위의 주체로 의미를 부여받는다. 그리고 고대인은 그 존재들이 실제로 있다고 믿는다. 그런데 신화는 세상의 창조만을 이야기하지는 않는다. 신화는 또한 죽음을 이야기하고 사후의 부활을 이야기한다. 그래서 신화 속의 세계는 주기적으로 반복되는 순환적 시간관을 따른다. 신화의 순환적 시간관은 반복적인 집단 의례를 통해 태초의 사건들이 재현되고 또 재현되면서 한 세대에서 다음 세대로 계승된다. 집단 의례를 올리는 시간은 창조의 시간을 의미하고 이 의례를 통해 공동체 전체는 다시 새롭게 태어

---

2 앞의 책, p. 54.
3 Mircea Eliade, *Aspects du mythe*, Paris, Gallimard, 1963, pp. 16-17.

난다. 그래서 고대사회 또는 전통사회의 구성원은 순환적 세상의 흐름 속에서 자신들이 세상에 존재하는 의미와 이유를 발견한다. 우리가 매년 설날에 제사를 올리고, 정월 대보름에 그해의 새로운 소원을 기원하며, 사후에 새로운 생명으로 태어난다고 믿는 전통은 모두 신화의 순환적 시간관에 기초한 것이다.

　신화가 현실에 토대를 두고 있다는 것을 증명하는 하나의 근거가 있다. 신화는 사람들이 자연환경 속에서 겪은 경험을 반영한다. 신화의 사건을 재현하는 의례는 모두 물리적 세계의 리듬에 맞추어져 있다. 원래 물리적 시간 자체는 단순히 움직임의 변화 주기일 뿐 별다른 의미가 없다. 예를 들어, 달은 지구를 공전하며 일정한 주기로 달라지는 형태를 보여 줄 뿐이다. 과학은 이런 공전운동을 묘사할 뿐 그 운동이 인간의 삶에 어떤 의미를 주는지는 설명해 주지 못한다. 하지만 신화는 매월 달의 형태가 변화하는 것을 통해 세상의 창조와 소멸이 반복적으로 이루어지는 원리를 설명해 준다. 자연의 물리적 현상은 그 자체로 가치중립적이지만 신화는 자연현상에서 세상의 리듬과 인간 생사의 원리를 발견해서 그것을 구성원이 납득하고 받아들일 수 있는 것으로 만든다. 단군신화에서 호랑이와 곰의 이야기는 우리 민족이 어떻게 세상에 존재하게 되었는지를 알려 준다. 인간과 사회는 경험적으로 접근할 수 없는 세계를 이해하기 위해 고차원적인 세계관이 필요한데, 고대사회에서는 신화가 그러한 역할을 수행했던 것이다. 그 누구도 신화에서 말하는 세계를 입증할 수는 없다. 하지만 증명 가능성은 중요한 것이 아니다. 왜냐하면 어차피 경험적으로 접근할 수 없기 때문이다. 중요한 것은 우리가 접근할 수 없는 창조의 세계를 우리가 이해할 수 있게 설명해 준다는 것 자체로 사람들은 자신이 어디에서 와서 어디로 가는지를 이해하고 현재의 현실을 받아들일 수 있게 된다는 점이다.

　지구상에는 다양한 신화가 존재한다. 각각의 내용은 다를지라도

❚ 부오나로티 미켈란젤로(1475∼1564)가 그린 〈천지창조〉의 일부

신화는 앞에서 설명한 것처럼 우리가 경험적으로 설명할 수 없는 것을 납득할 수 있게 설명하는 보편적인 기능을 가진다. 특히 신화의 중요한 기능은 사회의 존립에 가장 큰 위협인 죽음에 대해 구성원이 이해하고 받아들일 수 있도록 해 준다는 데 있다. 신화는 세상의 기원을 설명하면서 왜 인간이 죽을 수밖에 없는 존재인지를 납득하게 해 준다. 신화 속에서 죽음은 결코 불운한 존재의 운명을 말하는 것이 아니라 인간은 다시 새롭게 태어나기 위해 죽을 수밖에 없는 존재라는 긍정적인 의미를 갖는다. 또 큰 재앙도 세상이 새롭게 태어나기 위해 필요한 사건이라는 의미를 부여받는다. 이러한 방식으로 신화는 질병이나 죽음 혹은 자연 재난으로 인해 인간이 겪는 고통을 승화할 수 있도록 해 준다. 인생사에서 겪게 되는 많은 재난과 불행한 경험은 신화의 성스러운 역사를 통해 반드시 필요한 것이라는 의미를 부여받는다.

세상의 신화적 해석을 통해 인간은 불확실하고 두려운 미래에서 벗어나 현재의 삶에 충실할 수 있게 된다. 세상의 원리를 설명하는 신화의 인과론적 논리는 오늘날의 과학적 사고로는 받아들이기 어렵지만 그렇다고 과학이 세상의 원리를 설명해 줄 수 있는 것도 아니다. 중요한 것은 이러한 세상의 신화적 해석이 불확실한 미래로부터 비롯되는 불안에서 인간을 해방해 준다는 사실이다. 신화에서 설명하는 세계는 끊임없이 반복된다. 탄생과 소멸도 계속해서 반복된다. 그래서 죽음은 또 다른 시작이다. 따라서 신화는 미래를 알고 싶어 하는 인간의 절실한 바람이 만들어 낸 인간의 독창적인 발명품이다. 신화의 가장 본질적인 기능은 미래가 되돌아올 과거라는 것을 알게 해 줌으로써 현재의 삶을 견딜 만한 것, 살 만한 것으로 받아들일 수 있게 해 준다는 것이다.

▬ 그리스도교의 직선적 시간관: 구원의 미래

유대 민족의 신화에 나타나 있는 시간관은 매우 독창적이었다. 유대인에게 현재의 수난은 그들의 신 여호와가 내린 벌로 여겨졌다. 모든 재앙은 유대인이 저지른 죄를 심판하기 위해 여호와가 내린 벌로 해석된 것이다. 그래서 유대인은 그들이 여호와로부터 멀어질 때마다 벌로써 재앙이 일어난다고 믿었다. 재앙은 신이 결정한 운명을 유대인이 거스르지 않도록 하기 위해 이미 예견된 필수적인 것이었다. 그래서 유대 신화에서 재앙은 역사적이고 종교적인 의미를 동시에 가지고 있다. 역사적인 이유는 각각의 사건은 그 사건만의 고유한 의미를 가지기 때문이다. 종교적인 이유는 각각의 사건은 신의 의지를 표현한 것이기 때문이다.

이처럼 역사적 시간관을 가지고 있다는 점에서 유대 민족의 신화는 다른 민족의 신화와 차이를 보인다. 유대인의 신화에서는 역사적 시간이 신이 예정한 순간에 완료된다. 그래서 그들의 시간관은 종말론적이고 구원론적이다. 그렇기에 유대 민족의 시간관은 18세기 계몽주의 철학에서 등장하는 역사적 시간관과는 분리해서 봐야 한다.

그런데 유대 신화는 왜 순환적 시간관 대신 역사적 혹은 직선적 시간관을 가지고 있는 것일까? 이 질문에 대해서는 몇 가지 학술적 의견이 존재한다. 인류학자 엘리아드Eliade는 유대교가 유일신을 믿기 때문에 구원의 시간이 필수적이었다고 주장한다.[4] 하지만 이 이유만으로는 불충분해 보인다. 내가 보기에 또 하나의 이유는 유대 민족이 처한 당시의 특별한 상황에서 발견된다. 사실 유대 민족에게 순환적 시간 개념이 없었던 것은 아니나 정착지로부터 추방되고 박해를 받으면서 구원의 역사가 필요해졌던 것이다. 그래서 유대 민족의 지식인들이 역사적이고 종말론적인 시간관을 나중에 도입한 것으로 알려져 있다.[5] 이 민족에게는 순환적인 시간보다는 종말과 구원의 시간이 더 절실했던 것이다.

신학적 관점에서 유대교와 그리스도교의 근본적인 차이는 메시아의 선택에 있다. 유대교에서 구세주는 불특정되어 있고 익명인 반면 그리스도교에서 구세주는 그리스도다. 그리스도의 재림이 역사의 종말과 구원의 때를 의미한다. 그리스도의 재림 전에는 악마로 간주되는 반그리스

---

4 Mircea Eliade, *Le mythe de l'éternel retour*, Paris, Gallimard, 1969, p. 122.
5 앞의 책, p. 126.

도가 나타나 역사의 종말이 오기 전에 일시적인 혼란의 시기를 야기한다. 실제로 그리스도교의 역사를 보면 몇몇 인물이 반그리스도적 인물로 간주되기도 했으며, 특정한 위기는 아포칼립스(세상의 종말)로 추정되기도 했다.

한편 역사의 흐름 속에서 그리스도교는 새로운 사회적 환경에 적응하기 위해 변화를 도모하였다. 로마제국의 공식적인 종교가 되면서 그리스도교는 과거에 성인들이 설파해 왔던 지복천년설(그리스도가 지상에 재림하여 천 년간 통치한 뒤에 세상의 종말이 온다는 설)을 이단으로 간주하기 시작했다. 그리고 시간의 종말이 아직 임박한 것은 아닌 것으로 규정하였다. 그리스도교가 공식적인 종교가 된 상황에서 종말의 임박은 설득력이 떨어진다고 본 것이다. 또 교회의 지배는 구시대를 마감하고 이제 지상에서도 천국의 시대가 도래하고 있음을 알리는 것으로 의미를 부여하였다. 하지만 지복천년설이 완전히 사라진 것은 아니었다. 그리스도교 세계가 이슬람제국이 지중해를 침공하고 루터가 신교 운동을 벌인 것과 같은 위기를 만날 때마다 지복천년설은 다시 부활하곤 했다.

아무튼 그리스도교와 유대교는 공통적으로 메시아적 시간 개념을 가지고 있다. 서구의 역사에서 이 두 종교의 중요한 영향은 시간이 더 이상 반복되지 않는다는 직선적인 시간관을 전파했다는 것이다. 이 직선적 시간은 구세주가 나타날 때 종결된다. 그래서 혹자는 그리스도교에서 중요한 것은 과거도 현재도 아닌 미래라는 말을 하기도 한다. 하지만 이러한 평가는 피상적인 것이다. 유대교인과 그리스도교인이 처한 역사적 상황에서 볼 때, 이러한 시간관은 집단의 생존을 위협하는 위기의 상황을 극복하기 위해 절실하게 필요한 것이었다. 이들의 역사에서 발견되듯이, 메시아의 개념은 변화해 왔고 재림 시기도 예측할 수 없는 것으로 간주되어 왔다. 단지 메시아의 재림은 신에게서 보장받은 것이고 이 사실은 신앙을 통해 믿어야 하는 것이었다. 이런 비구체성과 불예측성은 사실 필요한 것이었다. 그래야만 사람들이 희망을 결코 포기하지 않을 수 있기 때문이다. 구원의 시간 개념이 던지는 근본적인 메시지는 메시아가 올 시간의 종말을 기다리라는 것이 아니라 바로 현재에서 희망의 삶을 영위하라는 것이다.

이러한 관점에서 그리스도교의 직선적 시간관은 본질적으로 신화의 순환적 시간관과 기능적으로 다르지 않다. 이 시간관은 미래에 더 많은 가치를 부여하는 것이 아니라 미래의 불안을 미래의 구원으로 대체하여 현재의 삶에 충실하고 현재의 고통을 극복하라는 메시지를 담고 있다. 결국 순환적 시간관과 직선적 시간관은 모두 궁극적으로는 미래가 아닌 현재의 삶을 위한 것이다.

진보주의 역사관: 인간의 손에 맡겨진 미래

종교적 역사는 성스러운 역사다. 이 역사의 저자는 유일신이다. 유일신이 어느 순간 시간의 종말을 선포하고 인간을 구원한다는 것은 원죄를 가진 인간의 불완전성을 전제로 하는 것이다. 인간은 스스로 자신의 조건을 개선할 수 없고 스스로 자신의 역사를 만들어 갈 수 없는 존재라는 것이다. 인간은 오직 신을 믿고 마지막 심판을 기다리며 현재에 희망의 삶을 살아가야 하는 존재다. 희망은 큰 재앙이 닥쳤을 때마다 새롭게 갱신된다. 희망은 구원의 시간이 결정되기 전까지 끊임없이 갱신되면서 지속된다.

한편 계몽주의 철학자들은 이러한 종교적 역사관에 반하는 새로운 역사관을 창안한다. 이 역사관은 지상에서 인간 스스로 자신의 역사를 발전시킬 수 있다는 진보주의 역사관이다. 진보주의 역사관이 그리스도교적 역사관의 연장선에 있는가에 대해서 학계에서는 두 가지 다른 주장이 대립하고 있다. 계몽주의 사상가들은 진보주의 역사관이 그리스도교적 구원주의와 관련이 없다고 본다. 반면 일련의 역사가는 진보주의 역사관이 역사에 목적성을 부여한다는 점에서 유대교와 그리스도교의 영향을 부정하지 않는다.

진보의 개념이 인간 정신의 산물인 것은 분명하지만 그것이 순수하게 정신의 내부에서 솟아오르는 것은 아니다. 경험의 세계와 기대의 세계는 끊임없이 상호작용을 하며 서로 영향을 미친다. 따라서 나는 진보의 개념을 단순히 종교와 철학의 생각 차원에서 비교하는 것은 진보주의 역사관을 이해하는 데 충분하지 않다고 본다. 유대교와 그리스도교의 시간관은 유대 민족과 그리스도교인이 처한 당시의 사회적 상황 그리고 현실적 고민과의 밀접한 관계 속에서 만들어진 것이다. 진보주의 역사관도 마찬가지로 그 시대를 살았던 사람들의 상황과 현실적인 문제와 분명 관계가 있다.

진보주의 역사관에서 우리는 마르크스Marx의 영향을 간과할 수 없다. 그는 역사의 진보에서 종교적 의미를 제거한다. 대신 그는 소유 형태의 분류에 기초한 역사의 변동을 제안한다. 이 변동은 생산력과 직업 분화의 발전 과정에서 나타나는 인간 역사의 진보로 그려진다. 그래서 마르크스의 역사관은 인간 중심적이고 진보주의적이다.

그런데 흥미로운 점은 시간 의식의 관점에서 마르크스의 진보주의 역사관이 신화와 그리스도교의 시간관과 기능적으로 상당히 닮아 있다는 사실이다. 마르크스의 역사관도 사람들이 역사적 고통과 미래의 불안을 극복할 수 있도록 희망적인 메시지를 전파하고 있다. 마르크스에게도 각 사건은 우발적인 것이 아니라 역사의 진보, 궁극적으로는 역사의 구원을 위해 필연적으로 거쳐야 하는 것으로 의미를 부여받는다. 사람들이 역사적 고통으로부터 해방되고 이상적인 세계가 명백히 임박해 있다는 주장은 마르크스가 고안한 희망의 메시지이자 치유책이다. 마르크스 고유의 구원의 메시지를 통해 사람들은 현재의 고통에서 위안을 얻는다. 심지어 고통이 심화되는 것조차 최후의 해방이 임박해 있다는 신호로 간주한다. 마르크스는 다가올 미래는 분명 현재보다 더 나을 것이고, 언젠가는 사회적 조건이 만든 모순에서 인간이 해방될 것이라고 본 것이다.

흔히 마르크스의 진보주의 역사관도 미래에 더 큰 가치를 부여하고 있다고 말하지만, 유대교와 그리스도교와 마찬가지로 사실 모든 희망의 메시지는 미래를 위한 것이 아니라 현재의 삶을 위한 것이다. 그의 역사관은 사람들이 더 나은 미래로 향하고 있다는 기대 지평을 열어 준다. 그래서 이것을 믿는 사람은 현재에 경험하고 있는 고통을 견디고 앞으로 취해야 할 행동을 결정할 수 있다.

마르크스의 이론은 유토피아적이라는 점에서 유대교 및 그리스도교와 유사하다. 하지만 그의 이론은 철저하게 경험적인 세계에 대한 이론적 성찰로부터 유토피아적 역사관을 도출했다는 점에서 분명 차이가 있다. 유대교와 그리스도교에서는 구원의 시기가 특정되어 있지 않기 때문에 구원의 시간은 인지적 경험이 아닌 신앙에 달려 있다. 항상 경험적으로는 알 수 없는 시간의 비밀을 간직하고 있기 때문에 그리스도교의 시간관은 연속성을 지킬 수 있었고 그것을 파괴하려는 위협을 극복할 수 있었다. 그래서 역사적으로 수없이 많은 가짜 구세주가 등장했음에도 그리스도교인은 구원의 믿음을 간직할 수 있었던 것이다. 반면 마르크스주의와 같은 학문적 시간관은 항상 경험적 확인의 대상이 된다. 그래서 새로운 역사적 사건이나 거기서 도출되는 새로운 이론의 직접적인 저항을 받을 수밖에 없다. 이러한 이유로 독일에서의 베를린 장벽의 붕괴가 역설적이게도 '역사의 종말'로 불린 것이다. 물론 이 역사는 마르크스가 말한 역사이고 인간의 역사다.

과학기술과 진보주의 역사관

진보주의 역사관을 근본적으로 이해하기 위해서는 인간과 자연의 관계를 보는 서양의 관점을 먼저 이해할 필요가 있다. 그리스도 성경의 창세기는 인간과 자연의 관계를 두 가지로 명확히 규정하고 있다. 첫째, 인간은 자연과 구분된다. 왜냐하면 신이 자신의 이미지에 비추어 인간을 창조했기 때문이다. 둘째, 인간은 신으로부터 지상의 모든 것을 활용하고 지배할 수 있는 권한을 부여받았다. 이 성서의 관점은 인간을 자연의 일부분으로 혹은 자연 그 자체로 보았던 동양의 관점과 확연하게 다르다. 인간과 자연의 관계를 바라보는 동양과 서양의 관점이 근본적으로 다른 것이다. 성서의 관점은 르네상스 이후부터 본격화된 과학기술의 발전에 중요한 정신적 토대가 되었다. 왜냐하면 자연은 인간이 신에게 허락을 받아 마음대로 이용할 수 있는 하나의 선물과 같은 것이었기 때문이다. 그리하여 인간은 과학기술을 발전시켜 신의 뜻대로 자연을 최대한 활용해야 했던 것이다.

여기서 서양 과학의 발전을 논할 때 빠질 수 없는 또 하나의 축인 그리스 철학의 기여도를 잠시 살펴보자. 그리스 철학은 그리스도교의 희생양이었다. 이 철학은 인간 이성에 의지해서 진리를 찾고자 했기 때문에 그리스도교의 교리와 대립하는 위협 요인이었다. 그래서 중세에 그리스 철학은 암흑의 시간을 보내야 했다. 하지만 문화적 교류와 역동성은 르네상스 시대를 열었고 그리스 철학은 새롭게 조명을 받게 되었다. 그리스의 전통이 새롭게 개화하면서 자유로운 예술이 발전하고 과학혁명이 일어났다.[6] 결국 서양 과학의 발전은 아이러니하게도 그리스 철학과 그리스도교의 교차로에서 촉발된 것이다.

16~17세기 영국의 철학자 베이컨Bacon은 당시 그리스도교의 유토

---

6 Georg Henrik Von Wright, *Le mythe du progrès*, Paris, L'Arche, 2000, pp. 83-84.

제2부

사
회
의
시
간

■ 프랜시스 베이컨(1561~1626)

피아적 시간관과 과학기술의 진보를 결부하는 사상을 펼쳤다. 베이컨의 영향을 받은 근대과학의 아버지 데카르트는 자신만의 고유한 진보주의 사상을 전개하였다. 그는 성서에서 밝히고 있는 자연에 대한 인간의 지배에 대한 생각을 과학과 기술의 진보에 대한 사상으로 발전시켰다. 그리스도교적 도덕성과 그리스 철학의 이성주의를 함께 가지고 있던 그는 성서와 그것보다 더 급진적

인 자연관을 표방하였다. 그는 자연현상의 원인을 안다면 그것이 야기하는 모든 결과를 통제할 수 있다고 보았다.[7] 물론 이러한 그의 사상은 단순한 상상이나 성서의 되풀이가 아니었다. 데카르트의 믿음은 실질적으로 그가 살던 시대의 과학 발전이라는 구체적인 현실을 딛고 있었다. 데카르트에 따르면 진보란 인간 조건의 향상을 의미하는 것으로 자연의 통제를 가능하게 하는 과학기술의 발전에 의해 실제로 가능한 것이었다.

진보주의 역사관은 17세기 초 과학혁명과 함께 비상한다. 코페르니쿠스, 갈릴레이, 뉴턴 등에 의해 차례로 등장한 과학적 발견은 그리스도교의 세계관을 근본적으로 흔들어 놓았다.

이처럼 놀라운 과학적 성과는 옛것과 새것을 명확히 구분하였는데 이러한 구분 자체가 이미 진보의 명백한 신호였다. 과학은 자연의 법칙을 이해하고 설명하기 위해 이 목적에 맞는 고유한 언어를 발명하고 다듬었다. 이것은 바로 양적 혹은 수학적 언어를 말한다. 이때부터 무게의 중심

7 Dominique Bourg, *Nature et technique: essai sur l'idée de progrès*, Paris, Hatier, 1997, pp. 8–10.

▌ 왼쪽부터 니콜라스 코페르니쿠스(1473~1543), 갈릴레오 갈릴레이(1564~1642), 아이작 뉴턴
(1642~1727)

이 질적 물리학에서 양적 물리학으로, 지각된 사물에서 측정된 사물로 옮겨 간다. 그리고 자연의 법칙은 수치화된 세계에서 균일하고 지속적이며 통제 가능한 것으로 탈바꿈한다. 과학의 진리성은 과학의 내용 자체가 아닌 그 방법론을 통해 정당화된다. 수학적 방법론은 과학의 진리성을 보장하는 중요한 도구였다. 따라서 이때부터 과학적 지식의 타당성은 수학적 그리고 기하학적 재현의 타당성과 다름 아니게 되었다. 새로운 과학의 언어가 빠르게 기계에 적용되면서 기계는 자연현상에 없는 균일한 동작을 재현할 수 있게 되었다.

=== **진보주의 역사관의 추락**

진보주의는 과학기술이 발전하면 할수록 더 강력한 이데올로기로 변신하여 전 세계로 전파되어 갔다. 하지만 시간이 지날수록 사람들은 혼란에 빠지기 시작했다. 애초에 진보주의 역사관에서 진보는 과학기술만의 진보가 사회 전체의 진보를 가져온다는 생각에서 비롯된 것이었다. 그리고 한동안 이 생각이 사실인 것처럼 보였다. 19세기에 파리에서 개최되었던 국제만물박람회는 과학기술의 성과물을 집대성한 성대한 행사였다.

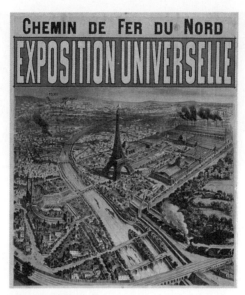

■ 국제만물박람회 홍보 포스터

자료: Le Centre national de documentation pédago-gique(프랑스 국립 교육자료센터),
http://www.cndp.fr/crdp-reims/ressources/dossiers/expo_univ/expo_thematiques.htm

이 행사에 전시된 발명품들은 수치적으로나 외형적으로 과학기술의 놀라
운 성과를 보여 주었다. 무게, 속도, 크기 등의 모든 것이 수치로 환산되
어 과학기술의 성과를 짐작게 해 주었다.

하지만 역설적이게도 히로시마에 투하된 원자폭탄이 야기한 피해
가 수치로 표현되는 순간 사람들은 과학기술의 발전에 기초한 진보주의의
약속에 심각한 회의를 품기 시작한다. 과학혁명이 원자력의 위협으로 돌변
한 것이다. 이후 사람들은 수많은 재해, 특히 인간의 과학기술이 부른 참사
들을 경험하게 된다. 러시아 체르노빌의 원자력 사고에서 일본 후쿠시마의
원자력 사고까지 원자력에 대한 공포는 갈수록 커지고 있다. 그 외에도 비
행기 추락 사고, 선박의 침몰, 자동차 사고, 다리나 건물의 붕괴 등, 날마다
과학기술이 더 나은 미래를 약속하며 창조한 것들이 처참한 재앙의 흉상으

로 변신하는 것을 사람들은 미디어를 통해 거의 매일 지켜보고 있다.

2000년 타기에프Taguieff는 과학기술과 산업사회가 만든 새로운 경험을 '미래의 삭제'로 표현하였다.[8] 2001년에 벡Beck은 『위험사회Risk Society』라는 책을 출간하며 현대 산업사회의 위험에 대한 엄중한 경고와 성찰을 요구하기도 했다.[9] 또 2002년 비릴리오Virilio는 파리의 퐁피두 박물관에서 '사건 전시회'를 개최하였다. 이 전시회는 현대에 발생한 수많은 사건 중 중요한 것들을 사진이나 여러 기록 자료로 소개하고 있는데, 특이한 점은 전시된 사건이 모두 인재라는 점이다. 비릴리오는 20세기에 와서 교통, 계산, 정보의 빠른 속도 뒤에 보이지 않게 사고의 속도도 빨라져 이제는 과학기술에 의한 인재가 자연재해를 추월했다는 사실을 강조하였다.[10] 빨라진 과학기술적 변화는 예측 불가능한 현상을 만들어 냈고, 심지어 환경오염이나 원자력의 재앙은 과학기술의 발전이 역으로 인류를 멸

8 Pierre-André Taguieff, *L'effacement de l'avenir*, Paris, Galilée, 2000.
9 Ulrich Beck, *La société du risque: sur la voie d'une autre modernité*, Paris, Aubier, 2001.
10 Paul Virilio, *Ce qui arrive*, Paris, Actes Sud, 2002. p. 27.

미래의 발명: 집단적 시간관의 탄생

제5장

망시킬 수 있다는 공포감까지 불러일으키고 있다는 것이다.

이처럼 과학기술의 진보가 돌이킬 수 없는 재앙으로 전락하는 것을 보거나 직접 경험한 사람들은 진보주의의 약속에 심각한 회의를 품기 시작했다. 역설적으로 과학기술이 약속했던 더 나은 미래, 이상적인 미래가 이제 불안과 공포의 미래로 둔갑한 것이다.

물론 여전히 과학기술을 신봉하는 사람도 수없이 많다. 하지만 지상에서 유토피아적 사회를 만들 수 있다는 과학기술의 신화는 이제 무너진 것으로 보인다. 그래서 요나스Jonas는 미래의 불확실성 앞에서 의식의 전환을 촉구한다. 그는 『책임의 원칙Le principe responsabilité』이라는 저서에서 기술 문명에 대한 새로운 윤리의 필요성을 강조한다. 그는 힘의 균형이 인간에게 유리한 방식으로 붕괴되었고, 인간은 스스로 자신과 자신을 둘러싼 자연까지 파괴할 힘을 가지게 되었다고 지적한다. 그래서 인간과 사회는 명확하게 예측할 수 없는 결과를 야기할 수 있는 권력을 가지고 있다는 것을 인식해야 한다고 주장한다. 그가 주장하는 새로운 인식의 전환은 인간의 행위가 지구상에서 인간의 삶을 파괴하지 않는 방식으로 실천되어야 한다는 것이다.[11] 그는 인간의 무책임한 행위에 의해 미래가 불확실해지고 위협받는 기술 문명의 사회에서 이러한 인간 행위의 윤리가 반드시 필요하다고 말한다.

요나스가 주장한 책임의 원칙은 '사전예방 원칙principe de précaution'의 철학적 토대가 된다. 이 원칙은 1992년에 리오에서 열린 유엔의 환경과 개발에 관한 콘퍼런스에서 선포되었다. 사전예방 원칙은 프랑스에서는 1995년에 제정된 바르니에 법률Loi Barnier에 반영되었다. 이 법률의 해당 내용은 다음과 같다.

---

11 Hans Jonas, *Le principe responsabilité: une éthique pour la civilisation technologique*, Paris, Le Cerf, 1995, p. 30.

과학기술적 지식에 비추어 확신이 없다고 해서 환경에 돌이킬 수 없는 심각한 피해를 야기할 수 있는 위험을 납득할 수 있는 경제적 비용으로 예방하는 조치를 지연해서는 안 된다.[12]

사전예방 원칙은 기존에 적용하던 '예방 원칙principe de prévention'과 명백히 구분된다. 예방 원칙은 과학기술적 검토에서 실제로 위험이 확인되어야만 예방 조치를 취하는 원칙이다. 반면 사전예방 원칙은 비록 과학적으로 확실하게 입증되지 않아도 충분히 잠재적인 위험이 인지되면 예방 조치를 취해야 한다는 원칙이다. 사전예방 원칙은 과학기술이 오늘날 건강, 환경, 기술, 산업 분야에서 우리가 앞으로 취해야 할 행동에 대해 더 이상 명확한 해법을 제시해 줄 수 없다는 것을 말해 준다. 이 원칙은 정치적 결정에서도 더 이상 과학기술이 절대적으로 신뢰할 수 없는 수준에 도달했다는 것을 잘 보여 준다. 더 나아가 이제 현대사회가 인간 자신 때문에 미래의 불확실성에 직면했다는 것을 알려 주는 것이기도 하다.

---

12 L'article 200-1, loi n 95-101 du 2 février 1995 relative au renforcement de la protection de l'environnemenT. (loi Barnier).

제 6 장

자본주의 시간 시스템

시간 자본의 탄생

한 공장의 생산 라인에서 한 노동자가 두 손에 멍키 스패너를 들고 있다. 그의 앞에는 두 개의 너트가 달린 기계의 부품이 일정한 간격으로 지나가고 있다. 이 노동자는 이 부품의 나사를 조인다. 하나를 조이고 나면 바로 다음 부품의 차례가 오고 그는 계속해서 손을 놀린다. 땀이 흘러 닦고 나니 어느새 조이지 못한 부품들이 저만치 앞서가고 있다. 뛰어가서 다시 조인다. 지나가던 작업 반장이 그에게 뭐라고 소리친다. 잘 들리지 않아 그에게 시선을 돌리다 보니 또 부품들이 저만치 지나가고 다음 단계의 작업을 하던 노동자가 불만을 표시한다. 이렇게 정신없이 작업을 하는 중에 점심 식사 시간을 알리는 방송이 나온다. 그제야 생산 라인이 모두 멈춘다. 일은 중단되었지만 기계적인 동작에 익숙해진 이 노동자의 손은 멈춰지지 않고 계속 움직인다. 동료의 바지에 붙은 단추에 멍키 스패너를 대고 조인다. 공장을 나와서는 지나가던 여인의 원피스에 붙은 단추에 멍키 스패너를 대고 조인다. 여인은 놀라 기겁을 하고 달아난다. 겨우 정신을 차린 노동자는 공장 한쪽에 설치된 벽시계의 밑 부분에 개인 작업 시간표를 꽂고 시간을 기록한다. 그런데 갑자기 사장과 간부가 나타나 그를 데려다가 한 기계 앞에 세운다. 점심 식사 시간을 줄이기 위해 새로 발명된 기계다. 기계는 그의 얼굴 앞에 접시를 들이대고 음식을 입에 밀어 넣는다. 그는 숨 쉴 틈 없이 음식을 삼킨다. 갑자기 기계가 고장 나면서 정신없이 돌아가고 노동자의 얼굴은 엉망이 되고 만다. 그리고 작업이 다시 시작됨을 알리는 방송이 나온다. 그는 다시 시계 밑에 시간을 기록한 작업 시간표를 넣은 후 생산 라인에 들어간다.

　　이것은 찰리 채플린의 영화 〈모던 타임즈Modern Times〉의 초입부에 등장하는 광경이다. 1930년대에 만들어진 흑백 영화이지만 나는 보는 내내 웃음을 참을 수 없었다. 하지만 그 이후 갑자기 몰려오는 씁쓸한 기분은 도대체 무엇일까? 아침에 출근해서 출근부에 시간을 적는 사람, 지문 인식기에 출근 지문을 찍는 사람이라면 아마 나와 같은 기분을 느끼지 않을까?

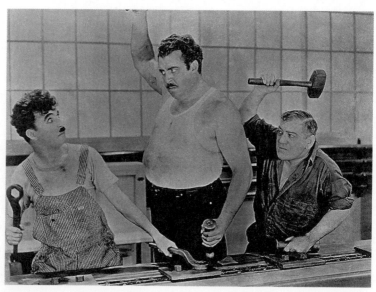

■ 영화 〈모던 타임즈〉의 한 장면

산업혁명은 역사의 흐름을 바꾼 사건임에 틀림없다. 산업혁명은 기계화와 분업화를 통해 생산성을 크게 높였다. 하지만 이 혁명의 놀라운 성과 뒤에는 많은 사람의 희생과 인간성의 상실이라는 역사의 상처가 남아 있다. 당시 노동자는 시골에서 농사지을 땅을 잃고 일자리를 찾아 도시로 모여든 사람들이다. 자본가는 이들의 값싼 노동력을 철저하게 통제하면서 생산성의 증대를 꾀하였다. 바로 이 당시 만들어진 새로운 시간 개념이 지금까지도 우리의 의식을 지배하고 있다.

찰리 채플린의 영화에서처럼 산업혁명 당시 공장에서는 큰 벽시계가 걸려 있었다. 이 시계를 통해 작업의 시작, 휴식, 종료가 집단적으로 통제되었다. 그리고 노동자의 임금도 작업 시간량에 따라 책정되었다. 당시 노동자는 작업 시간 동안 기계처럼 일을 해야 했고 더 많이 벌기 위해서 더 많은 시간을 일해야 했다. 생산성을 높이기 위해 노동의 강도는 점점 심해졌고 노동시간도 늘어났다.

이러한 노동 방식이 현대인의 눈에는 지극히 일상적인 것처럼 보일 수 있지만 당시에는 획기적인 변화였다. 그리고 특히 중요한 점은 시간에 의한 노동 통제와 임금 책정이 노동자에게 새로운 시간 개념을 주입했다는 사실이다. 이것이 바로 '시간은 돈'이라는 개념이다. 이 개념은 산업자본주의의 태동기에 생겨난 전례 없던 개념이다. 이 개념은 자본주의의 발전 과정에서 더욱 공고해져 갔고 오늘날 지배적인 시간 개념으로 자리 잡았다. 우연히 직장 동료에게 "시간은 돈이 아니야"라고 말한 적이 있다. 그러자 그는 되물었다. "그럼 뭐지?"

노동시간과 행복의 분리

분업화된 작업 과정에서는 노동자가 기계적 생산 시스템에서 부속품과 같은 역할을 한다. 노동자는 완성된 제품을 결코 혼자서 만들어 내지 못한다. 그의 노동 가치는 완성품의 가치가 아닌 제조 과정에 투입된 시간의 가치에 따라 계산된다. 만약 장인이 홀로 완성품을 만들어 낸다면 그의 노동에 대한 대가는 그 완성품의 시장 가치에 비례해서 책정된다. 하지만 분업 과정에 투입된 노동의 시장 가치는 자본가나 경영주에 의해 자의적으로 계산될 가능성이 매우 높다. 이런 이유로 기업과 기업주의 수익 증대가 노동자의 임금 인상으로 이어지지 않는 일이 벌어지는 것이다.

분업화된 작업 과정에서 노동자는 노동에 따른 성취감과 만족감을 얻지 못한다. 왜냐하면 최종 결과물은 자신의 창조물이 아니기 때문이다. 각 노동자는 생산의 극히 일부분에 관여할 뿐이며 그가 아니더라도 누군가가 그 일을 대신할 수 있다. 결국 노동자는 노동을 통한 기쁨을 상실하고 만다. 대신 시간을 투입한 것에 대해서 일정 부분 돈으로 보상받는다. 결국 노동은 먹고살기 위한 수단이고 행복의 추구는 노동의 유일한 보상인 돈으로 해결해야 하는 것이 되어 버린다.

이렇게 노동 행위는 행복 추구와 분리되고 오직 돈을 벌기 위한 목적만을 가진다. 노동으로 보내는 시간은 성취감이나 행복을 위한 시간이 아닌 돈을 위한 시간인 것이다. 이 시간은 진정한 삶을 살기 위해 희생된, 희생할 수밖에 없는 시간이 되어 버린다. 노동시간과 행복의 분리는 오늘날에도 계속된다. 그래서 현대인은 입버릇처럼 "일하기 힘들다. 그래도 먹고 살려면 어쩔 수 없지"라고 말이다.

그러면 적어도 노동을 통해 번 돈으로 나머지 시간은 행복하게 보낼 수 있을까? 대부분의 사람은 노동시간을 제외하면 개인적 삶을 위한 시간을 별로 가질 수 없다. 그래서 '저녁이 있는 삶', '오후 5시 퇴근'이라는 정치적 공약이 시선을 끈다. 게다가 임금은 주거 임대료와 식비를 충당하기에도 빠빠한 게 현실이다. 임금이 충분하지 않다면, 그것이 겨우 생계에 필요한 수준이라면 어떻게 할 것인가? 행복을 유보한 삶은 어디에서 보상받아야 하는가? 오늘날 역설적인 것은 일자리가 없다고 성화지만 정작 취업하고 나면 박봉에 실망하고 격무에 시달리며 회의를 느낀다는 사실이다.

　만약 어떤 사람이 시장에서 인정받아 높은 임금을 받는다고 치자. 그러면 그는 행복해질까? 여기서는 노동시간이 중요한 변수다. 임금을 쓰고 자신이 원하는 삶을 추구할 시간이 충분히 주어진다면 다행이지만, 그렇지 않다면 아무리 임금이 높아도 행복해질 수 없다. 그래서 배우자만 좋은 직업이 의사라는 우스갯소리까지 유행한다.

　여가의 증가는 외식, 운동, 여행, 문화 활동 등에 투입되는 시간의 증가로 나타난다. 여가가 얼마나 되어야 노동시간으로 인해 잃어버린 삶을 보상받을 수 있는지에 대해서는 다양한 의견이 있을 수 있다. 하지만 날마다 출근하거나 일하는 사람에게 여가는 결코 충분할 수 없는 것이 현실이다.

　우리 사회에서 발견할 수 있는 중요한 현상이 있다. 직장 생활에서 주어진 임무를 부여받고 그것에 충실하게 길들여진 사람들은 여가에 능동적으로 자신의 가치와 만족을 찾는 데 어려움을 겪는다는 것이다. 이는 스스로 자신의 시간을 계획하고 자율적으로 사는 것을 별로 해 보지 못했기 때문이다. 결국은 직장에서 소외된 자신의 가치를 돈으로 산 상품의

가치로 대체한다. 그리고 자본주의의 신화는 광고를 통해 상품의 소비가 유보된 삶을 되찾는 최선의 방법이라고 유혹한다. 이렇게 해서 자본주의 공장은 쉬지 않고 돌아간다. 그리고 오늘도 직장인은 별보기 운동을 하며 살아간다.

▬ 자본화된 삶의 시간

한 프랑스인 친구의 집에 초청을 받았을 때의 일이다. 나는 그날도 평소처럼 약속 시간에 맞추어 그의 집에 도착했다. 그런데 그 친구의 여자 친구는 아직 도착하지 않았다. 30분쯤 지나자 마침내 그녀가 나타났다. 그녀는 모두에게 미안하다고 말하고 자리에 앉았다. 하지만 내 친구는 늦게 나타난 그녀에게 화를 참지 못하고 쓴소리를 하고 말았다. 나는 평소 다정하던 그 친구가 화내는 것을 처음 보았다. 사실 그녀는 평소에도 그리 시간을 잘 지키는 편이 아니었기 때문에 나는 그의 행동을 이해할 수 있었다. 잠시 후 분위기는 가라앉았지만 그날 저녁은 내내 썰렁한 기운이 감돌았다. 끝나고 돌아가는 길에 나는 내 친구의 여자 친구와 함께 잠시 걸어갈 기회가 있었다. 그녀는 좀 전의 일을 상기시키며 자신의 심정을 토로했다. 그녀는 친구들과 편하게 노는 때에는 시간 약속 때문에 스트레스를 받고 싶지 않다고 말했다. 그때 나는 별말은 하지 않았지만 속으로는 기다리는 사람은 전혀 생각하지 않는 이기적인 사람이라는 생각이 들었다. 지금 돌이켜 보건대, 당시 그녀는 시간 개념이 없는 사람이었을까 아니면 오히려 자신만의 시간관을 가진 사람이었을까?

현대사회에서 약속 시간을 잘 지키지 않으면 좋은 소리를 듣지 못한다. 그렇기에 현대인은 약속 시간에 늦는 것을 피하려고 하고, 일찍 도착해서 다른 사람을 기다리게 되면 짜증을 낸다. 그래서 대부분의 사람은 약속 시간에 맞추기 위해 노력하지만 때로는 일상에서 교통 체증이나 우발적인 사건으로 어쩔 수 없이 늦는 일도 발생한다. 이럴 때면 스트레스가 밀려오고 안절부절못한다.

시간이 주는 이러한 스트레스의 배후에는 시간은 돈이라는 개념과 사회적 시간 규율에 길들여진 우리의 몸이 있다. 우리는 워낙 어릴 때부터 사회적 시간 규율에 길들여져 있기에 약속 시간을 지키지 못하면 뭔가 큰 죄를 저지른 것처럼 불안해지고 심지어 자학까지 한다. 또 시간 자본에 대한 의식 때문에 약속 시간에 일찍 도착한 사람은 늦게 오는 사람을 기다릴 때 마치 돈을 낭비하는 것처럼 뭔가 손해를 보고 있다는 생각을 한다. 반대로 늦게 도착한 사람은 적어도 자신은 돈을 손해 보지 않았다는 생각을 하면서 기다리는 사람에게는 미안한 마음을 갖게 된다.

이 시간 개념은 인간관계 자체에 대한 가치보다는 타인과 보낸 시간을 돈으로 환산한 가치에 집착하게 만든다. 한마디로 인간관계를 계산적으로 만드는 것이다. 누군가와 함께 보내는 시간을 돈으로 환산하는 것은 현대인의 중요한 습관이 되어 버렸다. 그래서 "괜히 아까운 시간만 버렸네"라는 표현이 자주 사용된다. 여기서 아까운 시간이란 아까운 삶의 시간이라기보다는 돈의 의미에 가깝다.

이런 시간 개념은 직장 생활을 시작하면서 더욱 강화된다. 정상 근무에 따른 임금 외에 별도로 책정되는 시간외수당까지 받을 때는 이러한 개념이 더욱 강해진다. 물론 시간당 최저임금을 받는 아르바이트생은 말할 필요도 없다. 시간당 임금이 적으면 적을수록 이러한 시간관념은 더욱 강해진다. 역으로 임금이 크면 클수록 시간의 자유와 여유를 추구하는 경우가 많아진다. 그래서 나는 시간당 최저임금이라도 벌기 위해 일하는 학생들을 보면 소중한 청춘을 그 돈에 바꾼다는 안타까운 마음을 금할 수 없다. 오늘날 많은 대학생이 초중고 시절의 오랜 시간적 속박에서 막 벗어나 자기 나름의 자유를 누릴 수 있는 대학에 입학하고서도, 취업도 하기 전에 경제적 시간 개념의 노예가 되어 가고 있다는 점이 씁쓸할 따름이다.

　자본주의 시간 개념은 얼핏 시간을 아껴 쓰게 만드는 것처럼 보이지만 사실 매우 계산적인 인간관계를 만들고 심지어 오랫동안 준비하고 노력해야만 얻을 수 있는 많은 것을 보지 못하게 한다. 시간에 쫓기는 현대인은 숙고하고 오래 준비하는 과정을 기피하고 단번에 어떤 결과를 만들어 내려고 한다. 오랜 시간을 보내면 보낼수록 돈을 잃는다고 생각하기 때문이다. 심지어 어떤 사람에게는 돈과 관련 없이 보내는 시간이 낭비 혹은 사치로 보이기까지 한다. 시간이 돈이라는 개념은 우리가 삶을 대하는 태도까지 송두리째 바꾸어 버렸다.

많이 일해야 선진국이 된다?

　에코Eco는 자신의 한 에세이집[1]에서 시간의 부족을 토로한다. 그는 진료 약속을 잡기 위해 치과 의사에게 전화를 한다. 그러자 치과 의사는 그에게 다음 주에 겨우 한 타임이 빈다고 말한다. 그는 그 말을 믿는다. 치과 의사는 그렇게 바쁜 직업이니까. 그런데 학자이자 소설가인 에코가 원고를 청탁하거나 토론회 혹은 세미나에 참석을 요청하는 사람들에게 시간이 없다고 거절하면 사람들은 믿지 않는다. 그리고 계속해서 졸라 댄다. 그래서 화가 난 에코는 직접 자신의 연간 활동 시간을 항목별로 조목조목 계산해 본다. 대학 강의, 학생 면담, 논문 지도, 회의, 자문, 학술지 편집장 업무, 번역, 저서 집필, 보고서, 서신, 세미나, 토론회, 해외 강연, 출장 등 다양한 활동으로 시간이 지나간다. 여기에 잠, 식사, 샤워 등에 쓰는 시간을 빼고 나면 연 총 8,760시간 중 666시간이 그에게 남는다. 이 시간은 하루 1시간 49분에 해당한다. 그는 겨우 이 시간을 쪼개서 친

1　Umberto Eco, *Comment voyager avec un saumon*, Paris, Grasset, 1997, p. 215.

구, 가족, 성생활, 장례식, 병원, 쇼핑, 스포츠, 공연 등에 할애한다. 여기에 빠진 시간도 있다. 독서는 이동 중에 한다고 치고 결국 담배를 피울 시간이 없다. 결국 그는 담배를 끊어야겠다고 결심한다!

우리나라의 도시 직장인은 어떨까. 오전 7시에 기상해서 씻고 아침을 먹는다. 8시에 버스를 타고 직장으로 향한다. 9시에 출근해서 하루의 업무를 시작한다. 12시가 되면 직장 동료들과 함께 점심을 먹고 커피를 마신다. 오후 1시에 다시 업무를 시작한다. 중간에 회의를 하거나 컴퓨터와 씨름을 한다. 그러다 보면 어느덧 6시가 된다. 퇴근할 시간이지만 업무가 딱 끊어지는 일은 거의 없다. 그래도 강제 종료하고 퇴근하려고 하지만 상사 눈치를 보다가 6시 반이나 7시 즈음에 사무실을 나선다. 집에 도착하면 8시가 되고 저녁을 먹는다. 설거지와 정리를 하고 샤워까지 하고 나면 금방 9시다. TV 뉴스를 보거나 가족과 대화를 좀 하고 나면 11시가 넘고 이제 다음 날 출근을 위해 잠자리에 든다. 주말에는 집 안 대청소, 빨래, 쇼핑 등 한 주간 못 한 일들을 처리해야 한다. 빨리 마치고 틈이 나면 영화를 보거나 바람을 쐬러 야외에 나가거나 친구를 만나기도 한다.

개인차는 있지만 우리나라 직장인의 하루는 대충 이렇게 흘러갈 것이다. 이렇게만 돌아가도 그나마 다행이다. 미리 계획된 업무 외에 갑자기 예상치 못한 업무가 떨어지는 일도 다반사다. 또 중요한 일일수록 급한 것이라 불과 하루 이틀 내에 처리해야 할 때가 많다. 그래서 주중에는 야근할 일이 종종 발생한다. 심지어 한 주 내내 야근하는 일도 있다. 또 직장에서 저녁 회식이 있는 날이면 늦게 귀가하고 한 주의 리듬이 깨진다. 이처럼 빽빽한 일과로 짜인 직장 생활은 개인의 문제로 끝나지 않는다. 피곤한 직장인은 집에 오면 밥 먹고 자기 바쁘다. 결국 남편은 돈 벌어 오는 기계가 된다. 부부 관계는 소원해지고 자녀는 충분한 보살핌과 애정을 받지 못한다. 그래서 '저녁이 있는 삶'이라는 정치 슬로건이 공감을 얻는다.

근로기준법에 따르면 우리나라의 법정 근로시간은 1일 8시간, 1주 40시간을 기준으로 하고 있다. 일단 이 기준으로 보면 휴게 시간을 제외하고 하루 8시간에 5일 근무제가 된다. 하지만 이 법은 연장 근로에 대한 조항을 두고 있는데, 사용자와 근로자의 합의하에 1주에 12시간까지 근로시간을 연장할 수 있도록 허용하고 있다. 이렇게 보면 주 52시간까지 근로시간이 확대될 수 있다. 그런데 문제는 고용노동부의 행정 해석에 기초해 휴일 근로는 연장 근무로 보지 않기 때문에 휴일 근로 16시간이 추가되어 최대 주 68시간 근로가 가능해진다. 따라서 실질적으로 근로시간은 주 40시간에서 68시간까지 폭이 매우 넓어 기업이나 업종에 따라 근로시간의 차이가 매우 크게 나타나고 있다. 실제로 제조업에서는 법정 근로시간이 대부분 지켜지지 않고 있고 사무직에서도 주 40시간이 지켜지는 것은 관행상 매우 드물다.

다른 국가와 비교해 보면 우리나라의 근로시간이 얼마나 많은지가 극명하게 드러난다. OECD의 2014년 통계 자료[2]를 통해 연간 기준 근로시간이 가장 적은 국가를 순서대로 살펴보자. 독일이 1,371시간으로 1위이고, 네덜란드(1,425시간), 노르웨이(1,427시간), 덴마크(1,436시간), 프랑스(1,473시간) 등이 차례로 그 뒤를 잇고 있다. 우리나라의 순위는 거꾸로 보는 것이 더 빠르다. 이 통계 자료에서 2014년 수치가 공개된 총 36개국 중 우리나라는 34위를 기록하고 있다. 우리나라의 근로시간은 연 2,124시간으로 멕시코와 코스타리카 다음으로 많다. 프랑스의 법정 근로시간은 주 35시간이며 5주 유급휴가를 가질 수 있다. 또 최대 하루 10시간, 주 48시간을 초과할 수 없고, 12주 평균 44시간을 초과할 수 없다. 그래서 프랑스인은 여름에 만사를 제치고 3주간 휴가를 떠날 수 있다.

------

2 OECD. StatExtracts, http://stats.oecd.org/?lang=fr&SubSessionId=88604fb4-1a5b-401e-adee-dffd8f68d334&themetreeid=-200#

▌OECD 국가의 노동시간

순위	국가	2010	2011	2012	2013	2014
1	독일	1,390	1,393	1,374	1,363	1,371
2	네덜란드	1,421	1,422	1,426	1,421	1,425
3	노르웨이	1,415	1,421	1,420	1,408	1,427
4	덴마크	1,436	1,455	1,443	1,438	1,436
5	프랑스	1,494	1,496	1,490	1,474	1,473
6	슬로베니아	1,580	1,557	1,537	1,550	1,561
7	스위스	1,613	1,607	1,592	1,576	1,568
8	스웨덴	1,635	1,632	1,618	1,607	1,609
9	오스트리아	1,665	1,670	1,649	1,629	1,629
10	룩셈부르크	1,643	1,607	1,615	1,649	1,643
⋮						
16	일본	1,733	1,728	1,745	1,734	1,729
⋮						
22	미국	1,777	1,786	1,789	1,788	1,789
⋮						
35	대한민국	2,187	2,090	2,163	2,079	2,124
36	코스타리카	2,321	2,354	2,287	2,223	2,216
37	멕시코	2,242	2,250	2,226	2,237	2,228

　　근로시간은 삶의 질에 절대적으로 큰 영향을 미친다. 근로시간의 문제를 개선하는 방법 자체는 매우 간단하다. 바로 노동시간을 줄이는 것이다. 하지만 현실적으로 경영주는 이 방법을 좋아하지 않는다. 그리고 대외적으로 노동시간이 줄어들면 생산량이 줄어든다고 반박한다. 물론 우리나라의 노동시간당 GDP는 OECD에서 최하위 그룹에 속한다.[3] 한마디로

3　OECD. StatExtracts, http://stats.oecd.org/?lang=fr&SubSessionId=88604fb4-

▌OECD 국가의 노동시간당 GDP

순위	국가	노동시간당 GDP(USD)
1	멕시코	19.2
2	러시아 연방국	24
3	칠레	27.2
4	에스토니아	27.8
5	폴란드	28.1
6	헝가리	28.3
7	터키	28.9
8	대한민국	28.9
9	체코	31
10	포르투갈	34
15	일본	40.1
⋮		
25	오스트리아	53.7
26	스웨덴	54.7
27	스위스	55.1
⋮		
34	미국	64.1

노동시간 대비 생산성이 낮은 것이다. 이 상황은 두 가지로 해석할 수 있
다. 첫째, 우리나라 근로자는 직장에서 열심히 혹은 효율적으로 일하지 않
는다. 둘째, 우리나라 직장은 필요 이상으로 근로자를 너무 오래 붙들어
둔다.

　　어느 쪽이 맞는 것일까? 솔직히 나는 경제학자가 아니기 때문에
자신 있게 답하지 못한다. 하지만 적어도 나의 직장 생활 경험에 비추어

1a5b-401e-adee-dffd8f68d334&themetreeid=-200#

볼 때 두 번째 해석이 맞다고 본다. 우리나라의 기업은 쓸데없는 일을 위해 직원의 시간을 압류하고 있다. 상관 영전, 업무 대기, 손님 접대, 필요 이상의 문서 작업 등등. 이런 일은 마치 군대에서 사단장이 부대를 방문할 때 도로에 광내는 일만큼 허망하다. 심지어 퇴근 시간 이후에도 직원을 대기시키는 일이 허다하다. 이러한 시간은 회사의 매출과 별로 상관도 없다. 단지 직원을 노예처럼 곁에 붙잡아 두는 관행일 뿐만 아니라 그 근저에는 통치의 논리가 숨어 있다. 이러한 관점에서 일정 수준 노동시간을 단축하는 것이 노동시간 대비 생산성을 낮출 가능성은 매우 낮다고 본다. 나는 이러한 시간을 직원에게 돌려주는 것이 개인뿐만 아니라 기업의 발전을 위해서라도 바람직하다고 생각한다. 이 시간을 돌려주면 직원은 스트레스를 덜 받을 것이고 자기계발을 할 시간을 가질 수 있다. 이것은 분명 기업의 실적에 긍정적인 영향을 줄 것이다. 일주일 내내 회사에 묶여 있는 사람은 결코 창의적인 인재가 될 수 없다. 한마디로 현재 우리나라의 근로시간은 창의성이 중요한 시대에 걸맞지 않는다.

　자영업자의 인식도 바뀌어야 한다. 대부분의 유럽 식당은 정해진 점심과 저녁 식사 시간대 외에는 문을 닫는다. 비영업 시간에 요리를 준

비하기도 하고 쉬기도 한다. 반면 우리나라의 식당은 아침부터 밤까지 이어서 영업한다. 24시간 여는 식당도 적지 않다. 시간 대비 생산성이 낮을 수밖에 없다. 우리나라의 24시간 편의점도 마찬가지다. 점원은 새벽에도 손님을 기다리며 졸고 있다. 시간당 노동생산성이 높을 수가 없다.[4] 일하는 사람도 무척이나 고달프다. 물론 식사가 늦어진 사람, 갑자기 물건을 사야 하는 사람은 불편하겠지만 이것은 일시적 불편이다.

사실 근로시간의 근본적인 문제는 근로시간이 행복과 괴리되어 있다는 것이다. 돈이 주목적이 되는 시간인 것이다. 이 문제는 오늘날 자본주의 시장경제 체제하에서 벌어지는 문제로 우리나라만의 문제는 아니다. 하지만 선진국은 적어도 근로시간만이라도 지속적으로 줄여 왔다.

과도한 근로시간이 야기하는 또 다른 문제는 개인의 재능을 소진하면서 미래를 준비할 기회까지 박탈한다는 것이다. 오늘날 고용이 불안정하고 사회가 빠르게 변화하는 상황에서 미래에 대한 준비가 어느 때보다도 절실하다. 그런데 이런 시기에 직장 근로자는 퇴근 이후나 주말에 쉬기 바쁘다. 한마디로 기업은 마치 소모품처럼 근로자를 부리고 자기계발을 할 수 있는 시간은 주지 않는다. 게다가 갈수록 고착화되는 저임금 구조는 일상에서 짧은 자유의 시간마저도 행복을 추구하기 어렵게 만든다.

▇▇▇ 자본주의 시간 시스템

프랑스에서 체류해 본 경험이 있는 한국인이라면 잘 아는 불편함이 있다. 그것은 바로 프랑스의 고유한 시간 시스템이다. 우리나라에서는 웬만하면 필요한 일을 바로 처리할 수 있지만 프랑스에서는 사전에 예약

---

4   물론 장시간 가게를 여는 자영업자의 사정은 잘 알고 있다. 여러 이유가 있겠지만 무엇보다 비싼 임대료와 대출 비용 때문일 것이다. 그럼에도 나는 자영업자의 시간에 대한 의식이 분명 바뀔 필요가 있다고 본다.

을 거쳐야 하는 경우가 많고 약속 시간도 상당한 시간적 여유를 두어야 잡을 수 있다.

우리나라에서는 은행 계좌를 개설하기 위해 은행에 가면 직원과 바로 상담을 시작할 수 있다. 그리고 신분증을 보여 주고 몇 장의 서류에 사인을 하고 나면 직불 카드 정도는 즉시 발급된다. 신용카드의 경우도 시간이 좀 걸리기는 하지만 보통 사흘 전후로 배송받을 수 있다. 하지만 프랑스에서는 우선 상담 담당 직원과 약속부터 잡아야 한다. 상담 직원이 일정을 확인한 후 상담이 가능한 시간을 몇 개 제시해 주면 고객은 그중 하나를 선택한다. 운이 좋아 상담 직원과 바로 상담이 가능할 수도 있지만 카드 발급의 경우 며칠이 지나야 상담이 가능한 경우가 다반사다. 이렇게 며칠을 기다려 상담을 받으면 또다시 2주 정도를 기다려야 카드를 받을 수 있다. 은행의 빠른 업무 처리에 익숙한 한국인에게 이런 시간은 정말 답답하게 느껴진다.

한번은 오후 1시에 은행에 갔다. 그런데 은행 문이 굳게 닫혀 있다. 결국 30분이나 기다려 은행 문이 열리고 나서야 일을 처리할 수 있었다. 며칠 전에는 분명 1시부터 영업을 하기에 다른 요일에 1시에 방문했

는데 1시 반까지 점심시간이었던 것이다. 일단 프랑스의 은행은 점심시간에는 문을 닫는다. 그리고 은행마다 혹은 요일마다 점심시간이 조금씩 차이가 나기도 한다. 프랑스의 우체국에서도 유사한 이유로 기다리거나 심지어 되돌아온 적이 여러 번 있다.

프랑스에서는 이런 일이 비일비재하다. 프랑스에서 살아 본 사람이라면 저녁 6시에 열린 식당을 찾다가 지쳐 버린 경험이 한 번쯤은 있을 것이다. 프랑스에서는 주로 12~14시와 19시 이후에 식당 문을 열기 때문이다. 그 외 시간에 배를 채우려면 샌드위치나 햄버거 가게를 찾아야 한다. 인터넷 망을 개통할 때 혹은 가전제품의 사후 서비스를 받을 때도 우리나라보다 훨씬 많은 시간을 기다려야 한다. 그리고 여름 바캉스 시즌에는 아예 마음을 비워야 한다. 이 기간에는 대학, 공공기관, 심지어 많은 가게가 몇 주간 문을 닫기도 한다. 처음에는 이런 시간 시스템이 매우 불편하게 느껴지지만 장기간 체류하다 보면 서서히 적응을 한다. 그리고 왠지 급하지 돌아가지 않고 어떤 리듬에 따라 움직이는 시간 시스템이 편하게 느껴지는 단계에 도달한다.

이러한 시간 문화를 한마디로 알려 주는 프랑스 표현이 있다. 'Chaque chose a son temps', 즉 '모든 일은 각자 고유한 시간이 필요하다'는 말이다. 실제로 프랑스인은 한국인보다 이 말에 좀 더 가까운 삶을 살고 있다. 그리고 이러한 시간 시스템이 제도화되어 있고 사회문화적으로 정착되어 있다. 프랑스에서는 노동, 휴식, 퇴근, 휴가에 관련된 시간 규정이 대체로 잘 지켜진다. 은행 직원이 상담할 때는 30분 간격으로 약속을 잡고 고객을 맞이한다. 20분 전에 상담이 끝나도 30분이 지나야 다음 고객을 맞이한다. 이처럼 프랑스 직장인은 정해진 시간 일정에 따라 업무를 보면 되고 하나의 업무를 완수하는 데 충분한 시간을 가질 수 있다. 따라서 자신의 근로시간에 과부하가 걸리는 것을 피할 수 있다. 퇴근 시간이 되면 기다리는 고객이 있어도 문을 닫고 퇴근하는 경우도 많다.

여름에는 만사 제쳐 두고 3주간 휴가를 떠난다. 그래도 기업이 잘 운영되는 것을 보면 신기할 정도다.

우리나라의 은행에 가면 대기 번호표를 뽑고 기다린다. 은행 직원은 한 고객과 상담을 마치면 다음 순번의 고객을 맞이해야 한다. 만약 그렇게 하지 않으면 고객이 화를 낼 것이다. 그러다 보니 은행 직원은 근무시간에 쉴 틈 없이 일하게 된다. 물론 반대로 우리나라에서 고객으로 살아간다는 것은 매우 행복한 일이다. 원하는 시간에 최대한 빨리 일을 처리할 수 있고 서비스를 받을 수 있기 때문이다. 하지만 직원의 관점에서 보면 힘든 직장 생활이다. 근무시간에는 끊임없이 쏟아지는 일을 소화해 내야 하기 때문이다. 그래서 야근이 일상화되어 있다.

여기서 프랑스와 우리나라의 차이가 명백히 드러난다. 우리나라의 시간 시스템은 자본 중심적인 반면 프랑스의 시간 시스템은 인간 중심적이다. 경영주의 입장에서는 분명 자본 중심적인 시간 시스템이 훨씬 더 좋아 보인다. 기업의 매출을 증대할 수 있고 근로자의 시간을 최대한 활용할 수 있기 때문이다. 하지만 자본주의 체제에서 대부분의 사람은 경영주가 아닌 피고용인으로 살아가며 소비자가 아닌 직장인으로서 훨씬 더 많은 시간을 보낸다. 그렇다면 우리가 추구해야 할 시간 시스템은 무엇인지 자명해진다. 사회 전체로 보면 인간 중심적 시간 시스템이 더 많은 사람에게 시간이 주는 스트레스를 줄일 수 있는 방법일 것이다. 소비자로서 잠시 불편함을 선택하는 것이 사회 전체적으로는 삶의 질을 높일 수 있다.

▨▨▨ 시계가 필요 없는 곳

한 국가 내에서 시간 시스템은 공간에 따라 달라질 수 있다. 농촌은 여전히 전통적인 사회의 모습을 가지고 있기 때문에 자본주의 시간 시스템이 도시에 비해 잘 작동하지 않는다.

　　나는 명절 연휴에 고향 시골에 가게 되면 그곳에 정착해 살고 있는 친구에게 전화를 한다. 그러면 친구는 "이따 보자" 혹은 "저녁에 보자"고 말한다. 보통 구체적으로 몇 시에 보자는 말은 없고 대충 '이따' 혹은 '저녁'이라는 단어를 사용한다. 그런데 '이따'와 '저녁'은 상당히 폭넓은 시간을 의미한다는 것을 나중에 경험적으로 알게 된다. 그래서 나는 아예 기다리지 않는 것이 속 편하다는 것을 알고 있다. 언제 전화가 올지 모르기 때문이다. 그러다 잠들고 나면 11시 즈음에 전화가 오기도 한다. 도시 생활에 익숙한 나는 구체적 시간을 물어보기도 하지만 그렇게 해서 정해진 시간도 잘 지켜지지 않는다. 물론 절대 교통 문제는 아니다. 걸어서 10분이면 충분한 거리에 있기 때문이다.

　　이 친구의 시간 습관은 이 친구만의 것이 아니다. 내가 본 대부분의 시골 사람은 도시인과는 달리 시간 규율에서 상당히 자유롭다. 시골 사람의 대부분은 농사를 짓거나 개인 가게를 운영하는 자영업자다. 그래서 출퇴근 시간이 따로 없다. 열고 싶을 때 가게를 열고 닫고 싶을 때 닫는다. 급한 일이 있으면 가게를 닫고 옆집에 말해 둔다. 출퇴근하면서 이동하는 데 걸리는 시간도 거의 없다. 주거는 주로 가게 근처나 가게 안에 마련되어 있다. 따라서 시골 사람의 시간은 세분화되어 있지 않고　매우 느슨하게 짜여 있다. 그래서 시간에 대한 압박도 거의 없다. 시골에서는 도시인처럼 시간 때문에 안절부절못하는 모습을 거의 찾아보기 어렵다.

　　도시의 시간은 너무나 다르다. 대부분의 경우 약속을 잡을 때 분까지도 정확하게 정한다. 물론 약속 시간에 늦는 경우도 종종 있다. 대중교통 사정이 좋지 않기 때문에 여유 있게 나오지 않으면 약속 시간에 맞추기 어려운 경우가 많다. 때로는 일정이 너무 빡빡해서 한 일정이 길어지면 이어지는 모든 일정이 영향을 받는다. 늦는 사람은 오는 내내 불안하고 기다리는 사람은 짜증이 난다. 현대 도시인의 시간은 매우 촘촘하게 짜인 그물과 같다. 매 시간의 구간마다 구체적으로 무엇을 해야 하는

지 정해져 있다. 빡빡한 일정 때문에 시간이 주는 스트레스는 쌓이고 쌓인다. 시간 시스템 자체가 스트레스의 원인인 것이다.

제목은 잘 기억나지 않지만 한 서구인이 처음으로 일본 열도를 발견하고 원주민을 만나 경험한 것을 쓴 책이 있다. 그는 이 책에서 일본인을 시간관념이 전혀 없는 야만인처럼 묘사하고 있다. 그의 관점은 아마 오늘날 도시인이 시골인을 바라보는 관점과 비슷할 것이다. 도시에서는 시간을 잘 지키는 사람이 좋게 평가받는 만큼 이러한 시간관념이 부족한 시골인은 아직 덜 개화된 야만인처럼 보일 수 있다. 하지만 옳고 그름의 가치판단을 접어 두고 불쌍한 것은 오히려 도시인이다. 농사를 짓는 사람은 해가 뜨면 일하고 해가 지면 귀가한다. 봄, 여름, 가을, 겨울이라는 각 계절에 따라 해야 할 일이 있지만 엄밀하게 분초를 다투며 살지는 않는다. 반면 도시인은 날마다 기계적인 시간 리듬 속에 살고 있다. 직장에서 시간을 엄수하는 것은 매우 중요하다. 대부분의 직장은 사원증이나 지문 감식기를 통해 직원의 출퇴근 시간을 통제하고 있다. 또 해야 할 업무도 거의 시간 단위로 엄격하게 통제하기 때문에 직원은 날마다 바쁜 하루를 보낼 수밖에 없다. 이처럼 도시의 시간은 거의 기계처럼 돌아가기 때문에 강한 자기 절제력이 필요하고 동시에 엄청난 스트레스를 감내할 수 있어야 한다.

초중고에서 엄격한 시간 교육을 따르다가 대학에 입학한 학생들은 그나마 느긋한 시간을 누릴 수 있다. 강의, 과제, 시험 등에서도 그 나름대로 지켜야 할 시간 규칙이 있지만 이전보다 자유롭고 직장만큼 빡빡한 일정은 아니다. 그들은 본격적인 직장 생활을 시작하기 전에 가벼운 시간 훈련을 하고 있는 것이다. 훈련병은 훈련소 생활이 고되다고 생각하며 자대 배치를 기다리지만, 실제 자대 생활의 고생은 훈련병의 상상을 넘어선다.

시간 시스템 면에서 도시 직장인과 시골 자영업자 간 근본적인 차이는 시간적 자율성에 있다. 시골 자영업자는 자신의 시간을 스스로 통제하고 조정할 수 있다. 일정 부분 시간대에 따라 해야 할 일이 있지만 보통은 오늘 하지 못하면 내일 해도 크게 문제가 없다. 하지만 도시 직장인은 스스로 자신의 시간 일정을 조정할 수 없다. 회사가 시간 일정을 부과하기 때문이다. 도시 직장인은 매트릭스처럼 촘촘하게 짜인 시간 틀에 자신을 맞추어야 한다.

제 **3** 부　　　　　미래와 자유

"인생에서 가슴 쓰린 것은 더 이상 희망을 꿈꿀 수 없다는, 창조의 심포
니에서 우리가 연주할 부분을 알려 주는 리듬을 더 이상 들을 수 없다는
그 애석함이다."*

– Gaston Bachelard

　지상 천국을 약속한 과학기술이 약속을 저버린다. 미래가 불안하다. 가
진 자본도 부족하다. 가능성이 움츠러들고 더 이상 밝은 미래가 보이지 않는다.
미래가 신음하니 현재가 신음한다. 어둠 속에서 희망의 빛을 보지 못한다면 인
간은 이제 어디로 가야 하나? 누군가 찾아와서 시계와 자유를 들이민다. 인간은
무엇을 선택할 것인가?

----

* Gaston Bachelard, *L'intuition de l'instant*, Paris, Stock, 1992, p. 100.

제 7 장

기대 지평의 위기

▰▰▰ 희망을 상실한 사회의 풍경

지난 반세기 동안 전 세계에서 우리나라만큼 역동적인 기술 발전과 경제 성장을 이룩한 국가는 드물 것이다. 하지만 우리나라는 그에 비해 민주화가 상대적으로 더디게 진행되었고, 그 과정에서 사회적 혼란과 진통이 그림자처럼 따라다녔다. 한편 1997년에 우리나라를 강타한 IMF 금융 위기는 우리 사회의 중요한 전환점이 되었다. 이후 우리 사회는 이 태풍을 통과하기 위해 제대로 준비할 틈도 없이 정신없이 뛰었다. 그리고 어딘가에 도착했다. 살펴보니 여기저기 상처가 있긴 했지만 나름 잘 지나온 것처럼 보였다. 하지만 급하게 뛰다가 도착한 길은 전에 걸어오던 길과는 다른 상당히 생소한 길이었다. 잘 몰랐기 때문에 의심스러운 길이었지만 너무나 험한 길을 지나왔기에 그래도 괜찮은 길로 보였다. 2000년대 초반을 지나면서 경제는 회복되기 시작했고, 민주화는 또 한 발짝 앞으로 나아간 것처럼 보였기 때문이다. 그러다 2007년 말 또 다른 금융 위기가 불어닥쳤다. 하지만 이번 태풍은 급이 달랐다. 전 세계를 영향권에 둔 태풍이었다. 우리나라는 강풍과 폭우를 피해 또다시 달려야 했다. 비록 우리나라는 태풍의 직접적인 영향권에 있지는 않았지만 재건하던 중에 덮친 이 대형 태풍의 영향은 결코 작지 않았다.

첫 번째 태풍의 상처가 충분히 아물기 전에 불어닥친 두 번째 태풍이 막 지나간 이 자리에 서서 나는 내 눈을 의심할 정도로 너무나 이상한 광경을 목격하고 있다. 태풍이 동반한 비와 바람에 곳곳이 침수되고 나무가 뽑히고 건물이 파손되었다. 그런데 신기하게도 그 사이에 멀쩡한 건물이 간간이 보인다. 아니, 더 높고 더 휘황찬란해진 건물도 있다. 내가 잘못 본 것일까?

현재는 지나가는 순간이 아니라 과거의 경험이 축적되어 있는 역사적 현재이기에 현재의 풍경은 그사이 벌어진 일을 짐작게 한다. 태풍의 소용돌이 속에서도 오히려 더 높아지고 화려해진 건물은 공공기관과 대기업의 건물이다. 이 건물들은 그사이 우리나라의 권력과 부가 어디로 흘러갔는지를 상징적으로 잘 보여 준다. 위기 속에서 국가 권력과 대기업은 오히려 더 비대해졌다.

그렇다면 보통 사람은 어디서 살고 있을까? 물론 그사이 고층 아파트도 많이 늘었다. 하지만 속을 들여다보면 부실하기 이를 데 없다. 물론 이 부실이라는 용어는 은유적 표현이다. 대부분은 아파트를 사거나 임대하기 위해 자신의 자산보다 훨씬 많은 빚을 지게 되었다. 게다가 부동산 거품이 빠지면서 날마다 부채의 비중은 가중되고 있다. 그래서 '도시 빈민' 혹은 '하우스 푸어house poor'라는 말이 유행하기 시작한다. 지방 도시와 시골 마을은 어떨까? 내 고향은 서울에서 가장 멀리 떨어져 있는 시골 중 하나다. 그래서 고향에 가려면 중간에 고속도로에서 나와 국도를 타고 지방 중소 도시를 지나가야 한다. 수십 년을 지나다녔지만 별다른 발전을 느낄 수가 없다. 고향에 도착해서 보면 시골은 더 말할 것도 없다. 흙길이 포장도로로 바뀐 구간이 일부 있고 새로 올린 건축물만 좀 보일 뿐이다. 그중에서 크고 높은 건물은 주로 지방자치단체나 공공기관의 건물이고 시골 주민의 집은 여전히 초라하기 이를 데 없다. 서울과 지방 간 격차, 대기업과 중소기업 간 격차, 극소수와 대다수 간 격차 등 그사이 우리나라의 변화는 격차라는 단어가 함축적으로 설명해 준다.

여기서 시간의 문제에 고민하는 나의 눈에 심각한 문제가 나타난다. 그것은 바로 미래의 희망으로 통하는 길이 보이지 않는다는 것이다. 우리나라 도시인의 생활에서 가장 큰 부담이 되는 것은 두말할 필요 없이 주택을 장만하는 데 드는 비용이다. 집을 구하러 부동산을 몇 군데만 다녀 보면 금방 실상이 드러난다. 집을 소유한 사람은 대부분 은행 대출을 끼고 있어 월수입 중 상당 부분을 이자 비용으로 지출한다. 높아진 전세가 때문에 세입자도 은행 빚에서 벗어나지 못하기는 마찬가지다. 주택 매매가 이루어지지 않다 보니 전세가가 몇 년 전부터 계속 올라 이제는 매매가에 근접하고 있다. 그래서 전세로 살 바에는 차라리 주택을 장만하겠다는 사람이 늘고 있다. 또 월세 세입자 역시 월급의 상당 부분을 월세 지출에 쓰느라 허덕인다. 이런 상황에서 보통 사람은 연금이나 저축에 부을 돈은 고사하고 매달 쓸 돈도 빠듯하다. 이들의 미래는 어떻게 될 것인가?

물론 소득이 높으면 집에 들어가는 지출을 충당하고도 충분한 여유 자금이 있을 것이다. 하지만 두 차례의 금융 위기를 거치면서 우리나라의 고용 조건은 매우 나빠졌다. 그사이 물가는 올랐지만 임금은 소수의 대기업을 제외하고는 대부분 거의 정체되었거나 오히려 줄었다. 비록 정규직이라고 해도 정년을 다 채우는 일은 쉽지 않다. 이미 두 차례의 경제 위기로 많은 사람이 구조조정 또는 명예퇴직으로 직장을 떠났다. 운 좋게 남아 있는 사람도 비정규직 전환을 어쩔 수 없이 받아들이거나 지속적으로 승진 압박과 구조조정에 대한 걱정으로 살아가고 있다. 그래서 40대 중반 이상 연령대의 직장인을 만나면 명예 퇴직금을 받아 카페나 해야겠다는 말을 종종 듣게 된다. 게다가 불안정한 비정규직 일자리가 급격하게 증가했다. 이처럼 우리나라의 거의 모든 산업은 값싼 노동을 이용해서 소

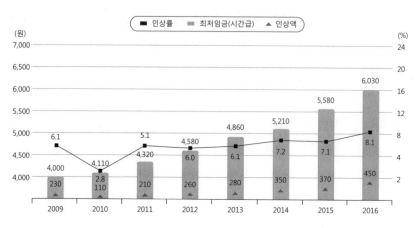

■ 우리나라의 시간당 최저임금

자료: http://www.minimumwage.go.kr/stat/statMiniStaT.jsp

수가 부를 축적하는 구조로 돌아간다.

그럼 자영업자는 어떠할까? 복잡한 통계 자료를 찾을 것도 없이 동네를 한 바퀴 둘러보면 금방 알 수 있다. 편의점, 커피점, 제과점 등 대부분의 가게가 프랜차이즈로 대체되었다. 이 가게들 중 상당수는 불공정한 계약 관계로 인해 본사만 배불리는 일을 하고 있다. 이러한 불안한 고용 환경과 낮은 소득으로 밝은 미래를 준비할 수 있을까?

대학생은 어떠할까? 면담을 해 보면 아르바이트를 하는 대학생이 의외로 많다는 사실에 놀라게 된다. 그들은 최저 시급을 받으며 식당, 카페, 편의점, 패스트푸드점 등에서 일하고 있다. 공부하며 미래를 준비해야 할 소중한 청춘을 그렇게 보내고 있는 것이다.

과연 그 돈이 소중한 청춘에 대한 대가로 충분한 것일까? 당장 '알바'를 그만두라고 말하고 싶지만 학생들이 현실적으로 힘든 것을 알다 보니 차마 말이 입에서 떨어지지 않는다. 결국 학생들은 공부할 시간이 부족하고 성적이 떨어지니 밝은 미래를 꿈꾸기 어려워진다. 등록금을 내기 어려운 학생도 많다. 이들은 아르바이트에서 번 돈도 부족해 은행에서 대출을 받는다. 대학 시절부터 이미 부채가 쌓이기 시작하는 것이다. 게다가 취업도 결코 쉽지 않다. 대학을 졸업하기만 하면 괜찮은 일자리를 찾을 수 있다는 것은 이제 옛말이 되었다. 기업은 실익을 따져 점점 경력직을 선호하고 있다. 일자리를 주지 않는데 어떻게 경력을 쌓으란 말인가. 악순환의 반복이다. 정부는 대학 평가에서 취업률 지표에 가장 높은 점수를 부과하면서 대학에 책임을 떠넘기지만 근본적으로 사회에서 일자리가 부족한 것을 대학이 해결할 수는 없다. 이런 환경에서 대학생이 밝은 미래를 꿈꿀 수 있을까? 국가는 밝은 미래를 기대할 수 있는가?

이것이 우리나라의 직장인, 자영업자, 대학생이 살고 있는 풍경이다. 과연 이들은 더 밝고 행복한 미래를 꿈꿀 수 있을까?

▬▬ 운명에 몸을 맡기다

사회의 위기는 심리적 불안을 야기한다. 위기는 과거와 단절하고 미래를 예측하기 어렵게 하기 때문이다. 위기는 움직임이 예측되는 궤도에서 탈선하는 것이기 때문에 시간의 단절을 만들어 낸다. 시간의 단절은 마치 태풍과 비슷하다. 갑자기 맑은 하늘이 컴컴해지고 매서운 바람과 함께 폭우가 쏟아진다. 갑자기 어제와 모든 것이 달라진다. 그리고 극도의 불안감을 몰고 온다. 한 치 앞을 내다보기 어렵다. 창문이 부서지지는 않을지, 지붕이 날아가거나 비가 새지는 않을지, 도로는 침수되지 않을지, 모든 것이 정상적으로 돌아가지 않는다. 일상적인 질서가 붕괴되면서 미래가 예측되지 않아 불안하고 걱정거리만 늘어난다.

경제 위기 상황에서 자영업자는 장사가 되지 않아서 걱정이고, 직장인은 감봉되거나 정리 해고를 당할까 봐 두렵다. 명예퇴직이라는 말이 있지만 사실상 그것은 해고의 완곡한 표현일 뿐이다. 학생들은 취업에 대한 근심이 커진다. 경제 위기 속에서는 미래가 불안하다. 당장 눈앞에 다가올 미래조차 예측하기 힘들어진다.

　1997년의 IMF 금융 위기 이후 '불황'이라는 말이 언론 보도에서 잊을 만하면 또다시 등장하곤 한다. 매번 불황의 시기가 도래하면 어김없이 언론에 등장하는 기사가 있다. 바로 점술이 성업한다는 소식이다. 점술을 찾는 사람이 증가하는 것은 사람들의 시간 의식, 특히 미래 의식의 위기를 반영하는 사회 병리적 현상이다. 미래에 대한 불안과 근심이 사람들을 점집으로 몰고 가는 것이다.

　점은 인간의 운명이 이미 결정되어 있다는 것을 전제로 한다. 그래서 점을 보기 위해 생년월일, 별자리, 관상, 손금과 같은 것을 이용한다. 실제로 한 인간이 이미 결정된 운명을 가지고 태어나는지를 증명할 길은 없다. 타고난 유전, 재능, 성격이 인생의 경로에 영향을 미치지 않는다고 보기는 어렵지만 사회학적 관점에서 성장 배경, 사회적 환경도 한 인간의 미래를 좌우하는 중요한 요인임을 부인하기는 어렵다. 그래서 점이 문제를 근본적으로 해결해 주는 것은 아니다. 다만 점은 예측하기 힘든 미래에 대해 나름의 해답을 준다는 점에서 심리적 위안을 줄 뿐이다. 물론 그것만으로 점 나름의 역할은 있다.

　자연재해와 달리 사회 속에서 일어나는 일은 인간 행위의 결과물이다. 사회적 위기 역시 인간의 집단적 행위의 결과물이다. 따라서 사회적 위기는 결국 개인적 노력과 집단적 노력이 함께 어우러져야만 극복할 수 있는 성질의 것이다.

　오늘날 우리의 현실을 냉정하게 보면 일반적으로 위기는 경제적 위기를 지칭하는 경우가 많다. 그리고 최근의 위기는 1997년과 2008년의 두 차례 금융 위기로 축약된다. 이 두 위기는 사회 전체의 위기였던 것은 분명해 보이지만 시간이 지나면서 불황이라는 형태로 장기화되는 양상을 보인다. 그리고 사회 전체의 위기는 시간이 지날수록 특정 계층에게는 기회로 변모하고 또 다른 계층에게는 장기화되는 위기로 고착되고 있다. 그래서 위기를 논할 때 범할 수 있는 실수는 위기론을 통해 심리적 위기를 조장하고 그것을 통해 이익을 취하려는 집단의 논리에 빠져들 수 있다는 것이다.

　　우리나라는 1990년대 말 IMF 금융 위기를 잘 극복했다고 평가받는다. 그리고 2008년 이후 글로벌 금융 위기 속에서 주요 선진국이 어려움을 겪는 상황에서도 우리나라는 가장 잘 버텨 온 것으로 보인다. 하지만 각각의 금융 위기 시기를 보낸 후에도 한참 동안 언론이 경제 위기를 떠들고 있다. 그런데 이때 위기는 누구에게 위기인지 의심을 거둘 수 없다. 왜냐하면 경제 위기를 맞았을 때 정치권은 고용의 유연성을 방관하거나 동조해 왔고, 대기업은 정리 해고나 구조조정을 쉽게 단행했기 때문이다. 우리나라의 경제 위기 담론은 사회 구성원 모두가 고통을 분담하고 함께 새로운 경제 제도나 질서를 만들어 가기 위한 담론이 아니라 부의 편중과 고용의 불안정을 정당화하는 도구로 기능하고 있다. 그래서 오늘날 위기는 서민에게만 해당되는 위기로 성격이 변화하고 있다. 고용의 유연성은 고용의 불안으로 이어지고 수입의 정체 혹은 감소는 희망을 꺼뜨리고 있다.

　　경제 위기 이후 새롭게 정립되고 있는 경제적 질서에서 대부분의 사람은 더 이상 희망적인 미래를 꿈꾸기 어렵게 되었기 때문에 점술을 찾는 것이다. 개인이 아무리 노력해도 경제적 양극화를 극복하거나 더 밝은 미래를 만들어 가기 어려운 사회 구조가 고착화되고 있다. 그래서 개개인은 불안한 미래를 극복하기 위해 점술에서 심리적 위안을 찾는다. 또는 자본주의의 경쟁 담론을 너무나 당연한 것으로 체화해 버린 사람들에게 경제적 위기는 타인과 더욱 치열하게 경쟁해서 승리해야만 하는 상황으로 비칠 수밖에 없다. 화재가 난 건물에서 불에 탄 사람보다 사람들에게 밟혀 죽은 사람들이 더 많이 발생하는 것과 같은 일이 벌어진다. 과연 우리 사회는 위기 상황에서도 함께 협력하여 상생하도록 동기를 부여하는 사회적 가치를 가지고 있을까, 아니면 각자 알아서 위기에서 탈출하기 위해 노력하는 수밖에 없는 것일까?

일주일치의 희망을 사다

국내 유일의 내국인 카지노인 강원랜드는 2000년에 개장한 직후부터 폭발적인 인파가 모여들어 화제가 되었다. 이러한 흐름에 변화가 없었던 것인지 2013년에도 입장객 기록 돌파라는 언론 기사가 쏟아졌다. 다양한 기계에서 돈이 쏟아지는 소리, 부와 복을 상징하는 이미지들이 입장객의 귀와 눈을 자극한다. 게임을 하는 재미와 돈을 따고 싶은 욕망에 사로잡힌 입장객은 유혹을 쉽게 뿌리치지 못한 채 의자에 앉게 되고 그중 대다수는 주머니의 동전까지 모두 쓰고 나서야 자리를 뜬다.

카지노보다 더 대중적인 머니 게임이 있다. 바로 로또다. 강원랜드에 가는 사람을 비판하는 사람 중에도 로또는 매주 사는 사람이 있다. 그는 카지노에서 어차피 잃을 게임을 뭣하러 하냐고 말하면서, 매주 수천, 수만 원어치의 로또를 산다. 이 사람은 카지노에서는 돈이 많이 들어가는 반면 돈을 딸 확률은 낮다고 생각한다. 반면 로또는 적은 돈을 투자해서 큰돈을 벌 가능성이 있다고 생각한다.

하지만 이것은 착각일 뿐이다. 실제로 로또에 당첨될 확률은 카지노에서 돈을 딸 수 있는 확률보다 훨씬 더 낮다. 카지노 머신이 게임자에게 돌려주는 돈은 국가마다 차이가 나지만 평균 약 85~87퍼센트에 달한다. 즉, 슬롯머신으로 1만 원어치 게임을 하면 8,500원은 다시 돌려받을 수 있다. 물론 이것은 법으로 정해진 평균 환원율에 기초한 계산이다. 그래서 카지노 게임에서는 가끔 본전 이상을 건질 수 있다. 하지만 결국에 모두 잃는 이유는 벌고 나면 욕심이 더 커져 계속 하기 때문이다. 이미 확률적으로 게임을 하면 할수록 잃도록 되어 있는 것이다. 반면 국내 로또 당첨금은 전체 판매금의 50퍼센트에 불과하다. 게다가 이것은 전체 판매금을 기준으로 한 전체 당첨금의 비율일 뿐, 직접 로또를 사 본 사람이라면 잘 알겠지만 숫자 3개를 맞추어 봐야 당첨금이 5,000원에 불과하고 맞을 확률도 45분의 1로 매우 낮다. 큰 당첨금은 약 100만분의 1에서 800만분의 1의 확률로 당첨되는 사람에게 돌아간다.

여기서 말하고자 하는 바는 어떤 게임이 더 유리한가가 아니다. 로또를 선택하든 카지노를 선택하든 그것은 개인의 기호와 성향의 문제일 뿐 둘 다 결국 대박을 꿈꾸는 사람의 머니 게임이다. 그리고 게임의 결과는 대부분의 사람이 돈을 잃는다는 것이고, 게임의 운영자와 극소수의 행운아만 돈을 번다는 것이다.

그렇다면 사람들은 도대체 왜 잃을 것이 뻔한 머니 게임을 하는 것일까? 로또를 사고 슬롯머신을 두들기는 사람들은 모두 탐욕스럽고 어리석기 때문일까? 승률을 기준으로 판단하면 그들은 분명 탐욕스럽고 어리석다. 하지만 그들의 심리를 들여다보면 우리 사회의 문제와 관련된 보다 근본적인 원인을 발견하게 된다.

사람들이 머니 게임을 하는 이유는 두 가지로 구분된다. 첫 번째 이유는 한마디로 게임이 재미있기 때문이다. 사람들이 온라인 게임을 하는 이유와 유사하다. 머니 게임의 재미가 큰 것은 게임을 즐기면서 돈까지 벌 수 있다는 기대가 있기 때문이다. 두 번째 이유는 이 시대를 살아가는 사람들의 시간 의식과 관련되어 있다. 일반적인 게임은 돈을 지불하고 대신 재미를 얻는다. 하지만 머니 게임은 적은 돈으로 대박이 나서 더 나은 삶을 누릴 수 있다는 희망을 준다. 어차피 잃을 줄 알면서도 로또와 카지노에서 돈을 쓰는 사람들은 바로 이 희망을 사는 것이다.

어느 신문에서 경기가 어려울수록 로또 판매가 증가한다는 기사를 본 적이 있다. 현실이 어려울수록 사람은 더 절실하게 희망을 갈구한다. 매일 반복되는 나날을 보내며 내일도 오늘과 다르지 않을 것이라고 생각

하는 사람들, 그들에게 로또는 유일한 희망일 수도 있다. 그들에게 비록 1등 당첨의 행운이 어쩌면 불가능할 것일지라도, 매주 당첨되는 사람이 있다는 사실은 그들에게 희망을 준다. 그들은 작은 돈으로 큰 희망을 사고 있는 것이다. 이것이 로또의 가치다. 1,000원에 수억을 버는 것은 엄청난 행운이며 과도한 탐욕이지만, 1,000원으로 일주일치 희망을 살 수 있다면 이것은 결코 나쁘지 않은 소비인 것이다. 그래서 나는 매주 로또를 구매하는 사람들이 비합리적이거나 어리석다고 생각하지 않는다.

한탄스러운 점은 사람들이 현실에서 실현 가능한 희망을 보지 못하고 성공 가능성이 희박한 머니 게임에서 희망을 찾는다는 사실이다. 왜 그들은 게임을 게임으로 즐기지 못하고 인생을 바꾸는 수단으로 삼을 수밖에 없는 것일까? 경마장에서 게임을 즐기는 표정은 얼마나 있을까? 삶이 힘들수록 머니 게임에서 희망을 찾는 사람들이 많아진다. 하지만 머니 게임에 빠지면 결국에는 희망 대신 절망을 발견한다. 그럼에도 그들에게 희망을 주지 못하는 사회는 그들이 탐욕스럽고 어리석다고 손가락질할 자격이 없다.

——— 현재주의의 유혹에 빠지다

오늘날 사람들은 '현재에 충실하고 현재에서 행복을 찾아야 한다'
는 말을 자주 들어 보았을 것이다. 현재의 중요성을 강조하는 강연이나
서적은 어렵지 않게 발견할 수 있다. 대중음악에서도 이런 생각이 종종
표현되는데, 존 덴버의 〈투데이Today〉는 그 대표적인 곡이다. 중학생 시절
부터 개인적으로 좋아하던 곡이다. 가사가 참 매력적이다.

Today, while the blossoms still cling to the vine.

I'll taste your strawberries.

I'll drink your sweet wine.

A million tomorrows shall all pass away.

Ere I forget all the joy that is mine, today.

의역을 하면, "오늘, 꽃이 여전히 피어 있을 때, 나는 너의 딸기를
음미하고 너의 달콤한 와인을 마실 것이다. 수많은 미래는 모두 지나쳐
사라질 것이다. 내 모든 즐거움을 잊고 있는 그 시간은 오늘이다"가 될
것이다. 이 노래의 가사는 상당히 설득력이 있다. 우리는 종종 과거의 고
통이나 후회 혹은 미래의 기대나 두려움 때문에 우리가 발을 딛고 서 있
는 현재의 소중함이나 행복을 잊고 살기 때문이다. 결국 우리가 행복을
누릴 수 있는 시간은 우리가 살아 숨 쉬고 느낄 수 있는 현재뿐이라는 것
이다.

과거, 현재, 미래 중에서 특별히 현재에 가치를 부여하는 생각, 이
것을 '현재주의présentisme'라고 한다. 현재주의는 우리 시대의 시간성을 잘
반영하고 있다. 하지만 곰곰이 생각해 보면 현재주의는 한 가지 심각한
모순점을 가지고 있다. 현재주의적 생각은 시간이 과거, 현재, 미래로 명

확히 구분될 때 타당하다. 하지만 현재는 과거와 미래와 명확히 구분되지 않는다. 후설Husserl의 현상학에 따르면 현재에는 항상 과거의 울림이 공존한다. 우리가 음악을 들을 때 각각의 음이 정확하게 순간마다 울리고 사라진다면 우리는 음악의 연결된 리듬과 화성을 느낄 수 없을 것이다. 이것은 물리적으로도 마찬가지다. 만약 과거, 현재, 미래가 명확히 분리될 수 있는 것이라면 현재의 물리적 현상은 분명 과거와 단절된 것이어야 한다. 하지만 현실은 그렇지 않다. 현재의 물리적 사물은 항상 과거의 모습을 지니고 있다. 이처럼 과거와 현재는 오직 우리가 쓰는 언어에서만 명확히 분리된다. 하지만 물질과 시간 의식에서 과거는 결코 현재와 분리되어 있지 않다.

조금 다른 차원이기는 하지만 미래도 현재와 명확히 분리되지 않는다. 언어적 의미에서 미래는 분명 아직 일어나지 않은 것을 말한다. 하지만 미래는 과거와 현재에 의해 어떤 지향성을 갖는다. 만약 과거, 현재, 미래가 명확히 구분된다면 달리는 자동차의 브레이크를 밟는 순간 차가 즉시 그 자리에서 멈출 수 있어야 한다. 만약 이것이 가능하다면 자동차 추돌 사고는 결코 발생하지 않을 것이다. 우리의 시간 의식도 마찬가지다. 과거와 현재는 필연적으로 특정한 미래를 예측하게 만든다. 그리고 이 미래는 결코 아직 일어나지 않았다고 하더라도 우리의 의식 속에 정신적 물질로 실재한다. 그리고 우리의 현재 생각, 감정, 행동에 영향을 미친다.

현재주의를 외치는 사람들은 대부분 과거에 비해 현재가 만족스러운 사람들이다. 그리고 이들은 미래가 별로 걱정되지 않는 사람들이다. 물론 우리는 의도적으로 현재에 몰입하며 살 수 있다. 하지만 현재에만 몰입할 수 있는 시간은 그리 길지 않다. 현재의 몰입이 끝나면 과거의 기억과 미래의 예측이 기다렸다는 듯이 다시 몰려온다. 현재주의가 설득력이 있는 것은 우리가 일상적으로 쓰는 언어 때문이다. 과거, 현재, 미래라는 단어가 마치 세 가지 분리된 현실이 존재하는 것처럼 보이게 하기 때문이다. 하지만 현실에서 이 세 가지는 명확히 분리되지 않는다. 누구나 현재의 행복을 잡고 싶지만 과거가 만들어 놓은 현재는 다시 미래를 예시하게 한다. 우리의 몸과 정신은 시간의 지향성 속에 살고 있고 그 속에서 현재의 생각과 행동을 취하는 것이다.

현재의 행복을 누리기 위해서는 과거보다 현재에 더 나은 삶을 살고 있어야 하고, 다가올 미래는 더욱 나은 것이 되어야 한다. 특히 현재의 행복을 누리기 어렵게 만드는 것은 다가올 미래다. 미래가 밝지 않으면 현재도 불행하다. 현재의 행복을 주장하는 사람은 현재에 이미 많은 것을 가지고 있거나 이루어서 미래가 별로 걱정되지 않는 사람들이다.

현재주의를 주장하는 사람들은 아마 선의의 목적을 가지고 있을 것이다. 현재주의는 현재의 행복을 복원하자는 의도를 가지고 있기 때문이다. 그래서 현재주의는 본질적으로 신화나 종교와 유사한 목적을 가지고 있다. 하지만 그 방법적인 면에서 신화와 종교와는 차이가 있다. 신화는 순환하는 세상의 변화 원리를 설명하기 때문에 사람들이 미래에 대한 불안을 극복할 수 있도록 해 준다. 그래서 현재에 충실한 삶을 살도록 해 준다. 종교는 우리가 경험하지 못하는 미래를 성스러운 존재의 이름을 빌려 알려 줌으로써 사람들이 미래의 불안을 극복하고 현재에 충실하도록 해 준다. 반면 현재주의는 현재를 과거와 미래와 연결해서 보기보다는 현재의 행복을 위해 현재를 과거와 미래로부터 고립시킨다. 극단적인 현재주의는 과거와 미래로부터 도피를 조장한다. 그리고 현실의 감각적 쾌락에 빠지게 한다.

▬▬ 개인주의적 삶에 열중하다

현대사회를 특징짓는 중요한 현상 중 하나는 개인주의다. 개인주의는 진보주의 역사관의 붕괴와 관련이 있다. 리오타르Lyotard는 1979년에 포스트모더니즘의 특징으로 진보주의와 같은 보편주의적 담론의 쇠퇴를 지적하였다.[1] 또 타기에프Taguieff는 사람들이 탈정치화되고 점점 개인적 영역으로 침잠하고 있다고 주장하였다. '하이퍼 모더니티hypermodernité' 이론에 따르면 오늘날 개인주의는 더 극단적인 양상으로 그려진다. 개인이 무절제한 소비, 마약, 파괴적인 스포츠, 병적인 허기증, 식욕부진, 강박증, 중독 등의 증상을 보인다는 것이다.

오늘날 '유사' 진보주의는 바로 이러한 개인주의에 기생하고 있다. 이 진보주의에서 진보는 더 이상 집단적 혹은 사회적 진보가 아니다. 그것은 자본주의가 홍보하는 개인적이고 사적인 진보를 말한다. 사회 전반의 진보를 꿈꾸던 진보주의 역사관이 물러난 자리에 자본주의적 논리가 자리를 차지하고 있는 것이다.

오늘날 일상 곳곳에서 발견되는 광고물은 개인의 욕망을 자극하기 위해 상품을 소비하는 삶이 마치 더 발전적인 삶인 것처럼 홍보하고 있다. 이 상품은 항상 새롭고 혁신적인 것으로 포장되고 오래된 것은 평가절하된다. 과학기술은 기업과 결탁하여 더 이상 역사의 진보가 아닌 상품

침대는 과학입니다.

---

1 Pierre-André Taguieff, *L'effacement de l'avenir*, Paris, Galilée, 2000, p. 95.

의 홍보와 판매에 열을 올린다. 상품 홍보는 철저하게 개인의 기대와 욕망을 자극하고 있다. 오늘날 장기적인 역사적 진보가 물러난 자리를 자본주의 생산 시스템이 홍보하는 단기적이고 개인화되고 파편적인 진보의 개념이 차지하고 있다.

▰▰▰ 소비로 현재의 허기를 채우다

현재주의는 우리 시대만의 고유한 시간관을 반영하고 있다. 과학 기술이 놀라운 속도로 발전하고 있는 우리 시대에 신화적이고 종교적인 시간관은 여전히 존재할지라도 그것이 과거와 같은 절대적인 영향력을 가지지는 못한다. 반면 이성적이고 논리적인 사고는 역설적이게도 과거의 무게와 미래의 불확실성을 견디지 못하고 현재의 쾌락으로 도피하고 있다. 그리고 이 도피처에는 자본주의의 수많은 상품이 즉각적인 쾌락과 즐거움을 찾는 손님을 기다리고 있다.

현재주의 시간관이 우리 시대에 널리 확산될 수 있었던 보다 근본적인 이유는 소수 지식인의 영향보다는 자본주의의 소비문화에 있다. 자본주의는 즐거움과 행복이 자연스러운 일상에서 발견되는 것이라기보다 돈으로 사고 소비하는 것이라는 믿음을 갖게 만들었다. 현대인은 즐거움을 얻기 위해 음악을 내려받고 영화관을 찾는다. 텔레비전에서 오락 프로그램을 시청하고 스마트폰으로 틈나는 대로 게임을 한다. 이처럼 자본주의의 시스템에서 생산된 상품은 즉각적인 쾌락과 감각적인 즐거움을 제공하는 방식으로 제조된다.

오늘날 오락 산업은 그 어느 때보다도 발전하고 있다. 내가 어릴 적만 하더라도 자연 자체가 일상생활의 놀이터였다. 여름에는 냇가에서 물놀이를 하며 송사리를 잡곤 했다. 가을이면 밀잠자리나 고추잠자리를 잡으러 다녔다. 지금의 젊은이는 아마 이런 시대를 상상하기 힘들지도 모

른다. 그들에게는 아마 온라인 게임이나 스마트폰 게임 혹은 텔레비전이
훨씬 친숙한 장난감일 것이다.

　　게임은 몰성이 강하고 중독성이 있다. 그래서 게임은 과거와 미래
를 잊고 현재에 몰입하도록 하는 데 최적화된 놀이다. 대부분의 게임은
즉각적인 작용과 반작용이 이루어지기 때문에 집중하는 것이 필수적이
다. 그래서 가끔 게임을 즐기는 것도 나쁘지는 않아 보인다. 나도 2003년
여름 당시 프랑스에 전례 없는 열대야 기후가 닥쳤을 때 게임을 하면서
폭염을 잘 견뎌 냈던 적이 있다. 하지만 일상에서 게임을 오래하거나 게
임에 중독되는 것은 정상적인 일상을 어렵게 한다. 게임을 오래할수록 현
재의 시간성에서 벗어나게 되어 심리적으로 불안해진다. 그래서 이 불안
을 잊기 위해 다시 게임을 하게 된다. 결국에는 악순환이 반복된다. 그리
하여 게임은 현재의 즐거움을 주는 도구가 아닌 현재의 불안을 회피하기
위한 도구가 되어 버린다.

　　게임은 자본주의가 현재주의와 어떻게 결탁하고 있는지를 상징적
으로 보여 주는 하나의 예일 뿐이다. 자본주의 경제 시스템에서 생산되는
수많은 상품은 현재의 즉각적인 즐거움에 맞추어져 있다. 기업이 매출을

올리기 위해서는 소비자가 빠르게 만족할 수 있어야 하고, 소비가 빠른 속도로 반복되어야 하기 때문이다. 이러한 목적을 달성하기 위해서 미디어와 광고는 사람들의 이성보다는 감각에 호소해야 한다. 그래서 대중문화는 자극적이고 감각적인 특성을 갖게 되는 것이다.

르 가렉Le Garrec은 청소년 연구에서 담배나 알코올에 중독되는 것이 현재의 망각과 밀접한 관계가 있다는 사실을 밝혀 주고 있다.[2] 이 연구에서 특히 주목을 끄는 점은 중독자가 담배나 알코올을 소비하는 것은 그 물질의 약리적 특성 혹은 감각에 영향을 미치는 특성보다 그것을 소비하는 목적과 의미로부터 더 큰 영향을 받는다는 것이다. 결국 담배나 알코올의 중독은 구조적이고, 표준화되고, 제도화된 일상생활의 시간 질서에서 오는 심적인 부담과 스트레스에서 도피하고자 하는 목적에 큰 영향을 받는다는 것이다. 그래서 연구자는 소비의 시간을 현재의 망각, 더 나아가 미래에 대한 부담 혹은 두려움의 망각을 위한 시간으로 결론짓고 있다.

이 연구는 게임에 몰입하는 청소년이나 미디어에 의존적인 성인 모두에게 의미 있는 시사점을 준다. 청소년에게 게임은 스스로 선택하지 않은, 사회적으로 이미 짜인 시간의 질서, 즉 해야 할 일로부터 도피하는 통로일 수 있다. 답답하고 지루한 지하철 속에서 손쉽게 스마트폰으로 즐기는 게임은 빡빡한 시간 일정에 대한 심리적 압박에서 잠시나마 벗어나게 해 주는 도구가 될 수 있다. 그리고 영화나 드라마를 보는 시간도 다양한 일로 촘촘하게 짜인 일상생활의 일정에서 잠시나마 머리를 비우고 다른 시간의 질서에 몸을 맡기는 시간이라고 볼 수 있다. 이와 같은 방식으로 자본주의의 생산 시스템과 소비문화는 서로 톱니바퀴처럼 맞물려 돌아간다.

사람은 누구나 현재 속에서 행복을 누리고 싶어 한다. 하지만 오늘

---

2 Sophie Le Garrec, "Le temps des consommations comme oubli du présent," *Psychotropes*, vol. 17, 2011, pp. 19-38.

날 현재주의적 태도는 현재의 행복을 위한 것이 아니라 현실의 엄격한 시간 구조와 미래의 불안으로부터 도피하는 것으로 보인다. 자본주의적 시간 시스템은 이러한 시간 병리적 문제를 야기하는 주된 원인이 되는 동시에 이러한 문제를 이용하고 있다.

의도적으로 과거 혹은 미래를 회피한다면 현실의 즐거움이나 쾌락은 결코 오래가지 않는다. 현재에 지속 가능한 행복을 찾는 일은 오히려 현재와 과거, 현재와 미래의 관계를 어떻게 만들어 가는가에 달려 있다. 현재를 고독한 섬으로 만드는 것은 현재를 더욱 불안하게 만든다. 현재의 참다운 행복은 현재가 과거의 자양분을 받아 열린 잠재성을 가진 미래로 향하는 과정 위에 있을 때 가능할 것이다. 현재가 과거와 미래를 이어 주는 든든한 다리가 되어 줄 때 우리는 진정한 현재의 행복과 즐거움을 느낄 수 있다.

▬▬ 과도한 속도 경쟁

한 외국인이 한국 하면 '빨리, 빨리'라는 표현이 생각난다고 한다. 사실 속도 경쟁에 대한 집착은 우리나라만의 것이 아니다. 서양에서도 속도 경쟁의 문제를 비판한 학자가 한둘이 아니다. 다만 우리나라가 상대적으로 속도 경쟁에 더 집착하고 있을 뿐이다.

구조적으로 속도 경쟁은 자본주의와 밀접한 관계가 있다. 자본주의 시스템에서는 상품을 대략으로 빠르게 생산해서 시장에 판매하는 것이 중요하다. 상품의 가격은 상품의 가치에 따라 결정된다. 상품의 가치는 효용성에 따라 결정되는 사용가치와 시장에서 판매할 수 있는 가능성을 말하는 교환가치로 결정된다. 여기서 기업의 입장에서는 사용가치보다도 교환가치가 더 중요하다. 왜냐하면 기업은 더 많은 이윤을 추구하기 때문이다. 교환가치를 결정짓는 매우 중요한 요소는 바로 노동량이다. 생산에 투입되는 노동의 질은 매우 다양하지만 자동화 기계와 시계를 활용함으로써 상품 생산에 필요한 평균적인 시간 측정이 가능해진다. 기업이 추구하는 수익은 상품의 가격에 상품 생산과 유통에 들어가는 모든 비용을 뺄 것이다. 상품의 생산에 필요한 비용에는 일반적으로 원자재와 생산 장비 그리고 노동력이 들어간다. 따라서 수익성을 높이기 위해서는 원자재, 생산 장비, 노동력을 낮추어야 한다. 그런데 원자재와 생산 장비의 비용을 낮추면 상품의 질이 떨어질 가능성이 높기 때문에 기업은 수익성을 높이기 위한 수단으로 노동 비용을 축소하거나 동일한 임금에 더 많은 노동시간을 요구하는 방법을 선호한다.[3]

자본주의가 추구하는 효율성의 제고는 적은 비용으로 많은 수익을 내는 것을 말한다. 여기서 비용은 항상 자본화된 시간 개념을 포함한다. 따라서 효율성의 제고는 적은 시간으로 많은 수익을 창출하는 것으로 이해해도 큰 무리가 없다. 여기서 적고 많다는 기준은 일정 부분 사회적으로 평균적인 혹은 표준화된 시간 기준과 수익률에 기초한 것이다. 따라서 기업은 생산과 유통 기간을 단축하기 위해 애를 쓴다. 생산 기간을 줄이면 임금 비용이 줄어드는 효과를 거둘 수 있다. 그래서 기업은 기계나 숙련된 노동력을 선택하거나 또는 동일한 임금에 노동시간을 늘리는 방식을 쓴다. 그래서 피고용자는 항상 시간의 압박에 시달리게 된다. 또 유통 기간을 줄이면 빠르게 제품을 판매해서 자본을 회수하고 축적할 수 있다. 유통 기간이 길다고 상품의 가격을 더 올리기는 힘들기 때문이다. 그래서 유통 기간을 줄이는 방식으로 운송과 정보통신 산업이 빠르게 발전한다. 물론 유통 부문에 종사하는 피고용자도 시간의 압박 속에서 일하기는 마찬가지다.

기업은 제품의 질뿐만 아니라 시간 면에서도 타 기업과 경쟁해야

---

3   Christophe Bouton, *Le temps de l'urgence*, Paris, Le Bord de l'eau, 2013, pp. 218-225.

하기 때문에 이 자본주의 시스템에서 피고용자의 시간 압박은 지속될 수밖에 없다. 역으로 경영주의 입장에서는 피고용자가 정해진 시간에 주어진 업무를 수행하지 못했을 때 시간을 절도당한다고 생각할 것이다. 하지만 과도한 초과근무는 피고용자의 신체적 한계에 부딪히거나 노사 문제를 야기할 수도 있다.

이처럼 근본적으로 자본주의 시스템에서는 구조적으로 시간 경쟁이 결코 사라질 수 없고 사회의 빠른 변화와 속도전을 야기한다. 상대적으로 불리한 위치에 있는 피고용자는 직장에서나 가정에서나 항상 시간이 부족함을 호소할 수밖에 없는 구조 속에서 살고 있다. 역설적으로 가정에서 세탁기나 식기세척기와 같은 기계는 주부에게 자유로운 시간을 가지게 해 주기보다 오히려 직장으로 내몰고 있다. 그런데 더 역설적인 것은 더 적은 시간에 더 많은 제품을 생산한다고 해서, 즉 생산성을 높인다고 해서 반드시 기업이 지속적으로 수익을 창출한다고 말하기 어려운 경우도 있다는 사실이다. 예를 들면, 동일한 수량의 가방을 절반의 시간에 생산할 수 있게 되면 결국에는 경쟁으로 인해 가격도 하락할 것이기 때문이다. 이것을 포스톤Postone은 '생산성의 역설'이라고 부른다.[4] 자본가혹은 경영주는 이 생산성의 역설이 발생하기 직전까지만 생산성의 향상을 통해 더 많은 이익을 창출할 수 있을 뿐이다. 이것이 생산성의 역설에도 불구하고 기업이 생산성의 향상에 열중하는 이유다.

프랑스 철학자 부통Bouton은 이러한 이유로 자본주의의 경쟁 체제가 구조적으로 사회를 지속적으로 빠르게 변화시킨다고 말한다.[5] 좋게 말하면 이것은 사회의 혁신이지만, 내막을 보면 사람들은 항상 응급한 상황에서 뛰어다녀야 한다. 게다가 자연환경도 빠르게 파괴될 수밖에 없다.

---

4 앞의 책, pp. 228-229.
5 앞의 책, p. 230.

━━━ 연령적 질서의 붕괴

장유유서로 대변되는 연령적 질서 문화가 오랫동안 유지되어 왔다. 흔히 이 문화를 유교적 전통에서 비롯된 것으로 보는 경향이 있지만, 기성세대를 따르는 문화는 비단 우리나라만의 것은 아니다. 이것은 전통사회의 특징이고 현대사회에서도 여전히 일정 부분 유지되고 있다. 다만 우리나라에서는 서양 국가에 비해 여전히 이 전통이 매우 엄격하게 유지되고 있는 편이다. 표면적으로는 그렇게 보인다. 하지만 내부적으로는 그것이 서서히 붕괴되고 있다.

기성세대를 존경하는 이유는 유교와 같은 이데올로기에서 그것을 정당화하는 담론을 언급하지 않더라도 그들이 먼저 권력을 차지하고 있다는 점에서 쉽게 이해가 된다. 그뿐만 아니라 전통 사회에서는 실제로 기성세대가 존경받을 만한 충분한 이유가 있다. 기성세대는 말 그대로 청년세대보다 삶의 경험이 많기 때문에 청년에게 전해 줄 삶의 지혜, 지식, 노하우 등을 가지고 있기 때문이다. 그래서 기성세대는 사회에서 청년세대를 가르치고 지도하는 역할을 해 왔다. 물론 같은 기성세대 내에서도 사회적 지위나 지식 수준 등에 따라 개인별 차이는 당연히 존재한다.

그런데 오늘날 우리나라에서는 기성세대에 대한 신뢰와 존경이 빠르게 무너지고 있다. 어쩌면 우리 역사에서 그 어느 때보다도 불신이 팽배하고 있다. 이 불신은 과거에는 볼 수 없었던 새로운 양상의 세대 간 갈등으로 번지고 있다. 이 현상은 현대사회의 특수한 시간성과 밀접하게 관련되어 있다. 구체적으로 이것은 사회의 빠른 직선적 변화에서 기인한다. 근본적으로 이 문제는 순환적 역사가 직선적 역사로 대체되면서 등장한 것이다. 과학기술이 발전하면서 역사는 반복되지 않고 계속 직선적으로 발전하였다. 사회의 변화 속도가 빨라지면서 현재를 살고 있는 여러 세대는 각각 서로 다른 경험과 지식을 가지게 되었다.

　　20세기부터 우리나라는 식민 통치, 전쟁, 산업화, 기술혁신, 민주화 등 수많은 사건을 압축적으로 경험하며 빠르게 변화해 왔다. 세계적으로 유례가 드물 정도로 급격한 변화였고 그 과정에서 많은 사회적 진통을 겪었다. 사회가 급격하게 변화하면 기존에 획득한 경험이나 지식은 빠르게 낙후된 것으로 전락한다. 정치적·경제적·사회적·기술적 환경이 변화하면서 결국 기존의 경험과 지식이 현재를 살아가는 데 크게 도움이 되지 않는 경우가 빈번하게 일어난다. 또 전통적인 가치가 빠르게 붕괴되고 새로운 가치가 부상한다. 그래서 새로운 문화, 기술, 지식, 가치를 접한 신세대는 구세대가 만든 체제에 불만을 가지게 되고, 이 두 세대 간 갈등과 충돌이 빈번하게 발생하게 된다. 프랑스의 1968년 학생 혁명은 이러한 신세대와 구세대 간의 갈등과 충돌이 사회와 문화의 전반에서 표출된 결과라고 볼 수 있다.

　　우리나라에서도 세대 간 갈등은 신세대와 구세대의 정치적 성향 차이에서 극명하게 드러나고 있다. 또한 신세대와 구세대는 결혼관에서도 큰 차이를 보인다. 50대 이상 세대는 집안과 가족을 중요하게 여기는 결혼관을 가지고 있다. 하지만 오늘날 높은 이혼율이 말해 주듯, 20~40대는 개인의 삶을 더 우선시하는 경향을 보인다. 경제관에서도 상당한 차이가 있다. 장년층은 저축을 중요시하지만 젊은 층은 투자의 개념과 향유적 소비에 더욱 친숙하다. 기술적인 측면에서도 이러한 차이는 명백하다. 인터넷과 SNS 그리고 뉴미디어를 자유자재로 이용하는 젊은이는 컴퓨터와 인터넷에 익숙하지 않은 부모와 차이를 느낀다. 이 디지털 격차는 결국 획득하는 정보의 양과 질에서도 큰 차이를 야기한다. 50대 이상은 여전히 전통적인 신문이나 지상파 방송을 통해 정보를 획득하는 반면 20~30대는 인터넷 신문, SNS, 팟캐스트 등을 통해 장년층은 접하기 힘든 다양한 정보를 얻는다.

결국 이러한 세대 간 차이는 종종 세대 간 갈등으로 이어진다. 가족 드라마에서 빠지지 않고 등장하는 것처럼 현실에서도 결혼에 있어서 자식과 부모는 각각 다른 문화와 가치를 대변하며 충돌한다. 선거 국면에서는 정치적 입장의 대립이 더욱 격렬해진다. 여기에는 디지털 격차에서 발생하는 정보의 격차도 크게 작용한다.

세대 간의 갈등은 취업 시장에서도 나타난다. 사회보장제도가 미비하여 장년층은 정년퇴직 이후에도 취업 전선으로 내몰리는 상황이지만 정작 그들의 경험과 지식을 요구하는 일자리는 별로 없다. 사회가 빠르게 변화하면서 그들이 기존에 습득한 경험과 지식이 오늘날 별로 도움이 되지 않기 때문이다. 이러한 이유로 오늘날 취업 시장에 다시 나온 장년층이 할 수 있는 일은 전문 지식이 필요한 일보다는 주로 육체적인 일이다. 이러한 상황에서 젊은이들 역시 어려움을 겪기는 마찬가지다. 빠르게 변화하는 사회 속에서 기성세대가 설득력 있는 미래의 비전을 제시해 주지 못하기 때문이다. 기성세대 자신도 빠르게 변화하는 사회에 적응하기 위해 계속해서 배워야 하는 힘든 상황에 처해 있다.

시간의 종말을 선택하다

우리나라의 자살률은 OECD 국가 중 1위를 기록하고 있다.[6] 그냥 1위가 아니라 2위가 결코 넘볼 수 없을 정도로 높은 수준이다.[7] 2위를 제외한 국가들에서는 자살률이 한 자릿수를 기록할 뿐이다. 게다가 더 걱정스러운 것은 우리나라의 자살률이 2000년대 중반부터 지금까지 꾸준히 증가하고 있다는 사실이다. 또 남성의 자살률이 여성보다 상당히 높게 나타나고 있다.

주변인의 자살은 사람들이 인생에서 겪는 가장 슬프고 충격적인 경험 중 하나다. 미디어가 알려 주는 연예인의 자살은 많은 사람을 슬프게 만든다. 왜 그 사람은 자살을 선택한 것일까? 오직 자살한 사람만이

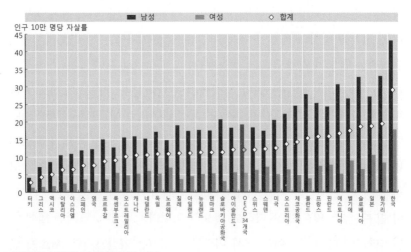

■ OECD 국가의 자살률(2013년 기준)

* 3년 평균.

자료: OECD Health Statistics 2015, http://dx.doi.org/10.1787/health-data-en

---

6 　OECD. StatExtracts, http://stats.oecd.org/?lang=fr&SubSessionId=88604fb4-1a5b-401e-adee-dffd8f68d334&themetreeid=-200#

7 　2011년 기준 인구 10만 명당 33.3명이다.

알 수 있는 질문이 끊임없이 풀리지 않는 의문으로 남는다. 그런데 연예인의 자살 보도를 보면 우리 사회가 자살을 바라보는 편향된 시선이 고스란히 담겨 있다. 언론이 말하는 거의 일관된 자살의 원인은 바로 우울증이다. 이런 언론 보도의 문제는 자살을 단지 개인적 문제로 축소한다는 것이다. 과연 자살은 순수하게 개인의 선택일까?

자살을 개인의 심리적 문제로 치부하는 것은 마치 손바닥으로 하늘을 가리는 것과 같다. 모든 개인적 문제는 결코 사회적 문제로부터 독립될 수 없다. 1897년에 사회학의 아버지 뒤르켐Durkheim은 자살에 관한 연구[8]에서 자살이 일종의 사회현상임을 증명하였다. 그는 자살을 '이타적 자살suicide altruiste', '이기적 자살suicide égoïste', '아노미(가치혼란)적 자살suicide anomique'로 분류하였다. 이타적 자살은 개인이 집단적 가치에 강하게 종속된 경우에 나타나는 것으로 특정 집단에서 주로 발견된다. 예를 들어, 군대, 노조, 운동권에서 나타나는 자살이 여기에 해당한다. 이기적 자살과 아노미적 자살은 급격하게 변동하는 사회에서 사회의 압력으로부터 개인이 점점 독립되어 가는 과정에서 등장하는 현상이다. 특히 이기적 자살은 개인이 사회적 통합에서 점점 멀어지면서 더 많은 자유를 향유하는 대신 삶의 불만족이 증가하면서 발생하는 현상이다. 따라서 이기적 자살은 예를 들어 가족 간의 유대감이 낮아지고 이혼이 증가할 때 개인의 불만족이 증폭되어 나타난다. 즉, 이기적 자살은 개인의 사회적 불만족에서 기인하는 것으로, 사회의 압력과 규범 그리고 외부적 요인을 피하기 위한 것이다. 아노미적 자살은 사회가 급변하면서 무질서나 위기 상황이 발생할 때 나타나는 현상이다. 이러한 상태에서 개인은 집단의 규칙에 대해 반항 정신을 갖게 되면서 자살을 선택한다는 것이다. 뒤르켐은 현대 산업사회가 종종 이런 상황을 제공하고, 따라서 아노미적 자살률을 높인다고

---

8 Emile Durkheim, *Le suicide*, Paris, PUF, 2007.

말한다.

 1930년에 뒤르켐의 영향을 많이 받은 사회학자 알박스Halbwachs는 『자살의 원인들Les Causes du suicide』[9]이라는 저서에서 자살의 원인을 좀 더 세분화해서 분석하였다. 그는 연구에서 특히 사회관계의 유형과 자살 빈도의 관계에 집중하였다. 그 결과, 대립하는 사회적 상황이 많을수록 자살 빈도가 높아진다는 것을 밝혀냈다. 즉, 새로운 사회관계가 등장하고 대립과 혼란이 발생하는 경제적 위기에 자살이 늘어난다는 것이다.

 뒤르켐과 알박스의 연구는 비교적 오래된 연구이지만 최근 우리나라의 자살 문제에 대해 시사하는 바가 크다. 우리 사회는 정치적·경제적으로 큰 변화를 겪어 왔다. 그 과정에서 전통적인 가치와 가족 관계가 빠르게 붕괴하고 독신자와 이혼자가 늘어났다. 개인은 더 많은 자유를 얻은 듯하지만 더 고립되고 삶의 만족도는 낮아졌다. 또 개인은 사회적 가치나 규범보다는 자신의 판단에 더 의존하게 되었다. 그래서 삶에 대한 불만족에서 발생하는 이기적 자살과 가치 혼란에서 발생하는 아노미적 자살이 증가한 것으로 추정할 수 있다. 또 알박스의 이론에 비추어 보면 두 차례의 금융 위기로 인한 급격한 사회의 변화와 경제적 어려움이 우리 사회의 자살률 증가에 큰 영향을 미쳤음을 짐작할 수 있다.

 자살이 없는 사회는 존재하지 않는다. 하지만 우리나라의 높은 자살률과 지속적인 자살의 증가는 이 사회의 위기를 알리는 심각한 징후가 아닐 수 없다. 시간 의식의 관점에서 우리나라의 높은 자살률은 근본적으로 미래에 대한 희망의 상실에서 비롯된 것이다. 그래서 자살은 엄밀하게 보면 육체가 아닌 시간 의식을 파괴하기 위한 행위다. 우리 사회의 급격한 변화, 가치의 혼란, 경제적 위기는 사람들에게 미래에 대한 의심을 증폭하고 있다. 많은 사람이 이러한 심리적 불안을 겪고 있고 그중 특정한

---

9 Maurice Halbwachs, *Les Causes du suicide*, Paris, Alcan, 1930.

사람들은 불안을 넘어 절망을 느꼈을 것이다.

　인간은 결코 현재적 동물도 현재의 순간을 사는 존재도 아니다. 인간의 시간 의식은 과거와 미래로부터 결코 독립할 수 없기 때문이다. 현재는 과거와 미래라는 두 다리가 있기 때문에 바로 서서 앞으로 나아갈 수 있다. 그리고 개인이 가진 과거의 경험과 미래의 기대는 개인이 처한 사회적 환경 속에서 만들어지고 변화된다. 그래서 개인적 선택은 종종 개인적 선택이 아닌 경우가 많다. 만약 자살이 순수하게 개인의 자유의지에 따라 발생하는 사회라면 오히려 자살할 필요가 없는 사회일 것이다. 그런 사회는 개인이 자유의지에 따라 자신의 삶을 만들어 갈 수 있는 사회여서 자살할 동기가 약하기 때문이다. 따라서 자살의 문제를 온전히 개인적 선택으로 돌리는 것은 사회적 책임을 회피하는 자세일 뿐이다. 어쩌면 자살은 미래의 희망이 없는 사회에 저항하기 위해 개인이 선택할 수 있는 유일한 수단일 수 있다. 시간의 연속이 시간의 종말보다 더 가치 있는 것이라는 것을 사회가 보여 주지 않는 한 스스로 삶을 버리는 사람은 결코 줄어들지 않을 것이다.

제 8 장

나의 미래는 어떻게 결정되는가?

나의 시간은 나의 것인가?

길을 가는 사람에게 실례를 무릅쓰고 단순한 질문 하나를 던져 보자. "당신의 시간은 누구의 것입니까?" 이 뜬금없는 질문에 그는 별 고민 없이 자신의 것이라고 답변할 것이다. 그다음 그의 일상생활의 일정을 물어보자. 그럼 문제는 좀 더 복잡해진다. 매일 반복되는 기본적인 생리적 시간은 제외하고 보자. 만약 그가 직장인이라면 그의 시간은 대부분 직장의 일정을 중심으로 조직되어 있을 것이다. 학생이라면 학교생활에, 가정주부라면 가사에 일정이 맞추어져 있을 것이다. 그 외의 시간은 인간관계를 위한 약속이나 결혼, 장례 등과 같은 사회적 의례를 위한 일정으로 채워질 것이다. 이렇게 따져 나가다 보면 실제로 그가 일상생활 속에서 순수하게 자신의 자발적인 의사에 따라 정했거나 자신의 즐거움 또는 여가를 위해 보내는 시간이 매우 적음을 발견하게 된다. 대부분의 일정은 사회적으로 부과되고 해야 하는 시간으로 채워져 있는 것이다. 그에게 다시 첫 번째 질문을 던져 보자. 과연 그는 이번에도 자신의 시간이 자신의 것이라고 자신 있게 말할 수 있을까?

자신의 시간은 자신의 것이 아니라면 누구의 것이란 말인가. 이론적으로 민주주의 사회에서 개인은 모두 자유의지로 자신의 일정을 선택하거나 결정할 수 있다. 하지만 실제로 개인의 일상생활은 수많은 직간접적 의무와 강요에 따른 일정으로 채워져 있다. 결국 역설적으로 시간의 주인은 실질적인 측면에서 개인 주체가 아닌 것이다. 이 말은 개인의 시간은 이미 외부에 의해 상당 부분 미리 결정되어 있다는 것을 의미한다. 개인은 자신의 시간이 사회구조적으로 미리 결정되어 있다는 사실을 잘 인식하지 못하고 살아갈 뿐, 실제로 사회는 개인의 일상생활을 구조화하고 있다.

그렇다면 적어도 개인의 여가만큼은 자신의 자유에 맡겨져 있는 것인가? 이에 대해서도 장담하기는 힘들다. 잘 들여다보면 여가조차도 사회의 영향을 크게 받는다. 사람들은 텔레비전이나 영화를 볼 때 혹은 쇼핑을 할 때 대부분 자발적으로 시간을 짜서 행동한다. 물론 이 시간은 자발적인 판단에 따라 선택하는 시간이다. 하지만 이것도 좀 더 숙고해 보면 다른 면을 보게 된다.

오늘날 사람들은 광고의 유혹 속에서 살고 있다. 광고는 끊임없이 사람들에게 욕망을 부추겨 소비로 이끈다. 현대 생활에서 광고가 없는 곳은 거의 없을 정도로 광고는 일상생활 속에 편재하며 소비를 부추긴다. 텔레비전은 자체 스폿광고나 인터넷을 통해 프로그램을 시청하게 만들고 동시에 광고 상품을 소비하도록 유도한다. 인터넷, 신문, 라디오, 옥외 매체, 심지어 팟캐스트까지 미디어 광고로부터 자유로울 수 있는 사람은 별로 없다. 견물생심見物生心이라는 말이 있듯이, 광고를 많이 접할수록 소비 욕구가 부추겨져서 실제로 소비할 확률이 높아진다. 그래서 사람들은 여가의 상당 부분을 소비에 할애한다.

그럼에도 개인은 적어도 구매할 상품을 선택할 자유의지를 가지고 있지 않은가? 인지적 또는 심리학적 관점에서 보면 이 점도 확신할 수 없다. 오늘날 광고는 객관적인 정보를 제공하여 소비자가 이성적이고 합리적인 선택을 할 수 있도록 도와주지 않는다. 광고는 인간의 근본적인 인지능력에 호소하면서 소비를 하지 않고는 견디기 힘든 강한 욕구를 야기한다. 이것은 이성에 대한 호소 혹은 '설득'이 아니라, 인간의 감성 혹은 동물적 욕구에 호소하면서 결국 인간을 '조종'하는 것이다. 게다가 설령 광고에 설득당했다고 하더라도 우리가 원하는 상품을 반드시 구매할 수 있는 것은 아니다. 백화점을 계속해서 돌며 이 상품 저 상품 둘러보는 행위는 단순히 자신의 기호에 맞는 상품을 구매하기 위한 행동만은 아닐 것이다. 자신이 가진 경제적 조건을 무시하고 물건을 사는 사람은 많지 않다. 상품 구매는 자신이 가진 욕망과 경제적 조건이 끊임없이 싸우는 전투의 과정이다. 그래서 상품을 구매한 후에는 매우 피곤해진다.

이제 과연 우리는 우리 시간의 주인이라고 말할 수 있을까? 우리는 일상생활의 시간 구조를 엄밀하게 다시 생각해 보게 만드는 이러한 일련의 질문을 통해 우리의 시간을 지배하는 사회적 시간을 새롭게 인식하게 된다. 우리는 사회의 시간 구조 속에서 우리 각자의 시간은 결코 자유롭지 않다는 사실, 그리고 일상 속에서 우리가 자유롭게 선택 하고 조직할 수 있는 시간의 비중은 결코 크지 않다는 사실을 발견해야 한다.

이제 이 상황에서 우리는 새로운 중요한 질문과 마주하게 된다. 그렇다면 우리의 미래도 우리 스스로가 결정하는 것이 아니란 말인가? 누가, 무엇이 우리의 미래를 결정하는가?

▬ 미래를 만드는 실천

부르디외Bourdieu는 인간과 사회의 시간이 실천을 통해서 만들어진다고 보았다. 사람들은 흔히 자신이 시간 속에서 살고 있다고 생각하지만, 시간을 구성하는 사건이나 현상은 인간의 실천이 만들어 낸다. 우리가 너무나 궁금해하는 미래의 사건과 현상도 모두 실천에 의해 만들어진 다. 이것은 너무나 자명하다. 만약 내가 지금 어떠한 행위를 결정하고 행동으로 옮긴다면 나의 미래는 이 실천에 따라 달라질 것이다. 그리고 이 실천에 따라서 내가 속한 집단이나 사회의 미래도 달라질 수 있다.

그렇다면 실천은 어떻게 만들어지는 것일까? 수많은 사람이 살아가고 있는 사회라는 세상은 게임의 공간처럼 다수의 주체가 자신들의 이해관계를 위해 참여하고 실천하는 공간이다. 이곳에서 펼쳐지는 행위들은 마치 게임과 유사하게 만들어진다. 그런데 여기서 이 실천은 반드시 합리적으로 계산된 것은 아니다. 부르디외의 주장에 따르면 사람들은 각자 자신의 실천적 이성[1]에 따라 행동한다.

여기서 우리는 미래를 위한 두 가지 실천 방식을 구분해 볼 수 있다. 첫 번째 실천 방식은 다양한 정보와 지식을 수집하고 분석하여 치밀한 계획을 세운 다음 행동하는 방식이다. 두 번째 실천 방식은 사회의 단기적인 흐름에 맞추어 미래를 예측하고 이 예측에 근거하여 행동하는 방식이다. 첫 번째 방식으로 실천하는 사람은 주로 경험이나 지식이 많은 사람으로 소수에 불과하다. 하지만 이런 사람도 자신이 잘 모르는 분야에 대해서는 두 번째 방식을 취할 수 있다.

이 두 방식을 건축주의 건축 행위에 비추어 살펴보자. 첫 번째 실천 방식의 경우, 건축주는 건축에 대한 법률과 정보를 충분히 수집한 후 토지를 매입한다. 그다음 자신이 원하고 자신에게 필요한 유형의 주택을 심사숙고하여 그 주택을 잘 설계할 수 있는 건축가를 선정한다. 그리고 건축가와의 상담을 통해 자신의 생각을 설계에 충분히 반영한다. 이 과정

----

1 부르디외는 '실천적 이성raison pratique'이 치밀하게 계산된 합리적인 것이 아니라 사회적 습관habitus에 따라 즉각적으로 파악되는 것이라고 말한다. 부르디외는 사회 주체의 몸속에 체화된 사회적 규칙이나 질서를 '아비투스habitus'라고 정의하였는데, 여기서는 독자의 이해를 돕기 위해 '사회적 습관'이라고 번역하였다.

이 모두 계획에 속하는 일이다. 그다음에는 설계에 따라 충실하게 시공할 수 있는 업체를 선정한다. 이 과정을 거쳐 지어진 주택은 건축주가 원했던 집일 가능성이 매우 높다.

두 번째 실천 방식의 경우, 건축주는 법률과 정보를 충분히 습득하기보다는 친구나 가족 혹은 부동산중계사의 의견에 주로 의존한다. 그렇게 토지를 매입한 다음, 비용을 절약하기 위해 건축가가 아닌, 주변인에게 소개받은 시공사에게 설계를 의뢰한다.[2] 이 경우 계획 단계에서 자신의 의견이 충분히 반영된 설계 도면이 나오기 어렵다. 주변이나 시공사의 의견 혹은 사회적 트렌드를 따라갈 확률이 높은 것이다. 그렇게 해서 설계 도면이 완성된 다음에는 건축 공사를 시작한다. 그 과정에서 건축 법률, 설계 내용, 시공 과정 또는 자재에 대한 지식이나 정보가 부족하기 때문에 시공사에게 끌려다니기 십상이다. 결국 완성된 주택은 고유한 색깔이 없는, 남들의 그것과 비슷한 집이 되기 쉽다.

주택 건축은 두 가지 실천 방식을 설명하기 위한 하나의 예에 지나지 않는다. 실제로 사람들은 자주 이 두 번째 방식으로 미래를 준비한다. 두 번째 실천 방식은 보다 학문적으로 말하자면 부르디외가 말하는 '실천적 이성'과 '사회적 습관'에 의존하여 미래를 대처하는 방식이다. 사회적 습관은 한 사회적 개인의 몸에 기록된 역사 혹은 사회적 규칙이다. 이것은 어느 한순간에 형성되는 것이 아니라 태어나서 사회 속에서 성장하고 경험하면서 만들어지기 때문에 역사성을 가진다. 그래서 사회적 습관은 '구조화된 구조이자 구조화하는 구조'다. 그래서 노인의 행동은 예측하기 쉬운 반면 성장기 청소년의 행동은 예측하기 어렵다. 사회적 습관이

---

2   설계는 별도의 비용이 들어가더라도 건축가에게 맡기는 것이 가장 좋다. 하지만 정보와 예산이 부족하여 설계와 시공을 모두 시공사에게 맡기는 경우가 매우 많다. 이 경우 자신을 위한 주택이 아닌 시공사가 원하는, 말하자면 짓기 편한 주택이 될 가능성이 매우 높다.

'구조화된 구조'이자 동시에 '구조화하는 구조'인 이유는 과거에 형성된 사회적 규칙은 관성처럼 미래에도 같은 상황에서 동일한 행위를 유발하기 때문이다. 그래서 사회적 습관은 '현재에 존속하는 과거이고 이 과거가 미래의 현재화를 가능하게 하는 것'이다.[3]

현상학자 후설Husserl은 인간의 시간 의식이 어떻게 작동하는지에 대해 매우 의미 있는 성찰을 제공한다. 그는 '과거지향retention'과 '미래지향protention'이라는 개념을 통해 시간 의식을 설명한다. 과거지향은 종소리나 음악을 들을 때 이미 지나간 소리가 여전히 우리의 의식에서 울리고 있는 현상을 설명하는 개념이다. 사람은 누구나 어떤 소리가 들린 후 멈추었을 때 짧은 시간 동안 여전히 그 소리가 울리고 있다고 느낀다. 이처럼 과거지향은 막 경험한 과거의 지각이나 느낌이 현재의 의식 속에 계속 잔존하는 것을 말한다.

한편 미래지향은 이러한 과거지향의 경험을 통해 즉각적으로 미래를 예측하는 것을 지칭하는 개념이다. 우리가 어떤 음악을 처음 들을 때는 매 순간 이후에 어떻게 곡이 진행될지를 잘 알 수 없다. 하지만 그 음악을 반복적으로 듣고 난 후에는 달라진다. 곡을 듣는 매 순간 우리는 즉각적으로 다가올 미래의 멜로디와 리듬에 대해 예측한다. 이러한 방식으로 우리는 음악을 들을 때 의식 속에서 매 순간 소리의 전과 후를 연결하여 하나의 조화로운 음악을 느낄 수 있는 것이다. 후설의 시간 의식 이론은 단순히 청음에만 적용되는 것이 아니라 많은 사람의 실천 방식을 이해하는 데에도 매우 유용하다.

부르디외는 후설이 말하는 시간 의식을 사회적 습관과 연결한다. 사회적 습관은 각 사회 주체가 경험, 학습, 훈육을 통해 사회적 법칙을 체화하면서 만들어진다. 이 사회적 습관은 매우 경제적인 실천을 유도한다.

---

3 Pierre Bourdieu, *Méditations pascaliennes*, Paris, Seuil, 1997, p. 304.

이 말은 우리가 어떤 행동을 취할 때마다 많은 정보를 수집하거나 심각하게 고민하는 대신 사회적 습관에 따라 어떠한 행동을 취할 것인지를 즉각적으로 판단하고 행동에 옮긴다는 것을 의미한다. 이것은 마치 야구 경기에서 타자가 공을 치는 순간 수비수가 즉각 공이 떨어질 곳을 예측하고 그 지점으로 달려가는 것과 유사하다. 공이 떨어질 곳을 그날 바람의 방향이나 강도, 방망이의 재질, 선수의 기량 등을 심사숙고한 다음 달려가는 선수는 없을 것이다. 그런 반사적 행위는 오랜 연습을 통해 만들어지는 것이지만 사회생활에서도 사회적 습관에 의해 유사한 행위가 나타난다.

많은 경우 사람들은 사회적 습관에 의해 거의 무의식적으로 또 즉각적으로 다가올 미래를 예측하고 이 미래에 따라 바로 행동을 옮긴다. 운동경기는 어쩌면 매우 작고 단순한 법칙이 작용하지만, 사회 속에서 어떤 행동을 결정할 때는 매우 다양한 정보를 수집해야 하고 치밀하게 계산해서 예측해야 할 때가 많다. 특히 먼 미래를 내다보고 행동을 결정해야 할 때는 더욱 그러하다. 하지만 사회적 습관은 이러한 과정을 생략하고 즉각적인 판단을 내리고 행동하도록 이끈다. 예측하기 어려운 먼 미래futur 보다 미래지향에 의해 즉각적으로 예측되는 다가올 미래avenir는 가시적인 미래이기 때문에 행동의 기준이 된다. 그래서 미래지향에 의해 예측되는 것은 '현재화된 미래'다. 미래지향은 마치 실제 벌어지지 않는 사건에 앞서 이미 예측만으로 몸에 체액이 분비되는 것과 같은 반응을 야기한다.

복잡한 세상을 살아가는 현대인은 일상생활 속에서 수많은 선택을 강요받는다. 이 선택은 매우 피곤한 정신 활동을 요구한다. 그래서 혹자는 행복하게 사는 방법 중 하나로 일상에서 어떤 선택을 해야 할 때 고민하는 시간을 줄이고 그냥 자연스레 마음이 가는 쪽으로 선택하라고 권유한다. 여기서 우리는 사회적 습관과 일반적 습관을 구별해야 한다. 일반적 습관은 반복적인 생리적 혹은 생물적 활동과 같이 본능에 충실하게 작동하며 욕구와 충족의 상응 관계로 만들어진다. 반면 사회적 습관은 사회 속에서 경험이나 지식, 훈련 등을 통해서 만들어지기 때문에 특정한 집단이나 사회적 계급은 유사한 사회적 습관을 가진다. 이처럼 사회적 습관은 철저하게 사회적 환경 속에서 만들어지는 것이기 때문에 국가나 문화권 혹은 사회집단이나 사회계급에 따라 달리 나타난다. 또 사회적 습관은 사회의 관계망 속에서 한 개인이 사회적 행위를 결정할 때 작동한다. 따라서 사회적 습관이 관여하는 선택이나 행동은 매우 복합적인 상황 속에서 이루어지는 경우가 많다. 하지만 사회적 습관은 그 복합적인 상황을 단순화하여 행동을 유도한다.

그렇다면 사회적 습관을 통한 실천은 어떠한 결과를 만들어 낼까? 사회적 습관은 한 개인이 사회 속에서 중요한 선택과 행동을 결정할 때 지대한 영향을 미친다. 그래서 사회적 습관은 사회적 불평등을 낳고 지속시키는 데 작용하는 결정적인 요인이다. 흔히 사람들은 '빈익빈 부익부'라는 말을 당연하게 받아들이지만 이 말은 엄밀하게 보면 일부만 맞다. 예를 들어, 한 가난한 사람이 갑자기 로또에 당첨되어 큰돈을 번다고 한다면 과연 그는 계속해서 부자로 살아갈 수 있을까? 실제로 국내외 사례를 보면 이런 사람이 그 많은 재산을 모두 탕진하고 로또 당첨 이전보다 훨씬 비참하게 사는 경우가 적지 않다. 그 원인은 사회적 습관이 부를 유지할 수 있도록 형성되어 있지 않기 때문이다. 다시 말해, 사회적 습관은 예절, 지적 생활, 문화적 소양 등에 배어 있기 때문에 부의 형성, 축적, 증식에 지속적으로 영향을 미치는 것이다.

졸부가 재산을 쉽게 탕진하는 이유가 여기에 있다. 지금 운으로 갑자기 큰돈을 벌었다고 해서 그 부의 유지에 필요한 사회적 습관까지 하루아침에 만들어지진 않는다. 다만 졸부라 하더라도 그가 이미 부의 형성에 적합한 사회적 습관을 체화했다면 부를 유지하고 증식할 가능성은 매우 높다. 뿐만 아니라 자기 자녀에게도 그러한 사회적 습관의 형성에 필요한 생활환경과 교육 기회를 제공할 것이다. 결국 이 자녀는 커서 부자가 될 가능성이 높다. 이렇게 부의 대물림이 이루어진다. 그래서 청소년 교육에서 진정 중요한 것은 지식이나 부의 승계가 아니라 좋은 사회적 습관을 갖도록 도와주는 것이다. 예를 들어, 독서와 토론 분위기에서 자란 청소년은 성인이 되어서 정보와 지식을 남들보다 더 빠르게 획득하고 이해할 수 있다. 이런 사회적 습관은 이 사람의 사회적 발전에 크게 기여한다.

사회적 습관은 시간적 관점에서 매우 중요하다. 왜냐하면 그것이 한 개인의 미래뿐만 아니라 사회의 미래에 결정적인 영향을 미치기 때문이다. 많은 사람들이 중요한 선택을 할 때 충분한 정보와 지식을 수집하고 심사숙고하기보다는 사회적 습관에 따라 즉각적으로 파악되는 미래에 맞추는 경향을 보인다. 물론 오늘날 사회는 복잡하고 빠르게 변화하기 때문에 먼 미래를 내다보고 실천하기는 매우 어렵다. 하지만 즉각적으로 예측되는 미래를 따르는 것은 과거 경험이나 현재 트렌드를 따라가는 것이다. 그 결과 현재와 유사한 세상이 미래에도 지속될 가능성이 높다.

개천에서 더 이상 용을 꿈꾸지 않는다

대다수의 개인은 이 사회를 직접 바꾸고 변화시키는 주체라기보다는 기존의 질서에 순응하고 따라가는 주체다. 개인은 복잡한 사회의 질서 속에서 자신 앞에 펼쳐진 게임을 하고 있다. 게임에는 규칙이 있고 이 규칙에 따라 개인이 움직일 수 있는 패의 범위가 미리 결정된다. 개인의 자유는 이 규칙에 의해 제한되어 있는 것이다. 하지만 적어도 이 규칙을 준수하는 범위 내에서 자신의 패를 마음대로 움직일 수 있는 자유는 있다. 바둑에 비유하자면, 각 선수는 바둑이라는 게임의 규칙을 우선 이해하고 따라야 바둑이라는 게임을 하는 것이 가능해진다. 이 규칙의 범위 내에서 각 선수는 바둑판 위에 돌의 위치를 자유롭게 선택할 수 있다.

규칙에 따른 제한에도 불구하고 바둑판에서 벌어지는 게임의 양상은 선수의 역량에 따라 매 경기에 다르게 나타난다. 선수의 역량이라는 것은 바둑을 둔 경험, 순발력 있는 판단력, 상대에 대한 예측력 등 다양한 요소에 의해 결정된다. 이처럼 게임의 관점에서 바둑과 사회는 서로 비슷한 면이 있다. 하지만 좀 더 따져 보면, 우리는 사회가 훨씬 복잡하다는 사실을 발견하게 된다. 사회에는 우리가 알든 모르든 간에 훨씬 많은 규칙이 있다. 그리고 바둑에서는 오직 한 사람과 경쟁하면 되지만 사회에서는 수많은 경쟁자가 있다. 또 사회에서는 수많은 복잡한 게임이 동시에 펼쳐진다. 이러한 사회 속에서 개인이 매 순간 합리적인 선택을 하기란 쉽지 않다.

사회 속에서 합리적 선택을 하기 어려운 또 하나의 중요한 이유는 정보의 양과 질이 사회의 구성원 모두에게 균등하게 제공되지 않기 때문이다. 물론 나는 기본적으로 매 순간 합리적으로 운영되는 사회가 존재하거나 매 순간 합리적인 선택을 하는 개인이 존재한다고 믿지 않는다. 다만 여기서는 합리적 선택이라는 것이 유일한 정답이라기보다는 각각의 상황에서 공공의 이익 혹은 자신의 이익을 위해 취하는 논리적이고 이성적인 선택을 말하는 것이다. 그런데 역설적이게도 사람들은 매우 자주 논리적이고 이성적인 선택과 거리가 먼 선택을 한다. 이러한 현상은 민주주의 체제에서 국민이 선거에서 표를 행사할 때 잘 드러난다. 물론 국민 각자는 자신의 자유로운 의지에 따라 투표한다고 생각할 것이다. 하지만 잘 따져 보면 그렇지 않은 경우가 매우 많다. 순수하게 개인 간의 의견 차를 제외하고 이러한 현상이 일어나는 중요한 이유는 정보의 양과 질이 개인마다 다르기 때문이다. 논리적이고 이성적인 선택을 하기 위해서는 그 선택의 근거가 될 수 있는 정보가 필요하다. 하지만 오늘날에는 이 정보의 양과 질이 개인마다 크게 다르다. 그래서 오히려 자신의 가치나 이익에 반하는 선택을 하는 경우가 드물지 않게 나타난다. 민주주의 사회가 안고 있는 매우 역설적인 현실이 여기에 있다. 모든 사회 구성원이 자신의 혹은 공동의 이익이나 가치를 위해 표를 행사할 것이라는 민주주의의 전제 자체에 문제가 있는 것이다. 여론조사의 결과라는 것도 이러한 역설적인 상황을 반영할 뿐이다.

　　부르디외에 따르면 개인의 선택과 실천은 '주관적 기대'와 '객관적 기회' 사이의 갈등에서 결정된다. 사회의 질서는 반복성과 규칙성을 가지기 때문에 일정 부분 예측 가능하다. 이 현상을 사회학에서는 '연속성의 질서'라고 부른다. 연속성의 질서는 한 개인의 의식이나 의도를 넘어서 형성된 사회적 메커니즘에 의해 이루어진다. 이 메커니즘은 관습, 법률, 사회조직 등에 의해 만들어지고, 경제적·문화적·사회적·상징적 자본의 재생산을 보장하는 역할을 한다. 객관적 기회는 이러한 사회의 질서 속에서 예측이 가능해진다. 그리고 이 객관적 기회는 항상 제한적인 것이며 개인에 따라 다르게 나타난다.

　　주관적 기대와 객관적 기회 간의 갈등과 그 결과로 나타나는 실천의 양상은 일상생활에서 쉽게 발견할 수 있다. 한 예로, 한 여성이 핸드백을 사러 백화점에 들어가는 경우를 들어 보자. 백화점에서는 다양한 품질과 디자인을 가진 핸드백을 판매하고 있다. 여기서 이 여성의 주관적 기

대는 자신의 마음에 쏙 드는 예쁘고 고급스러운 가방일 것이다. 이런 가방은 주로 수입된 명품 가방으로 매우 고가의 제품일 것이다. 따라서 그것을 사기 위해서는 자신이 가진 돈을 사전에 고려하지 않을 수 없다. 이 예산이 바로 가방 구매를 가능하게 해 주는 조건이다. 이것을 부르디외는 '가능성의 조건'이라고 부른다. 만약 명품 가방을 사기에 충분한 돈이 있다면 자신의 주관적 기대에 부합하는 이 가방을 살 것이다. 하지만 돈이 충분하지 않다면 기대에 미치지 못하더라도 더 저렴한 가방을 선택할 수밖에 없다. 이처럼 객관적 기회는 행위의 가능성을 결정짓는 조건, 즉 '가능성의 조건'에 의해 제한된다. 가능성의 조건은 무엇보다 권력(혹은 자본)에 의해 결정된다. 권력은 경제적, 문화적, 사회적, 상징적 권력 등으로 세분된다. 이러한 권력 혹은 자본의 보유 여부에 따라 객관적 기회는 차이가 날 수밖에 없다.

주관적인 기대와 객관적인 기회의 갈등에서 만들어지는 행위는 시간이 흐르면서 결국 사회적 습관으로 굳어진다. 여기서 우리는 시간적 관점에서 중요한 점을 발견하게 된다. 그것은 바로 '개인의 주관적인 기대는 말 그대로 주관적이고 자유롭지만 실제로는 객관적인 기회보다 더 많은 것을 기대하지 않는다'는 사실이다. 다시 말하면, 개인의 주관적인 기대는 사회적 습관을 통해 객관적인 기회에 대략적으로 맞추어진다. 여기서 더 나아가면 심지어 개인의 의지, 욕망까지도 객관적 기회에 맞추어진다. 쉽게 말하면, 객관적 기회에 속박된 개인은 더 이상 꿈조차 꾸지 않게 된다.

생각이 자유로운 사람에게 주관적인 기대는 말 그대로 매우 다양한 선택과 창의적인 일을 도모할 수 있게 해 준다. 하지만 대부분의 사람은 사회의 조건에 맞춰 살아가면서 이러한 자유로운 사고로부터 멀어진다. 그리고 자신이 속한 집단의 사회적 습관이 몸에 밴다. 그리하여 자신이 가진 권력이나 자본에 의해 조건화된 현실에 맞추어진 미래를 그리고 이 그림대로 실천하며 살아간다. 다시 말해, 한 개인의 기대는 자신이 가진 자본이나 권력에 의해 조건 지어진 객관적 기회에 맞추어진다. 그는 이 제한된 미래에 맞추어 자신의 미래를 설계하고 금전, 노동, 열정 등을 얼마나 투자할지를 조정한다. 이 말은 개인은 각자 자신이 처한 상황에서 현실적인 행위자가 된다는 것을 의미한다. 우리 사회에서 교육은 성공에 필요한 중요한 요소이지만 교육에 대한 투자도 가능성의 조건에 의해 제한될 수밖에 없다. 오늘날 개천에서 용이 나지 않는 것은 부의 편중 때문이기도 하지만, 그 전에 이미 개천에서는 용이 되는 것을 더 이상 꿈꾸지 않기 때문이다.

청년기에는 인생의 중요한 시기에 부모나 선생님에게서 조언을 듣는 경우가 많다. 그런데 조언자들 스스로가 이미 사회적 습관에 길들여져 있기 때문에 청년들의 자유롭고 창의적인 생각이나 선택을 오히려 가로막는 경우가 많다. 이들은 실현하기 어려운 꿈이나 높은 목표는 사전에 배제하고 청년들이 가진 가능성의 조건에 맞추어 현실적인 미래를 권유한다. 그래서 꿈조차 꾸지 않는 청년이 늘어나고 꿈보다는 가능성이 높은 현실적인 기회에 길들여진 인력이 생산된다. 대학을 지원할 때 취업률이 높은 학과에 학생이 몰리는 이유도 여기에 있다. 이들은 이미 자신의 꿈조차 사회적으로 이미 길들여져 있다는 사실을 잘 인식하지 못한다. 그리고 자유롭고 자발적인 꿈을 사전에 길들여진 꿈과 혼동하거나 길들여진 꿈이 자신의 자발적인 꿈이라고 착각하게 된다.

내가 여기서 다시 한 번 강조하고 싶은 것은 객관적인 기회나 가능성이 개인의 시간 의식까지 사전에 제한하거나 통제한다는 점이다. 우리의 시간 의식은 그 자체로 자유롭다. 그래서 공사판 인부도, 그의 자식도 시나 소설을 쓸 수 있다. 하지만 이미 체화된 사회적 습관은 개인의 이러한 자유로운 상상조차 가로막는다. 그래서 공사판 인부의 자식은 공사판 인부가 될 확률이 높고, 사업가의 자식은 사업가가 될 확률이 높다. 물론 우리는 어려운 환경에서 성장해서 자수성가한 사람을 만나기도 한다. 그는 자신의 현실적인 조건을 뛰어넘어 자신의 꿈을 실현한 사람이다. 하지만 이런 사람은 오늘날 점점 찾아보기 힘들어지고 있다.

그렇다면 꿈을 실현하는 사람과 꿈을 실현하지 못하는 사람 간에는 어떤 차이가 있을까? 그 차이는 가장 근본적으로는 꿈을 꾸는 것과 꿈조차 꾸지 않는다는 것 사이에서 발생한다. 우리는 빈익빈 부익부라는 말로 자본의 재생산과 불균등한 분배를 표현할 뿐 그 원인은 설명하지 못한다. 오늘날 중요한 문제는 자본주의 시스템에서 사회적 습관에 길들여진 사람들이 행동 이전에 더 나은 미래, 자신이 원하는 미래를 꿈조차 꾸지 않는다는 것이다.

2008년 9월 24일에 MBC에서 방영된 〈베토벤 바이러스〉라는 드라마에서 세계적인 지휘자 마에스트로 강은 여의도의 한 사거리에서 교통정리를 하고 있는 경찰관 강건우에게 다음과 같이 말한다. "꿈을 이루라는 소리가 아니야. 꾸기라도 해 보라는 거야." 강건우는 음악 천재이지만 직장을 차마 버리지 못하고 있다. 그런 그가 자신이 여의도의 빌딩 사이에서 온갖 차와 소음 속에 둘러싸여 있음을 문득 깨닫는다. 그 순간 모든 소음이 걷히고 어디선가 아름다운 음악이 서서히 들려오기 시작한다. 그는 손에 들고 있던 신호봉을 던지고 그가 포기했던 공연을 위해 뛰어간다. 이 멋진 장면에서 시청자들은 모두 벅차게 밀려오는 감동을 느낄 것이다. 시청자들이 감히 하지 못하는 것을 강건우가 대신해 주기 때문이다. 강건우와 같은 충동을 느껴 보지 못한 사람은 없을 것이다. 하지만 대부분 강건우처럼 충동적으로 행동하지는 않는다. 사실 이런 일은 드라마에서는 종종 등장하지만 현실에서는 거의 보기 어렵다. 영화나 드라마는 이런 사람을 위해 만들어진 자본주의의 마약이다.

사회적·경제적 약자는 대체로 쉽게 체념하는 경향을 보인다. 가끔 미디어를 통해 이들의 요구가 표출되는 것을 보면 이들이 부조리한 현실에 저항하고 더 나은 환경을 꿈꾸는 것처럼 보이기도 한다. 하지만 보통 그들 중 대부분은 사회의 질서와 규칙을 이미 체화하면서 자신들이 처한 현실에 순응하는 경우가 많다.

자본과 미래

자본은 곧 권력이다. 권력이라는 것은 사회관계 속에서 저항이 있음에도 '자신의 의지를 실현할 수 있는 기회의 총체'를 말한다.[4] 이런 의미에서 권력으로서의 자본은 단순히 돈에만 국한되지 않는다. 부르디외는 자본을 경제적 자본, 사회적 자본, 문화적 자본, 상징적 자본으로 구분한다. 경제적 자본은 우리가 잘 알고 있는 돈이다. 사회적 자본은 인적 네트워크를 말한다. 우리 사회에서는 이 사회적 자본이 매우 중요하다. 문화적 자본은 문화적 소양과 고급 지식을 말한다. 그리고 상징적 자본은 정치인, 예술가, 연예인 등이 가진 것과 같은 대중적인 인기나 유명세를 말한다. 이 자본들은 상호 호환이 가능하다. 상호 호환된다는 것은 이 자본들이 돈처럼 엄격하게 수치화되어 교환 가능하다는 뜻은 아니다. 각 자본은 구분되지만 하나의 자본으로 다른 자본과 교환하거나 하나의 자본으로 다른 자본을 더 쉽게 가질 수 있음을 의미한다.

경제적 자본(돈)이 풍부한 사람, 즉 부자는 쉽게 인맥을 만들 수 있기 때문에 사회적 자본을 획득하는 데 우월한 위치에 있다. 또 좋은 교육을 받고 다양한 경험을 쌓을 수 있기 때문에 문화적 자본도 남보다 쉽게 가질 수 있다. 사회적 자본이 많은 사람은 인맥을 통해서 좋은 정보를 얻을 수 있고 좋은 일자리도 상대적으로 쉽게 구할 수 있다. 문화적 자본이

4　랄프 다렌도르프, 『삶의 기회』(김병서 옮김), 서울, 이화여자대학교출판부, 1986, p. 109.

많은 사람은 자신이 가진 고급 지식으로 경제적 자본을 더 쉽게 벌어들일 수 있다. 회계사, 변호사, 의사 등이 바로 이런 사람들이다. 상징적 자본을 가진 사람은 대중적인 인기를 통해 선거에서 당선되거나 장사를 해서 큰돈을 벌 수도 있다. 물론 사람마다 보유하고 있는 자본의 종류와 양은 다르다. 졸부는 경제적 자본은 많지만 문화적 소양이나 지식, 즉 문화적 자본이 부족할 수 있다. 반면 교수와 같이 문화적 자본, 즉 지식이 많지만 경제적 자본은 부자에 비해 별 볼일 없는 경우도 있다. 하지만 하나의 자본을 많이 가지고 있으면 나머지 자본을 쉽게 획득할 가능성이 높다. 가령 어느 날 갑자기 유명한 연예인이 되었다면 그다음 큰돈을 버는 것은 정해진 수순이 된다. 이러한 자본은 그것을 소유한 사람에게 원하는 것을 얻고 남에게 영향력을 행사할 수 있는 권력을 부여한다. 그래서 자본은 곧 권력이고 권력은 곧 자본이다.

자본의 소유 여부는 소유자의 미래를 결정짓는 매우 중요한 요인이다. 우리는 살면서 공식적으로는 모두에게 열려 있는 기회가 실제로는 특정한 권력이나 자본을 가진 사람에게만 열려 있고 그렇지 않은 사람에게는 닫혀 있음을 종종 발견하게 된다. 예를 들어, 공개 채용에서 면접을 잘 보고 왔는데 나중에 전혀 엉뚱한 사람이 채용되는 경우가 있다. 나중에 알고 보면 그 사람은 '백'이 좋다는 말이 들려온다. 그 사람이나 그 가족이 사회적 자본이 많은 사람인 것이다. 유명인은 특례 제도를 통해 보

다 쉽게 대학에 진학하기도 한다. 상징적 자본의 힘인 것이다. 이처럼 권력의 소유 여부에 따라 명목적인 기회가 아닌 실질적인 기회는 불균등하게 배분된다. 그래서 심지어는 미래에 대한 기대조차 사람마다 불균등하게 나타난다. 권력이 많은 사람일수록 실현 가능한 기회는 커진다. 따라서 미래에 대한 기대도 이 기회의 크기에 비례해서 커진다. 반면 사회적·경제적 약자에게 미래의 실질적인 기회는 매우 제한적일 수밖에 없다. 이들에게 미래의 가능성을 과대하게 포장하는 것은 결국 객관적 기회와 멀어지게 하여 오히려 초조함이나 고통을 더욱 가중할 수도 있다.

　　자본주의적 시간은 권력의 소유 여부에 따라 다른 가치를 가진다. 많은 자본을 가진 사람에게 시간은 매우 소중한 재물인 반면 자본이 없는 사람에게 시간은 매우 하찮은 재물로 간주된다. 우리는 실제로 시간당 최저임금을 받는 사람이 있는가 하면 이 임금의 몇십 배 혹은 몇백 배에 달하는 임금을 받는 사람이 있다는 것을 잘 알고 있다. 그래서 실제로 어떤 동일한 일을 할 때도 권력이 없는 사람은 더 많은 시간을 소모한다. 돈이

없는 사람은 자신이 소유하고 있는 물건을 최대한 오랫동안 이용하기 위해 노력한다. 이러한 노력 때문에 부자보다 더 많은 시간을 허비한다. 예를 들어, 구형 컴퓨터를 사용하는 사람은 최신 컴퓨터를 사용하는 사람보다 부팅이나 웹사이트 검색에 더 많은 시간을 들인다. 만약 구형 컴퓨터가 고장이라도 난다면 이 사람은 전문가를 불러 보다 확실하고 빠르게 수리하기보다는 비용을 절약하기 위해 스스로 고쳐 보려고 많은 시간을 보낼 것이다. 책이 많이 필요한 대학원생 중에 풍족한 돈을 가진 학생은 모두 사서 필요할 때 언제든 꺼내서 볼 수 있지만, 그렇지 않은 학생은 매번 도서관에 가거나 대출을 하는 데 상당한 시간을 할애할 것이다. 어떤 정보를 얻기 위해 권력자는 한 통의 전화로 해결할 수 있지만 비권력자는 며칠을 보내야 할 수도 있다.

　　이처럼 자본의 소유 여부에 따라 동일한 작업을 하는 데 소요되는 시간은 차이가 날 수밖에 없다. 이 말은 이미 자본을 획득한 사람은 동일한 시간량으로 보다 많은 일을 수행하거나 혹은 보다 다양한 일을 수행할 수 있다는 것을 의미한다. 따라서 이 사람은 미래에도 손쉽게 자신이 원하는 것을 얻거나 이룰 수 있다. 그래서 자본가의 시간은 더욱더 희소하고 소중한 것으로 간주된다. 심지어 사람들은 권력자가 시간을 내어 주면 그가 소중한 것을 제공한다며 고마워하기까지 한다.

　　이처럼 자본가의 시간은 높은 노동시간의 가치를 지닌다. 특진을 담당하는 의사에게는 수많은 환자가 몰려든다. 그래서 이 의사와 상담하기 위해서는 더 많은 비용과 시간을 들여야 하지만 정작 진료 시간은 매우 짧다. 한편 노동시간의 가치가 증가하면 소비도 증가하게 된다. 물론 당연히 경제적 자본이 늘면서 소비력이 증가하기 때문이다. 하지만 시간적 관점에서 보면 동시에 해야 할 여러 일 중에서 경제적 가치나 효율성이 가장 높은 일에 집중하고 나머지 일은 소비로 해결하는 경우가 많아지기 때문이다. 자본이 증가할수록 시간의 희소성이 커지고 더 큰 성과나 성공을 위해 시간의 효율적 관리가 필요해지는 것이다. 하지만 생물적인 시간은 제한되어 있기 때문에 과로에 부딪혀서 결국 주어진 기회를 모두 활용하지 못하는 일이 생기기도 한다. 또 이러한 시간 가치의 격차는 개인주의나 소통과 교류의 부족과 같은 현대사회의 문제를 야기하기도 한다.[5]

시간권력이란 무엇인가?

시간의 관점에서 보면 자본권력은 시간권력이기도 하다. 자본권력은 자본의 소유자뿐만 아니라 타인의 객관적인 기회나 가능성에 영향을 미치고 그래서 주관적인 기대에도 영향을 미칠 수 있기 때문이다. 즉, 시간권력은 타인의 물리적 시간이나 심리적 시간에 영향을 미칠 수 있고 미래의 방향이나 변화에도 영향을 미칠 수 있다. 그래서 자본권력자는 곧 시간권력자다.

시간권력자는 사회의 시간적 질서를 만들거나 그것을 타인에게 부과하거나 강제할 수 있는 자다. 시간권력은 타인에게 미래를 기대하게 하거나 희망을 버리게 할 수도 있다. 또 타인에게 기다리게 하거나 서두르게 할 수도 있다.[6] 사실 기다린다는 것 혹은 기대한다는 것은 순응이나 복종을 전제로 하기 때문에 시간권력을 가늠하는 하나의 척도가 된다. 시간권력자는 기대하게 하고, 연기하고, 나중에 도착하는 자다. 한마디로 그는 자신의 시간을 스스로 조정하고 통제할 수 있을 뿐만 아니라 타인의 시간이나 사회의 시간 질서에까지 영향을 미칠 수 있다.

단순한 예로, 의사와 환자의 관계에서 시간권력이 작동하는 방식

---

5 Pierre Bourdieu, *Méditations pascaliennes*, Paris, Seuil, 1997, p. 327.
6 앞의 책, p. 328.

을 엿볼 수 있다. 환자는 항상 미리 와서 기다려야 한다. 뿐만 아니라 의사는 환자에게 미래에 대한 기대와 불안까지도 조정할 수 있다. 의사와 환자 간에 이루어지는 시간적 권력관계를 순수하게 서비스 제공자와 소비자의 관계로는 정확히 파악할 수 없다. 고위 정치인이나 기업가의 경우는 의사가 기다려야 하는 경우도 있다는 것이 이 점을 보여 준다. 권력은 항상 관계 속에서 행사되는 것이며 상대적인 것이기 때문이다. 물론 민주주의 사회에서 시간권력의 행사가 가능하기 위해서는 환자가 의사와의 사회관계(혹은 게임)를 받아들이고 참여해야 한다. 독재국가[7]에서는 이 관계가 강제로 부과되겠지만 민주주의 국가에 사는 우리는 많은 경우 사회적 습관을 통해 스스로 이런 사회질서를 받아들이고 있다. 그래서 사회 구성원의 사회적 습관은 사회의 연속성에 기여하는 중요한 요인인 것이다.

---

7   분배 원칙이 안정적인 세상은 미래의 예측이 용이한 세상이다. 그렇지 않은 세상은 전쟁이나 테러와 같이 폭력이 난무하거나 기대를 조작하기 위한 유언비어가 판치는 세상이다. 이런 세상에서는 정상적인 질서에서의 합리적인 행위를 생각하기 어렵다. 한편 절대권력은 마음대로 세상의 질서를 바꾸기 때문에 모든 예측 가능성을 파괴하는 권력이다.

반면 시간권력자가 아닌 사람은 주어진 일정에 맞추어야 하거나 대기해야 한다. 사회에서는 약속 시간보다 일찍 도착해서 기다려야 하는 사람이 누구인지가 대체로 미리 결정되어 있다. 이것은 사회적 습관 속에 내재되어 있기 때문에 거의 자동적으로 인식되고 실천된다. 만약 이 암묵적인 규칙을 잘 지키지 않으면 비난을 받을 수 있고, 그런 행위가 반복되면 불이익을 받을 수 있다. 시간권력자는 물리적인 기다림과 심리적인 기대에 영향을 미칠 수는 있지만, 이 권력을 행사하는 것은 사회의 질서나 규칙 내에서 허용된다. 시간권력자는 자신의 시간권력을 존속하기 위해서라도 긴장하게는 하더라도 필요 이상으로 혹은 자의적으로 절망에 빠뜨리는 것은 피하는 전략을 취한다. 그러지 않으면 사회의 질서 혹은 게임의 성립 전제가 무너지기 때문이다.

여기서 한 가지 질문이 제기된다. 우리는 왜 굳이 시간권력을 구분해서 봐야 하는 것일까? 시간권력이 자본권력과 대체로 일치한다면 자본권력에 대한 설명으로 사회현상을 충분히 설명할 수 있지 않은가? 시간권력을 별도로 구분해서 보는 이유는 시간적 관점에서 자본권력이 어떠한 권력을 가지고 있는지를 더 구체적으로 보기 위함이다.

시간, 특히 미래의 관점에서 볼 때 시간 권력의 가장 중요한 역할은 바로 미래의 사회질서에 큰 영향을 미치는 것이다. 권력이 가장 중요시하는 것은 그것의 연속성이다. 권력자에게는 미래에도 현재의 권력을 지속시키는 것이 매우 중요하다. 그래서 권력자는 미래의 불안정성, 불예측성을 좋아하지 않는다. 그는 미래를 예측하기보다, 미래의 불확정성을 따라가기보다 자신이 원하는 미래를 직접 만드는 것을 선호한다. 미래를 예측하고 대비하는 것은 약자의 자세다. 시간권력은 현재에 원하는 미래를 미리 계획하고 이러한 미래가 실제로 도래하도록 조치를 취한다. 권력을 가지고 있다는 것은 이미 현재의 사회질서가 자신에게 유리한 방식으로 돌아가고 있음을 의미한다. 그래서 권력자는 현재의 질서가 지속되거나 미래에도 자신에게 더 유리하도록 하기 위해 그가 가지고 있는 모든 수단과 권한을 동원한다. 사회의 불평등 구조가 쉽게 바뀌지 않는 이유는 시간권력이 이러한 구조가 연속되는 데 계속해서 관여하고 영향을 미치기 때문이다.

===== 시간권력의 미래 결정력

가장 오래되고 지금도 가장 큰 영향을 미치는 시간권력은 정치권력이다. 정치권력은 법과 제도로 사회에 시간 질서를 부여한다. 법과 제도를 만드는 것은 미리 미래에 현재의 질서를 부과하는 일이다. 이것은 마치 도로의 기능과 비슷하다. 고속도로에서는 출발지와 도착지 그리고 경유지를 미리 알 수 있다. 출발지를 떠나면 정해진 장소를 지나 도착지에 정해진 시간에 도착하게 된다. 고속도로에서처럼 법과 제도는 많은 사람이 미리 정해진 길을 가게 만든다. 이 법 제도적 시간 질서는 일상생활의 현재와 미래를 결정짓는 가장 강력하고 강제적인 것이다. 만약 이 질서를 따르지 않으면 엄격한 제재나 불이익을 받게 된다. 민주주의 사회에서 야간 통행금지나 야간 집회 금지와 같이 기본적인 자유를 억압하는 시간 제도는 없다. 하지만 교육, 노동, 휴가, 군복무, 공휴일 등과 같은 수많은 시간 제도가 여전히 우리의 삶에 지대한 영향을 미치고 있다.

법과 제도로 만들어진 시간 질서는 사람들에게 현재와 미래에도 동일한 행위 혹은 행위의 범위를 강제함으로써 사회의 질서를 유지하고 미래의 예측 가능성을 높인다. 우리의 미래는 상당 부분 이미 이러한 시간 질서 속에서 이루어지고 우리는 그에 맞추어 미래를 설계한다. 따라서 정치에 대한 관심과 지식은 아무리 강조해도 지나치지 않다. 만약 기존의 시간 질서에 문제가 있다면 이 역시 법 제도의 개혁으로 바꾸어야 한다. 민주주의 사회에서 국민에게서 권리를 위임받은 정치인은 국민의 의사를 반영하여 불합리한 시간 제도를 개혁해야 할 의무가 있다. 그리고 그들 역시 시간 제도를 준수해야 한다. 그런데 일단 치열한 경쟁을 거쳐 권력을 잡은 정치인은 자신들의 권력을 유지하거나 재생산하기 위한 법 제도를 은밀하게 만들어 내기도 한다. 그래서 정권이 교체되고 나면 항상 기존의 시간 질서를 수정하거나 개혁하기 위한 법제가 쏟아져 나온다. 따라서 권력의 유지나 재창출을 위한 법 제도는 항상 정치권의 중요한 이슈를 차지한다.

오늘날 자본주의 체제에서 미래의 방향에 영향력을 행사하는 또 하나의 중요한 권력은 경제권력이다. 이 권력은 경제적 지배력을 유지하거나 재생산하기 위해 직원과 소비자의 미래를 통제한다. 경제권력을 행사하는 대표적인 주체는 기업을 소유하고 경영하는 자본가다. 자본가는 자신이 소유한 기업이나 조직 내에서 직원에게 시간 법칙을 부과한다. 물론 이것은 법 제도적 틀 내에서 가지는 자율성이다. 제조업의 생산 라인에서 일하는 노동자는 기계적 생산공정을 따라야 하기 때문에 매우 엄격한 시간 통제를 받는다. 사무직 종사자는 좀 더 유연한 시간을 누릴 수 있지만 출퇴근, 식사, 휴식 등에서 나름 엄격한 통제를 받는다. 또 각 기업은 직원이 입사한 후부터 경력의 발전 과정을 시간적으로 통제한다. 자본가가 효과적으로 직원의 시간을 통제할 수 있는 것은 기본적으로 노동시간의 생산성에 기초해 노동의 가치를 평가하고 그 성과에 따라 단계적인 승진 방식을 채택하고 있기 때문이다. 그 결과, 직원은 시간에 집착하고 복종하는 사회적 습관을 갖게 된다. 게다가 과도한 업무시간으로 인해 자기계발을 할 수 있는 여유를 가지지 못하기 때문에 시간이 지날수록 조직에 대한 의존도가 높아진다. 노동시간의 통제는 직원의 미래 종속성을 강화하는 방향으로 자연스럽게 이어진다. 그래서 오랜 기간 회사원으로 일한 사람일수록 수동적인 업무에 익숙해져 자신의 시간을 능동적으로 조직하는 데 취약하다. 그렇기 때문에 직장인 중에는 퇴직한 후에 자신이 진정 하고 싶은 일이 무엇인지, 어떻게 시간을 보내야 할지 몰라 혼란에 빠지는 사람이 적지 않다. 자본주의 사회에서 경제권력은 노동자의 생계에 직접적인 영향을 미치기 때문에 또 하나의 강력한 시간권력이다.

자본가가 미래에 미치는 영향은 비단 직장인에게만 해당되지 않는다. 오늘날 경제권력만의 고유한 미래 결정력이 여기서 드러난다. 기업은 광고라는 놀라울 정도로 효과적이면서도 사람들이 잘 인식하지 못하는 미래 통제의 수단을 활용한다. 방송, 신문, 잡지, 지하철, 버스, 전광판 등을 통해 광고는 일상생활 곳곳에 침투해 있다. 아마 광고를 피해서 사는 것이 더 힘들 것이다. 광고의 영향력이 은밀하고 암묵적인 이유는 그것이 소비자의 심리에 작용하기 때문이다. 광고는 철저하게 미래에 대한 기대

■ 독일 폭스바겐 사의 '비틀' 지면 광고. 폭스바겐 사는 이 광고를 계기로 미국 진출에 성공하였다.

에 영향을 미친다. 그래서 광고 속의 세상은 항상 기쁘고 행복하고 더 나은 세상이다. 광고는 항상 소비를 하면 할수록 즐겁고, 유쾌하고, 행복한 삶을 살 수 있다고 유혹한다. 광고가 기업의 연속성이나 발전을 위해 효과적인 이유는 소비자에게 상품을 구입하는 것이 더 나은 미래로 가는 길이라고 믿게 만들고 미래의 행동을 미리 교육하기 때문이다.

신문이나 방송과 같은 언론매체는 근대 이후 등장한 새롭고 독특한 시간 권력이다. 사실 잘 보이지는 않지만 매우 큰 영향력을 행사하는 시간권력이다. 언론매체는 얼핏 사회질서에 순응하는 것처럼 보인다. 신문에는 조간이 있고 석간이 있다. 방송에는 편성 시간이라는 것이 있다. 방송 편성 시간표를 짜는 것은 보기보다 치밀한 전략과 노하우가 필요한데, 일단 기본적으로 편성 시간표는 시청자의 일상생활 구조에 기초해 만들어진다. 따라서 얼핏 보기에 언론매체는 시간권력으로 보이지 않는다. 하지만 언론매체의 시간권력은 분명 특별한 방식으로 행사되고 있다. 언론매체는 날마다 사회의 특별한 현상을 보도하면서 새로운 사회적 의식을 만들어 낸다. 마치 중세 교회가 특정한 시간에 종교적 의미를 부여한 것처럼 언론매체도 쳇바퀴처럼 돌아가는 현대인의 일상생활 속에서 사건 보도를 통해 특별한 순간 혹은 날에 상징적 기념비를 세운다. 이것은 사건의 시간이다.

언론매체가 만들어 내는 사건의 시간은 사회에 특별한 시간성을 만들어 낸다. 언론매체는 시사성을 가장 중요하게 여기기 때문에 사람들의 시선을 현재에 집중시킨다. 그리고 현재를 과거와 미래로부터 분리된 외딴섬으로 만든다. 언론매체는 역사적 현재와 미래의 지평에 대해 잘 말하지 않기 때문에 넓은 시간 지평을 가지기 어렵게 만든다. 게다가 언론매체는 사람들의 시선을 특정한 사건에 집중시킨다. 하지만 세상에는 언론매체의 눈이 보지 못하는 중요한 사건이 많다. 언론매체의 창에 비친 세상은 극히 일부분에 불과하다. 하지만 언론매체는 사람들로 하여금 그

작은 창에 비친 세상이 모든 세상인 양 착각하게 만든다. 이것이 언론매체의 힘이다. 언론매체는 매 시간 발생하는 파편적인 사건들을 빠르게 전달하면서 현재에 몰입하게 만든다. 이처럼 언론매체는 비록 강제적이지는 않지만 세상의 시간적 흐름을 인식하는 데 매우 큰 영향력을 행사하는 시간권력이다.

정치권력, 경제권력, 언론권력은 서로 영향을 주고받는다.[8] 정치권력은 언론매체의 영향력을 매우 중요하게 생각하기 때문에 언론매체를 통제하고 영향력을 행사하려고 한다. 그 결과, 언론권력은 의도적으로 특정한 시간에 특정한 이벤트를 만들어 내면서 사람들의 시선을 정치로 가게 하거나 정치에서 멀어지게 한다. 경제권력 역시 광고라는 강력한 수단을 동원하여 원하는 시간에 원하는 이슈를 전파하려고 한다. 신문에서 갑자기 아파트 분양에 관한 관심을 고조하는 기사가 나오면 어김없이 하단에 건설사 광고가 등장하는 것도 이 때문이다. 하지만 역으로 정치권력과 경제권력이 전략적으로 언론매체의 시간 일정에 맞추는 경우도 많다. 사회적 파장력을 가지기 위해서는 보도의 타이밍이 중요하기 때문이다.

이처럼 오늘날 정치권력, 경제권력, 언론권력은 서로 매우 의존적인 관계를 형성하고 있다. 사람들의 일상은 이 세 시간권력이 만들어 놓은 시간적 구조의 망 속에서 이루어진다. 이 시간권력의 강력한 힘은 이러한 시간 질서를 통해 원하는 미래까지 미리 구조화한다는 데 있다.

정보와 미래

현대사회에서 미래는 정치권력과 경제권력과 같은 시간권력이 원하는 대로 재생산될 수밖에 없는 것일까? 낡은 질서와 부조리를 바로잡

---

8 Pierre Bourdieu, *Sur la télévision*, Paris, Raisons d'agir, 1996.

는다는 명분으로 민주주의와 자본주의를 전복할 수는 없다. 이것이 인류가 역사적으로 시험해 본 그나마 가장 이상적인 사회체제이며 그 대안도 없기 때문이다. 그리고 다행스럽게도 우리는 그런 극단적인 방법을 동원하지 않아도 사회의 미래를 보다 긍정적으로 변화시킬 수 있는 유용한 수단을 가지고 있다. 그것은 바로 정보다.

정보의 미래 창조적 가치는 매우 크다. 정보는 미래를 예측하거나 새로운 미래를 건설하는 데 필수적인 요소다. 오늘날 정보라는 말은 데이터, 뉴스, 지식 등과 혼동되기도 한다. 그래서 정보의 기본 개념을 한번 짚어 볼 필요가 있다. 정보information라는 것은 무질서한 일차적 데이터를 사회의 구성원이 이해하고 납득할 수 있도록 재구성한 것을 말한다. 그래서 역설적으로 보이지만 정보는 본질적으로 개방성과 폐쇄성을 동시에 가진다.[9] 사회적으로 중요한 어떤 사건이 터졌다고 치자. 사건이라는 것은 그 자체로 사회질서에 위협을 가하는 무질서한 것이다. 그래서 사건을 보도하는 것은 세상에 대한 새로운 현상을 보여 주고 기존 질서에 대해 의문을 제기하게 한다. 이처럼 정보의 개방성은 사건 자체에서 기인하는 새로움, 신선함, 놀라움에서 발견된다.

그런데 보도라는 것은 사건을 그대로 묘사한 것이 아니다. 그것은 기자가 사건 현장을 취재하여 수집한 기초 자료를 국민이 쉽게 이해할 수 있도록 재구성한 것이다. 여기서 재구성이라는 것은 기자가 자신의 경험과 지식을 토대로 편집하고 데스크의 내부 심의 등을 거쳐 사람들이 이해하고 받아들일 수 있도록 가공하는 것을 말한다. 따라서 정보는 이 재가공 때문에 폐쇄성을 띠는 것이다.

정보는 개방성과 폐쇄성의 갈등과 경쟁 속에서 만들어진다. 만약 어떤 전례 없는 사건이 터진다면 기자는 이 사건에 대한 기사를 작성하

---

9 Daniel Bougnoux, *La communication par la bande*, Paris, La Découverte, 1998, p. 236.

는 데 큰 어려움을 겪을 것이다. 왜냐하면 어떤 관점에서 어떤 내용을 중심으로 다루어야 할지 알기 어렵기 때문이다. 사건 자체의 개방성이 매우 강한 경우다. 그럼에도 만약 이 사건이 정치 이념이나 윤리와 같은 사회 질서에 위협이 된다면 기자는 최대한 이러한 질서를 깨지 않는 범위 내에서 사건을 처리할 것이다. 정보의 폐쇄성이 여기서 발견된다. 정보의 폐쇄성은 사회적 위기를 야기하는 사건이 발생하거나 정치권력이나 경제권력의 언론 통제가 강할 때 나타난다.

1990년대 후반 전 세계적으로 인터넷망이 발전함에 따라 정보사회를 새로운 사회의 발전 모델로 보는 국가들이 등장하였다. 우리나라도 그러한 국가 중 하나다. 그런데 역사적으로 보면 정보사회에서 이상적 사회 모델을 찾는 시도가 새로운 것은 아니다.

■ 앙리 드 생시몽(1760〜1825)

프랑스의 생시몽Saint-Simon은 네크워크 사회에 대한 선구적인 비전을 제시한 사상가다. 그는 프랑스혁명과 산업화를 지켜보며 이상적 사회 모델을 고민했다. 그 결과, 그는 현대적인 네트워크 개념을 창안하고 그것을 사회 변화의 상징으로 내세웠다. 그는 네트워크를 피가 흐르는 혈관으로 은유하였다. 그리고 사회도 일종의 유기체로 보고 사회에 생명을 부여하는 인위적인 네트워크를 건설해야 한다고 주장하였다.[10] 여기서 네트워크는 은유적이면서 동시에 물질적인 것으로, 나중에 철로와 무선전신망으로 구현되기에 이른다. 물론 애초에 그의 사상에서 네트워크에 흐르는 주된 것은 정보보다는 자본에 가까운 것이었다.

---

10 Pierre Musso, *Critique des réseaux*, Paris, Puf, 2003, p. 168.

하지만 이후 그의 추종자들은 이 개념의 은유성을 적극 활용해 네트워크에 자유롭게 흐르는 생각과 정보의 중요성을 부각하였다. 그래서 프랑스에서는 오늘날에도 네트워크와 정보에 관한 논의가 시작되면 생시몽이 곧잘 인용된다. 그의 네트워크 사상은 매번 부활하면서 네트워크와 정보를 통한 사회의 유토피아적 진화를 꿈꾸게 한다.

　　미국에서는 위너wiener(1894~1964)가 사이버네틱스cybernetics 이론을 통해 네트워크와 정보를 통한 이상적인 사회 모델을 제시한다. 사이버네틱스는 정보의 처리와 교환에 관한 이론으로서 열역학의 엔트로피 법칙의 영향을 받았다. 이 법칙에 따르면 엔트로피란 무질서를 가늠하는 척도인데, 이것이 증가하면 무질서 상태로 이동한다는 것을 의미한다. 위너는 이 이론을 자신의 커뮤니케이션 이론에 접목하여 엔트로피가 무질서의 척도라면 정보는 질서의 척도라고 보았다. 그는 이러한 은유를 사회에 적용하여 사회는 엔트로피가 증가하여 파멸에 직면할 운명이지만 커뮤니케이션, 즉 정보의 교환으로 이 무질서를 질서로 바꿀 수 있다고 주장하였다. 그가 이 이론을 발표한 것은 제2차 세계대전이 끝난 직후였다. 이때 그는 정보의 자유로운 순환만이 전쟁과 같은 무질서와 싸워 질서를 회복할 수 있다고 주장하였다. 사실 당시 그에게 커뮤니케이션이라는 것은 매우 기술적이고 도구적인 개념에 가깝지만, 이것을 은유적으로 사회현상에 접목하여 커뮤니케이션이 투명성, 평등, 질서, 사회적 유대, 심지어 사회의 생존까지 가져다줄 수 있다고 본 것이다.

　　생시몽이나 위너의 정보사회주의가 나온 것은 당시 시대적 상황과 밀접한 관계가 있다. 사회가 급격한 위기나 변혁의 소용돌이를 갓 지나온 시기에 발표되었던 것이다. 이들의 생각은 당시의 정보 네트워크 수준으로 볼 때 시대를 앞서간 이상적인 것이었다. 그렇다면 수많은 정보가 고도로 발달된 네트워크를 통해 쏟아져 나오는 오늘날 우리는 과연 그들이 꿈꾸던 그런 이상적인 사회를 살고 있을까? 실상은 그렇지 않다. 우선 근본적으로 그들의 생각 자체는 지나치게 기술결정론적이다. 단순히 정보통신 기술의 발전을 사회의 발전과 동일시한 것이다. 달리 말하면, 기술의 기능을 기술의 사용과 혼동한 것이다. 그들은 네트워크를 통해 전송되는 정보는 결국 인간이 어떻게 만들고 사용하는지에 달려 있다는 사실을 간과하였다.

　　　오늘날 정보의 문제는 양적·질적 측면에서 동시에 발생하고 있다. 우선, 네트워크를 통해 전송되는 정보의 과잉은 오히려 큰 문제를 야기하고 있다. 정보의 과잉이 다양한 정보나 고급 정보의 양적 증가로 이어지지 않는 것이다. 오히려 동일한 정보가 계속해서 반복되는 현상이 나타난다. 또 수많은 정보 중에 얼마나 신뢰할 만한 정보가 있는지 또 어떤 정보가 신뢰할 만한지를 가려내는 것도 보통 어려운 일이 아니다. 예를 들어, 인터넷에는 수많은 허위 정보가 돌아다니고 있어서 자칫 이런 정보를 믿고 미래를 준비했다가는 낭패를 볼 수 있다. 또 정보의 제공자는 다른 정보와의 경쟁에서 이기기 위해 쉽고 단편적이고 자극적인 정보를 생산하는 데 주력한다. 결국 이런 악순환이 반복되어 정보의 질은 전반적으로 떨어지게 되는 것이다. 이런 문제는 생시몽이나 위너가 아마 당시에

상상하지 못했을 것이다.

분명 오늘날의 정보는 탈맥락적이고 반복적이며 때로는 신뢰하기 어렵다는 한계가 있다. 하지만 그렇다고 해서 모든 정보에 대해 똑같이 낙인찍는 것은 어리석은 일이다. 우리가 어떠한 정보를 생산하고 유통하는가에 따라 정보는 여전히 사회의 변화 그리고 새로운 미래를 여는 중요한 촉매제 역할을 할 수 있다. 정부가 이러한 역할을 하도록 하기 위해서는 정보의 생산자가 우선 정치권력과 경제권력으로부터 자유로워야 한다. 우리는 전 세계의 역사에서 미디어가 정치권력의 선전 도구로 이용되어 온 사례를 수없이 보아 왔다. 동시에 중요한 역사적 순간에 미디어가 민주주의 발전에 기여해 온 사례도 적지 않게 발견할 수 있다. 또 자본주의가 발전할수록 미디어 기업도 경제권력으로부터 자유롭지 못한 처지에 빠지기도 한다. 경제권력의 영향은 광고를 통해 행사된다. 특히 우리나라의 미디어는 광고에 지나칠 정도로 의존적이다. 많은 광고를 수주받기 위해서 구독률이나 시청률 경쟁에 열중하다 보니 선정적이고 자극적인 정보를 생산하게 된다. 뿐만 아니라 광고주가 주는 영향 때문에 독립적이고 객관적인 정보를 생산하기 어렵다. 광고주에게서 벗어나 독립적인 정보를 생산하기 위해서는 광고가 아닌 정보의 이용자에게서 재원을 확보해야 한다. 그래야만 실제 이용자를 위한 정보를 생산할 것이다. 또 정보의 이용자도 인식을 바꾸어야 한다. 공짜로 이용하는 정보는 결국 광고주를 위한 것이지 이용자 자신을 위한 정보가 아님을 깨달아야 한다.

그렇다면 정치권력과 경제권력으로부터 독립적이면 좋은 정보를 생산할 수 있을까? 반드시 그렇지는 않다. 그렇게 될 때 종종 나타나는 현상은 정보의 생산자가 스스로 권력자가 되는 것이다. 정치권력의 언론 통제가 약해질 때 이러한 현상을 종종 볼 수 있다. 보도 기사를 보내고 그 기사가 사회에 미치는 영향력을 한 번이라도 경험한 기자는 스스로 자신의 권력에 놀란다. 동시에 그 권력의 유혹에 빠지게 된다. 그리고 세상의 창으로서 혹은 매개자로서의 역할보다 스스로 세상의 변혁자 혹은 창조자가 되고 싶은 유혹에 빠진다.

오늘날 정보의 과잉과 질적 저하는 정보에 대한 희망을 꺾어 버리고 있다. 신문, 방송, 인터넷에서 쏟아지는 자극적인 정보, 충분한 조사나 검증 없이 만들어진 정보, 심지어 타 언론사로부터 마구 퍼나르는 정보 등은 인내심의 한계를 느끼게 한다. 사회의 혈관에 맑고 깨끗한 피를 보내서 사회가 성장하는 데 기여하는 정보를 기대하는 것은 아직도 너무 지나친 이상일까?

지식과 미래

나는 사회가 더 희망찬 미래로 나아가는 데 길을 열어 줄 수 있는 가장 핵심적인 수단은 지식이라고 생각한다. 정보는 탈맥락적이며 유통기한이 짧은 반면 지식은 맥락적이며 유통기한이 길다. 사회가 아플 때 정보는 즉각적으로 통증을 없애 주는 진통제인 반면 지식은 통증을 근본적으로 치유하는 치료제다. 사회가 건강할 때 정보는 냄새만으로 즉각적

으로 침을 흘리게 하는 인스턴트식품인 반면 지식은 맛은 쓰지만 꾸준히 복용하면 체질을 바꾸고 건강한 몸의 토대를 만들어 주는 보약이다. 정보는 단기적으로 큰 사회적 관심을 촉발할 수 있지만, 지식은 장기적으로 사회의 심층적이고 근본적인 변화를 추동할 수 있다. 이처럼 정보와 지식은 그 역할이 다르다.

그렇다면 지식은 무엇인가? 지식을 근본적으로 이해하기 위해서는 인식론, 즉 지식에 대한 이론[11]을 살펴봐야 한다. 17세기에 데카르트 Descartes는 무질서하게 보이는 자연 속에서 질서를 발견함으로써 진리에 도달할 수 있다고 믿었다. 이 진리가 바로 그의 과학적 지식이다. 데카르트의 사상은 근본적으로 기독교적 세계관에서 완전히 독립하지는 못했다. 하지만 그는 인간이 지식을 통해 적어도 지상에서는 스스로 이상적인 사회를 건설할 수 있다고 믿었다. 이런 생각에서 서구 진보주의 역사관의 출발점을 발견할 수 있다. 데카르트가 말하는 과학적 지식은 자연을 관찰하고 분석하여 얻어 낸 법칙으로, 시간이 흘러도 변화하지 않는 것이라는 점에서 보편적인 진리에 준하는 것이다. 그래서 지식은 단순히 현재의 이해를 넘어서 미래를 예측할 수 있게 해 준다. 왜냐하면 세상의 질서를 안다는 것은 미래에 세상이 어떻게 될 것인지를 미리 아는 것과 같기 때문이다.

모든 지식은 미래 예측과 밀접한 관련이 있다. 인류 역사에서 알 수 없는 미래는 인간을 가장 불안하게 하는 요인이다. 그래서 인간은 신화, 종교, 철학, 이데올로기 등을 통해 세상의 이치를 이해하고자 했다. 그런데 데카르트 시대에 이르러 인간은 과학이라는 보다 객관적이고 체계적인 지식 체계를 발견하게 된다. 인간은 자연현상 속에서 인과론적 법칙을 발견함으로써 세상의 변화를 예측할 수 있다는 믿음을 가진다. 그리

---

11 프랑스어로 épistémologie인 인식론은 지식에 대한 이론을 의미한다. 인식론은 지식이란 무엇이며 지식은 어떻게 만들어지며 어떻게 평가되는지를 담고 있다.

고 과학자는 미래에 대한 불안에서 사람들을 해방하는 과업을 자처한다.

과학적 지식이 세상에 대한 보편적 원리를 알려 줄 수 있다는 데카르트의 믿음은 근대과학의 태동기에 과학자로서 그가 가지고 있던 이상적 인식론을 잘 보여 준다. 그렇다면 과연 과학적 지식은 이런 인간의 이상적 꿈을 실현해 주었을까? 이 질문에 한마디로 답하기는 어렵다. 20세기 이전이라면 사람들은 분명 긍정적으로 답했을 것이다. 19세기 파리에서 열린 만국박람회는 과학기술에 대한 믿음이 최고조에 달했던 당시의 상황을 대변한다. 하지만 20세기 초반부터 지금까지 과학적 지식은 수많은 사건과 사고를 양산하며 한계와 부작용을 노출하고 말았다.

과학기술이 발전했음에도 왜 이런 일이 벌어지는 것일까? 그것은 데카르트나 콩트가 당시에 보지 못한 새로운 현상, 즉 인간 사회의 인위성 때문이다. 그들은 자연을 관찰하고 분석하면 진리에 도달할 수 있다고 믿었다. 하지만 인간은 단순히 자연환경에서만 살고 있지 않다. 인간은 스스로 새로운 생각과 사물을 끊임없이 창조하는 존재다. 그래서 오늘날의 환경은 수많은 인위적인 발명품으로 채워지고 있다. 이 새로운 환경은 과학과 기술의 만남에서 만들어진 것이다. 예를 들어, '1+1=2'라는 등식은 이론적으로는 성립하지만 자연 속에서 완벽하게 동일한 두 개의 1은 존재하지 않는다. 따라서 수학적 공식이 참이기 위해서는 인간이 인위적으로 동일한 두 개의 1을 직접 창조해야 한다. 이런 방식으로 과학은 기술과 만나 자동차, 비행기, 시계, 세탁기, 텔레비전 등, 장시간 동일한 원리에 의해서 유지되거나 움직이는 인위적 사물을 만들어 냈다. 인간이 스스로 자연현상보다 훨씬 더 예측 가능한 사물을 만들기 시작한 것이다. 한마디로 아예 인위적으로 예측 가능한 세상을 직접 창조하기로 한 것이다. 이 세상의 창조는 흙길을 아스팔트로 포장하는 것과 같다. 흙길은 울퉁불퉁하고 재질이 다양하기 때문에 길 위에서 수많은 변수가 존재한다. 이 길에서 완벽하게 굴러가는 차량을 고안하는 것은 거의 불가능하다. 대신 아스팔트로 덮어 버리면 그 많은 변수는 사라지고 차가 동일한 속도를 유지하며 항상 예측 가능한 시간에 목적지에 도착할 수 있다. 하지만 문제는 이렇게 창조된 인위적인 세계가 새로운 환경을 구성하고 그 속에서 예상하지 못한 새로운 현상이나 사고가 등장한다는 데 있다. 이렇게 만들어진 도로 위에서 수많은 차가 교통사고뿐만 아니라 심각한 환경오염을 야기해서 우리의 삶을 위협한다. 결국 과학기술의 발전이 인위적인 사물을 창조하고 그것이 인간의 환경을 빠르게 변화시키기 때문에 미래는 예측하기 더욱 어려워진다. 그 속에서 인간이 충분히 통제하지 못하는 사건과 사고가 돌출하는 것이다.

과학이 인류의 발전에 기여한 바를 완전히 부인할 수는 없다. 과학적 지식은 실제로 자연과 생명의 현상, 그리고 사회의 변동 등에 대한 원리를 알려 줌으로써 세상에 대한 이해와 예측을 일정 부분 가능하게 해 주었기 때문이다. 하지만 데카르트가 세상을 떠난 지 수백 년이 지났지만 그가 꿈꾸었던 보편적 진리로서의 지식은 아직 생산되지 않고 있다. 우리는 여전히 태평양 한가운데에서 생성된 태풍이 어디로 이동할지 정확히 예측하지 못한다. 여전히 암이라는 질병의 정확한 원인도 알지 못한다. 여전히 과학적 지식은 확률상의 문제로 남아 있을 뿐 완벽한 진리로서의 자격을 갖추지 못했다.

이제 우리는 맹목적인 믿음에서 깨어나 지식의 근본적인 한계를 새롭게 인식하고 어떻게 해야 지식이 인간과 사회에 기여할 수 있는지를 깊이 성찰해야 하는 지점에 와 있다. 그렇다면 지식의 한계는 어디에 있고 그 대안은 무엇일까?

오늘날 지식의 한계는 우선 그 방법론에서 발견된다. 이 방법론은 데카르트의 인식론에 잘 나타나 있다. 그는 인간과 관찰의 대상인 자연을 분리하였다. 그리고 관찰을 통해 자연의 법칙에 도달할 수 있다고 보았다. 이 말은 인간의 인지능력과는 별도로 자연의 법칙이 존재한다는 것을

의미한다. 이 객체화된 자연을 다시 독립된 조각으로 분할하고 계속 해부
함으로써 그것의 진리에 다가갈 수 있다고 본 것이다. 이것이 오늘날까지
도 여전히 과학자들이 선호하는, 분석을 통해 자연의 법칙에 도달하고자
하는 방법론이다. 이 방법론은 수 세기 동안 지배적인 인식론으로 군림하
던 사실·실증주의 인식론의 핵심이다. 주관적인 인간으로부터 독립적이
며 객관적인 지식의 생산이 가능하다는 생각, 그리고 이 지식은 사물이나
자연현상을 계속해서 나누고 잘라 냄으로써 진리에 도달할 수 있다는 생
각이 이 인식론의 근저에 깔려 있다. 그 결과, 오늘날 우리는 '과학의 바
벨탑'을 목도하고 있다.

■ 오귀스트 콩트(1798~1857)

데카르트에 이어 대표적인
실증주의 인식론자로 알려진 콩트
Comte는 1828년에 데카르트적 인식
론의 연장선에서 학문의 분류 체계
를 제시하였다.[12] 그는 여기서 수학,
천문학, 물리학, 화학, 생물학, 사회
학을 제시하면서 각 학문은 실증적
인 대상과 조사 방법에 따라 구분
된다고 밝혔다. 이러한 분류 체계는
계속 세부화되면서 오늘날 대학에서 사용하는 학문의 분류 체계로 발전
한다. 오늘날 대학에서 다양한 학문을 독립적으로 교육하는 것은 바로 사
실·실증주의 인식론의 전통을 계승하고 있기 때문이다. 이 인식론은 지
식의 가치, 생산 방법, 평가 방법, 분류 체계에 결정적인 영향을 미치는
지배적인 인식론이 되었다.

그렇다면 이 인식론에 따라 지식을 인간으로부터 독립적이고 객관

---

12 Jean-Louis Le Moigne, *Les épistémologies constructivistes*, Paris, PUF, 1995. p.
14.

적인 것으로 보는 것이 타당한 것일까? 또 각 학문이 각자 독립된 지식을 생산하는 것이 과연 바람직한 것일까? 우리는 이미 현대사회에서 일어난 수많은 재난과 사고를 통해 세분화된 학문과 파편화된 지식으로는 복잡한 현실의 문제를 거시적이고 통합적으로 보지 못한다는 것을 잘 알고 있다. 시간의 문제만 보더라도 물리학적 시간, 철학적 시간, 심리학적 시간, 사회적 시간, 생물학적 시간 등 다양한 접근이 존재하지만 각각의 시간은 인간이 인위적으로 분할해서 본 시간일 뿐이다. 각 학문은 각자 독립적인 연구 범위와 방법론으로 시간에 관한 지식을 생산한다. 그 결과물은 시간이라는 복잡한 현실에 대한 매우 파편적 지식일 뿐이다.

　　유사한 사례는 매우 많다. 의학에서 약을 개발할 때는 충분한 동물실험과 임상실험까지 거친 후 판매 승인을 받는다고 한다. 하지만 실제로 인간의 몸에서 오랜 기간이 지난 후에 부작용이 발생하는 경우가 적지 않다. 유전공학에서도 마찬가지다. 유전자 조작으로 만든 콩이나 옥수수가 인간의 몸에 어떤 영향을 미칠지는 오랜 시간이 지나 봐야 정확히 알 수 있다. 이미 유럽의 몇몇 연구소는 유전자 조작으로 생산된 곡물이 인체에 부정적인 결과를 초래한다고 밝힌 바 있다. 또 일상에서 광범위하게 사용하고 있는 수많은 화학물질이 인체에 어떠한 질병을 야기하는지는 아무도 장담하지 못한다. 종종 등장하는 자동차 급발진에 따른 사고도 마찬가지다. 이것에 대한 논란이 끊이지 않고 있는데 최근에는 전자파가 문제라는 주장이 힘을 얻고 있지만 아직 구체적으로 증명되지 못한 상태다. 전자 부품 하나하나는 문제가 없지만 그것이 같이 엉켜 있을 때 어떤 예상치 못한 반응을 하는지 아무도 밝혀내지 못하고 있다.

　　우리는 오늘날 과학적 지식이 실험실적 지식이라는 것을 인식해야 한다. 실험실적 지식이라는 것은 인간이 인위적으로 조건을 단순화한 실험실이라는 환경에서 가설을 세우고 실험을 통해 얻어 낸 지식을 말한다. 이 지식의 결과는 매우 복잡한 변수가 공존하는 원래의 환경에서는 맞지 않을 수 있다. 학문의 분화와 마찬가지로 실험실이 인위적으로 조건을 만들고 구획을 정해서 그 속에서만 타당한 지식을 생산하고 있는 것이다. 그래서 모랭Morin은 오늘날 지식의 분류 체계는 인위적인 것일 뿐 복잡하게 연결되어 있는 현실을 이해하는 데 오히려 장애가 된다고 주장한다. 그리고 이제는 학문 간의 소통, 관계에 대한 이해, 거시적이고 통합적인 지식이 중요하다고 말한다.[13]

과학적 지식의 또 다른 문제는 차가움이다. 이 차가움은 인간을 지식과 분리하였기 때문에 나타난다. 데카르트적 인식론이 가진 또 하나의 오류가 바로 여기에 있다. 과연 지식은 인간의 감각, 이성, 논리를 벗어나 온전히 객관적일 수 있을까? 이 문제에 대해서는 이미 여러 중요한 사상가가 논증한 바 있다.

구성주의 인식론을 집대성한 피아제Piaget는 유아의 성장 과정에 관한 연구에서 지식이 인간과 세상의 상호작용 속에서 만들어진다는 사실을 보여 주었다. 갓 태어난 아기에게는 세상이 온통 혼란스럽다. 아기는 호기심으로 가득한 눈으로 주위를 둘러보고 손을 저어 본다. 세상과 소통하고 이해하기 위한 일차적 관문은 감각이다. 아기의 모든 감각의 창은 세상을 향해 활짝 열려 있다. 아기는 성장하면서 감각적 경험을 통해 서서히 세상을 알게 된다. 자신의 행동 하나하나에 반응하는 세상과 상호작용을 하며 세상을 이해하고 성장한다. 이처럼 지식은 인간의 행동에 대한 반응을 통해 만들어진다. 이것이 지식의 출발점이다. 몸을 통해 체득되는 기초적 지식이건 상징체계를 이용하는 고차원적 지식이건 간에 모든 지식은 근본적으로 이러한 과정을 거쳐 만들어진다. 즉, 감각이라는 복잡한 네트워크로 구성된 몸이라는 시스템으로 들어온 수많은 정보를 뇌가 분류하고 그 관계를 재구성해서 지식을 만들어 낸다. 그래서 지식을 생산하

---

13 Edgar Morin, *L'introduction à la pensée complexe*, Paris, Seuil, 2005.

는 과정은 무질서하게 보이는 세계를 몸으로 인식한 다음 그 질서나 법칙을 발견하는 과정이다. 지식은 인간과 독립적으로 존재하는, 보물찾기에서처럼 이미 존재하기 때문에 인간이 찾기만 하면 되는 선험적 법칙이나 진리가 아닌 것이다. 지식은 인간의 감각, 지성, 정신, 경험을 거쳐 구성되는 것이다. 이것이 기존의 지배적인 인식론과 다른 구성주의 인식론의 관점이다. 이 관점은 특히 오늘날 매우 중요한 의미를 지닌다. 오늘날 지식은 객관성과 진리성을 표방하며 인간 위에 군림하고 있다. 여전히 사람들은 과학적 지식에 대한 신뢰와 기대를 버리지 않고 있다. 하지만 과학적 지식의 수많은 부작용은 결국 과학적 지식 역시 인간의 산물임을 깨닫게 만든다.

심지어 푸코와 같은 사상가는 지식을 진리로 보지 않고 담론이라는 개념으로 표현한다.[14] 담론은 관계성을 가지는 말과 글이 집합적으로 조직되어 현실을 설명하는 행위를 말한다. 담론은 현실을 설명하지만 담론 속의 현실은 실재하는 현실과는 다르다. 하지만 우리는 항상 담론을 통해 현실을 설명하고 이해한다. 과학 이론, 페미니즘, 인종주의, 자유주의, 평등주의, 공산주의 등의 모든 것은 담론일 뿐이다. 결국 지식이 담론이라는 말은 지식이 진리가 아니라는 것을 의미한다. 담론으로서 지식은 인간이 특정한 목적을 위해 만들어 낸 것을 말한다. 따라서 지식은 인간으로부터 별도로 존재하는 진리가 아니라 인간의 의도와 목적에 봉사한다. 하지만 사람들은 이 지식을 신봉하고 따른다. 지식에 대한 믿음은 심지어 사람들의 목숨을 앗아 가기도 한다. 그래서 지식은 필연적으로 권력성을 갖는다. 지식에 대한 믿음이 깊으면 깊을수록 지식은 가공할 권력을 행사한다.

그래서 오늘날에는 지식을 본연의 위치로 되돌리는 일이 중요하

---

14 Michel Foucault, *L'ordre du discours*, Paris, Gallimard, 1971.

다. 지식의 허구성을 말하고자 하는 것이 아니라 맹신보다는 그 한계를 우선 인식하자는 것이다. 이 한계를 인식할 때 지식은 보다 겸손하고 따듯해질 것이며, 보다 인간의 삶에 기여하는 방식으로 다시 태어날 수 있다.

오늘날 지식의 대표적인 생산지라고 할 수 있는 학계는 그 풍토가 아직 이런 성찰과는 거리가 먼 방향으로 움직이고 있다. 학계는 내외적 이유로 파편적인 지식을 학술지에 싣는 데만 열을 올리고 있다. 짧은 소논문으로 복잡한 현실을 충분히 반영하고 이해할 수 있는 지식이 생산되기는 어렵다. 또 양적으로 많은 소논문을 생산해야 하기 때문에 성찰이나 영감을 주는 연구를 찾기는 힘들다. 학문의 세분화도 심각한데 거기다가 파편적인 지식이 수많은 학술지에서 생산되고 있는 것이다. 이러한 문제는 자연과학이건 인문사회과학이건 별반 다를 것이 없다.

오늘날 생산되고 있는 수많은 파편적인 지식은 인간의 삶을 위한, 세상을 이해하기 위한 지식이 아니라 지식을 위한 지식, 더 나아가 편수를 맞추기 위한 논문 게재용 지식일 뿐이다. 이런 지식의 대부분은 대중은 고사하고 학자들도 잘 읽지 않는다.

그럼에도 나는 지식이 사회의 다양한 문제를 해결하는 데 가장 중요하고도 필수적인 수단이라는 믿음을 버리지 않는다. 지식을 통해 세상의 변화에 대한 이해를 높임으로써 미래를 더 잘 준비할 수 있으며 좀 더 나은 세상을 계획할 수도 있다. 그런데 지식의 역할은 단순히 세상을 이해하고 해석하는 데 머물지 않는다. 한발 더 나아가 지식의 놀라운 힘은 미래를 창조하는 데 있다. 하지만 파편적이고 해부학적인 지식은 선무당이 사람 잡는 것처럼 엉뚱한 미래로 우리를 안내할 수도 있다. 이것이 지식에서 미래의 불안과 희망을 동시에 발견할 수 있는 이유다.

━━━ 결정된 미래와 열린 미래

인간은 역사적인 한 시점에 출생과 함께 세상 속에 던져진다. 자신의 의지와는 상관없이 이미 만들어진 세상에서 인간은 우선 적응할 수밖에 없다. 하지만 동시에 인간은 동물과는 달리 스스로 자신의 환경을 직접 변화시키거나 창조하는 존재이기도 하다. 이러한 인간이 참여하기 때문에 역사는 계속해서 진화한다.

사회 속에서 어떤 사람은 사회를 바꾸는 주체로서의 역할을 한다. 그런데 이런 사람은 별로 많지 않다. 또 어떤 사람은 사회 전체에는 큰 영향을 미치지는 못하지만 적어도 자신의 삶과 주변 환경을 개선하기 위해 노력한다. 이런 사람이 많아지면 결국에는 사회 전체가 변화한다. 또 어떤 사람은 사회의 질서에 순응하며 소박하게 살아간다. 어떤 삶이 더 나은지는 각자의 가치와 판단에 달려 있다. 다만 우리가 사는 사회도 생명체와 비슷해서 변화하지 않으면 노화된다. 그리고 더 나은 세상으로 만들기를 바라는 사람들이 사회를 계속해서 진화시키고 있다. 사회를 바꾸는 소수의 주체가 사회를 잘 이끌면 보다 빠르고 쉽게 사회가 긍정적으로 진화할 수 있다. 반면에 소수의 주체가 엉뚱한 길로 가면 사회는 위험에 처할 수 있다. 이 소수에 의해 사회가 퇴행할 수도 있고, 그 결과 많은 사람이 고통을 겪을 수도 있다.

어떻게 살 것인가는 각자의 선택에 달려 있는 것이지만 인간 개개인은 누구나 더 나은 미래를 꿈꿀 것이다. 그리고 이런 미래를 실현하는 것은 자신과 사회에 동시에 달려 있다. 어떤 사람은 불안한 미래, 꿈을 실현하지 못하는 것을 사회의 탓으로 돌린다. 분명 이 생각이 틀린 것은 아니다. 사회가 부여한 가능성의 조건은 개인이 살아가는 데 큰 영향을 끼치기 때문이다. 어떤 사람은 불리한 조건에서 태어나 성장하기 때문에 더 좋은 조건에서 살아온 사람보다 분명 불리하다. 이 사람은 인생의 중요한 전환기에서 항상 자신의 불리한 조건 때문에 실패하거나 불이익을 당할 확률이 높다. 그럼에도 개인의 노력이 불필요한 것은 결코 아니다. 개인의 노력은 사회 비판에 앞서 실천되어야 할 선행조건이다. 그다음 해야 할 것은 이런 사람에게 기회를 열어 주는 사회를 건설하는 것이다.

기회가 평등한 사회에서는 개인이 자신의 노력만으로 쉽게 불리한 조건을 극복할 수 있다. 이런 사회는 '미래가 열린 사회'다. 이런 사회는 삶의 중요한 변곡점에서 항상 새로운 기회를 부여한다. 개인의 성장 배경이나 과거의 경험이 중요하지만 그것들이 결코 미래를 결정짓지는 않는다. 반면 기회가 평등하지 않은 사회에서는 아무리 노력해도 개인이 스스로 자신의 운명의 방향을 바꾸거나 꿈을 실현하기가 어렵다. 이런 사회는 '미래가 닫힌 사회'다. 이 사회에서는 개인의 성장 배경이나 과거의 경험이 끊임없이 발목을 잡는다. 시간이 지날수록 이미 미래는 점점 돌처럼 단단히 굳어져 간다. 이런 사회에서 개인은 계속해서 좌절과 절망을 느낄 것이다.

소수의 기득권층은 아마 미래가 닫힌 사회를 원할지도 모른다. 하

지만 대다수의 보통 사람은 미래가 열린 사회를 원할 것이다. 오늘날 우리가 살고 있는 이 사회는 점점 미래가 닫힌 사회가 되어 가고 있다. 많은 사람이 미래에 대해 절망을 느끼는 이유는 바로 이 때문일 것이다. 불과 몇십 년 전만 하더라도 대부분의 사람이 가난한 상황에서도 굴하지 않고 미래에 대한 희망을 간직한 채 열심히 살았다. 전쟁으로 황폐해진 세상이었지만 더 나빠질 것은 없고 더 나아질 것만 있었던 세상이었다. 그래서 모두가 더 나은 삶을 꿈꾸었고 대부분 노력으로 이 꿈을 실현할 수 있었다. 아무리 가난한 집안에서 태어나도 열심히 공부하면 좋은 대학에 들어가고 고시에도 합격할 수 있었다. 하지만 오늘날 너무나 풍요로워 보이는 이 시기에 역설적으로 사람들은 오히려 절망을 느낀다. 왜냐하면 사회의 질서가 너무나 공고해서 개인의 노력만으로는 장벽을 넘어서기가 대단히 어려워졌기 때문이다. 이제는 좋은 학군에서 좋은 학원을 다녀야만 좋은 대학에 합격할 확률이 높아졌다. 고시도 마찬가지다. 심지어 사법고시도 조만간 사라지고 값비싼 법학전문대학원을 졸업해야만 법조인이 될 수 있는 시대가 되었다. 한마디로 개천에서 용이 나기 어려운 사회, 즉 미래가 닫힌 사회가 되어 가는 것이다.

그래서 요즘 개천에서 자란 사람은 용이 되기를 꿈조차 꾸지 않는다. 객관적인 기회에 주관적 기대가 맞추어지는 것이다. 이렇게 된 데에는 분명 사회의 책임이 크다. 그렇다고 해서 모든 책임을 사회에 돌리는 것이 과연 합당한 것일까? 사회가 누군가에게 금수저를 물려주고 누군가에게 흑수저를 물려줬다고 해서 흑수저를 문 사람은 용이 되는 꿈조차 꾸지 못해야 하는 것일까? 그렇지 않다. 아무리 미래가 닫힌 사회라고 하더라도 꿈을 꾼다는 것은 철저하게 개인적 자유의 문제다. 이 개인적 자유의 문제까지 사회의 탓으로 돌리는 것은 지나치게 편협하고 이기적인 발상일 뿐이다. 물론 사회적 습관은 오랫동안 무의식적으로 개인에게 체화되어 기대와 꿈조차 현실적인 기회에 맞추도록 영향을 미친다. 그럼에도 사회적 습관이 온전히 인간의 의지와 꿈조차 지배할 수는 없다. 꿈을 꾼다는 것은 온전히 개인 자신만의 자유에 달린 것이다. '인간은 누구나 꿈을 꿀 수 있다'는 명제에서 나는 미래가 열린 사회, 더 나은 미래를 꿈꿀 수 있는 실마리를 발견한다. 여기서 꿈을 꾼다는 의미는 단순히 상상을 말하는 것이 아니다. 꿈을 꾼다는 것은 사회적 습관이 강요하는 '되어야 할 존재'에서 이탈하는 것을 말한다. 꿈을 꾼다는 것은 사회가 제시하는 가능성을 자신의 잠재성으로 대체하는 것이다.

나는 자유롭게 미래를 창조할 수 있는가?

'지속'하는 인간의 시간

우리는 이제 인간을 사회적으로 결정되는 존재라는 틀에서 자유롭게 해 주어야 할 시기에 도달했다. 사회는 분명 개인을 사회적 습관으로 길들이면서 미래로 가는 길목에 서서 방향을 통제하고 있다. 그럼에도 사회는 인간의 정신을 송두리째 지배하지는 못한다. 정신은 바다처럼 깊고 우주처럼 넓은 세계이기 때문이다. 인간의 몸은 생물적 본능과 사회적 습관에 쉽게 지배될 수 있지만 정신의 세계는 몸의 경계를 넘어서 무한한 세상을 여행하고 창조적 세계를 꿈꿀 수 있는 곳이다. 우리는 고흐가 어떠한 삶을 살았는지는 알 수 있지만 그의 화폭에 담긴 고유하고 독창적인 이미지가 어디서 나왔는지는 도무지 알 길이 없다. 우리는 모차르트와 베토벤이 겪은 사회적 고통에 대해서는 알 수 있지만 그렇게 아름답고 장엄한 음악이 어디서 나왔는지는 도무지 설명할 길이 없다. 우리는 종종 한 예술가의 선택이나 행동에서 그의 정신 상태를 유추하는 경향이 있다. 하지만 이것은 원인을 결과에 억지로 끼워 맞추는 것일 뿐이며 실제로는 암흑 속에서 잃어버린 물건을 찾는 것처럼 매우 어려운, 어쩌면 무모하기까지 한 일이다. 예술가의 정신은 그 자체로 자유롭기 때문에 인과론적 법칙으로 환원되지 않는다. 바로 이 점에서 나는 자유로운 삶과 창조적 미래를 위한 사유의 단초를 발견한다. 나는 인간 정신의 본연에서 어려운 사회적 현실과 미래에 대한 불안을 극복하는 대안을 찾고자 하는 것이다.

인간 정신의 본연을 찾아가는 여정은 매우 험난하다. 혼자 걷는다면 중도에 포기할지도 모른다. 하지만 다행히도 이 여정에는 든든한 셰르파sherpa[1]들이 있다. 이들이 멋지게 펼쳐진 풍경을 볼 수 있는 봉우리로 우리를 안내할 것이다. 그중 한 사람이 바로 베르그손Bergson이다. 그는 인간 정신의 활동을 '지속durée'으로 설명한다. 지속이라는 개념은 그의 철학 사상을 관통하는 중요한 개념이기 때문에 매우 중요하다.

지속은 인간 정신의 활동을 시간적으로 표현한 개념이다. 지속을 일상어처럼 계속해서 존속하거나 이어지는 것으로만 이해해서는 안 된다. 지속 개념은 동시에 변화를 포함한다. 즉, 지속은 변화하고 생성하지만 이 변화와 생성이 순간적이고 단절적인 것이 아니라 축적되면서 존재가 연속성을 가지는 것을 의미한다. 이처럼 지속 개념은 연속성과 이질성을 함께 포함한다. 사실 지속 개념은 인간 정신의 활동에만 국한되지는 않는다. 세상에 존재하는 모든 것은 지속이라는 시간성을 가진다. 인간 역시 존재의 연속성을 유지하면서 계속해서 이질적이고 차별적인 요소를 만들어 낸다. 그래서 인간은 '동일하면서 동시에 변화하는 존재'[2]인 것이다. 물론 인간은 언젠가는 죽음으로써 소멸된다. 하지만 우주의 차원에서 보면 모든 생명은 소멸하면서 다른 생명을 탄생시킨다. 이렇게 우주의 생명은 지속된다. 그래서 베르그손이 말하는 지속은 시간 자체의 본질적인

1　셰르파는 네팔 동부 히말라야 산속에 살고 있는 티베트계의 한 종족으로, 히말라야 등산대의 안내자로 유명하다.

2　"un ètre à la fois identique et changeante." 앙리 베르그손, 『의식에 직접 주어진 것들에 관한 시론』(최화 옮김), 서울, 아카넷, 2001, p. 131.

속성이면서 동시에 생명의 속성이다.

　지속 개념이 인간과 우주로 확장될 수 있음에도 나는 인간의 정신 측면에서 그것의 본질적인 의미가 가장 잘 전달된다고 본다. 사실 처음 지속 개념을 만나면 혼란이 생긴다. 왜냐하면 동일성을 유지하면서 동시에 변화한다는 것은 모순이기 때문이다. 하지만 이것은 언어 논리적 모순일 뿐이다. 나 자신을 잘 살펴보면 나라는 존재는 동일성을 유지하면서도 매 순간 미세하게 변화하고 있다. 실제로 우리는 언어 논리에 갇혀 세상을 보는 습관이 있다. 그래서 모순을 이상한 것으로 생각하기 쉽다. 하지만 실제 세상에는 수많은 모순이 존재한다. 인간의 몸은 세상으로부터 분리되어 있어 하나의 독립된 개체로 보인다. 하지만 동시에 인간의 모든 감각은 세상에 열려 있고 세상과 서로 소통한다. 인간의 몸은 닫혀 있으면서 동시에 열려 있는 것이다. 이것은 분명 모순이다. 하지만 이 몸은 실재한다.

　지속은 존재론적 시간이다. 지속은 순수하게 존재의 내재적 변화와 연속을 의미하기 때문이다. 지속 개념을 이해하는 데서 특히 주의해야 할 것은 시간과 공간을 분리해야 한다는 점이다.[3] 우리는 습관적으로 시간과 공간을 자주 혼동한다. 예를 들어, '선택할 시기에 도달할 때'와 '선택할 지점에 도달할 때'는 문맥상 의미가 거의 같다. 여기서 '시기'가 '지점'으로 대체되어도 문장의 의미는 거의 차이가 없다. 이처럼 우리는 시간을 공간적으로 표현하는 데 매우 익숙하다. 이러한 현상은 학문 분야에서도 잘 나타난다. 물리학에서 시간과 공간은 불가분의 관계가 있다. 아인슈타인의 상대성 시간도 공간과 분리해서는 설명할 수 없다. 하지만 물리학에서의 시간은 사실 시간 그 자체가 아니라 움직임의 속도를 측정하기 위한 지표일 뿐이다. 그래서 시간을 제4의 공간으로 착각하는 일이 나

3　Gilles Deleuze, *Le Bergsonisme*, Paris, PUF, 1966, p. 29.

나는 자유롭게 미래를 창조할 수 있는가?

제 9 장

221

타난다. 사람들은 이 상대성 시간이 시간 자체의 속성이라고 착각한다.

　　철학에서도 시간과 공간의 관계는 오랫동안 풀기 어려운 숙제였다. 그런데 베르그손은 이러한 문제를 너무나 간단하고 명쾌하게 해결해 버린다. 그는 사람들이 시간적 연속과 공간적 연장을 혼동하고 있다고 말한다. 예를 들어, 나는 일 분 동안 움직이지 않고 가만히 서 있다. 하지만 일분이라는 시간은 흘러간다. 즉, 공간적 이동이 없이 시간은 흘러간다. 이것이 시간이다. 만약 동일한 일 분 동안 내가 걸어가면 시간이 흘러가는 것과 동시에 공간적 이동이 일어난다. 여기서 우리는 시간과 공간을 명확히 구분할 수 있다. 즉, 공간을 이동하는 것(공간의 연장)과 공간을 이동하지 않아도 내적으로 흐르는 시간(시간의 지속)은 명백히 구분된다. 따라서 공간이 외재적이고 양적인 세계라면 시간, 즉 지속은 내재적이고 질적인 세계다. 시간과 공간의 분리가 주는 함의는 엄청나다. 우리는 시간을 공간적으로 사고하면서 시간의 본질을 놓치고 있다. 이 본질이 바로 내재적 지속이다.

　　베르그손은 지속 개념을 통해 두 자아moi를 구분하여 설명한다. 이 두 자아는 '표면적 자아'와 '심층적 자아'다.[4] 표면적 자아는 외부 세상과의 접촉에서 끊임없이 영향을 받는다. 그래서 표면적 자아는 지속(혹은 시간)을 공간과 혼동하고 심지어 공간화된 시간에 익숙하다. 또 지성에 의존하며 순간의 점들로 표현되는 움직임의 양적 측량에 집착하고 그것을 행동의 기준으로 삼는다. 반면 심층적 자아는 내적인 지속을 의식하는 자아다. 지속은 결코 양적으로 표시될 수 없는 본질적인 시간의 속성이다. 심층적 자아는 이 지속 속에서 존재한다. 표면적 자아는 끊임없이 외부의 자극에 집착하고 즉각적으로 반응하기 때문에 심층적 자아로부터 멀어진다. 하지만 심층적 자아는 지속 속에서 이러한 외부의 자극이 한순간임을 인식하고 끊임없이 과거와 소통하며 자극을 이해하고 파악한다. 베르그손은 이 심층적 자아만이 지속을 의식하며 주체적으로 자유로운 결정을 내릴 수 있다고 본다.[5]

▬▬ 기억은 지속한다

지속을 의식하는 심층적 자아는 누구이며 이 자아가 존재한다는 근거는 무엇인가? 이제 우리는 기억의 세계를 탐험할 차례가 되었다. 우선, 개념을 더욱 명확히 정리할 필요가 있다. 기억은 프랑스어로 mémoire인데, 과거를 기록하고 떠올리는 생물적·정신적 활동 혹은 이 활동을 통해 정신 속에 저장된 과거의 경험, 사건, 이미지의 전체를 의미한다. 한편 프랑스어에는 기억과 관련해서 souvenir라는 단어가 또 있다. 프랑스어 사전에서는 이 단어를 기억이라고 번역하고 있어 mémoire와

---

4 앙리 베르그손, 『의식에 직접 주어진 것들에 관한 시론』(최화 옮김), 서울, 아카넷, 2001, pp. 164-177.
5 Christophe Bouton, *Temps et liberté*, Toulouse, Presses Universitaires du Mirail, 2007, p. 221.

차이점을 파악하기 어렵다. 하지만 프랑스어에서 이 두 단어는 명확히 구분된다. souvenir는 기억mémoire이라는 정신 활동을 통해 저장된 구체적이고 개별적인 경험, 사건, 이미지를 말한다. 그래서 이것을 기억과 구분하기 위해 '개별 기억'이라고 부르기로 하자.

세상이 변화하면서 연속된다는 것을 보여 주는 것이 지속이라면 기억은 세상의 지속을 신체를 통해 포착하는 것을 의미한다. 지속 속에서 몸은 매 순간 세상의 이미지를 포착한다. 이것을 순수 지각이라고 한다. 그런데 각각의 이미지는 마치 모자이크처럼 서로 유기적으로 연결되어 있지 않다. 여기서 기억의 역할이 나타난다. 기억은 순수 지각에서 '촬영된' 이미지들을 유기적으로 결합하여 우리가 이해할 수 있는 '현실적 지각'을 만들어 낸다. 이것은 순수 지각의 이미지들을 마치 하나의 실로 엮어 주는 것과 유사한 역할이다.[6] 또 기억은 세상의 이미지들을 축적하고 응축하고 팽창한다. 우리가 어떤 사물을 즉각적으로 파악할 수 있는 것은 바로 기록된 이미지들에 대한 기억 때문이다. 그래서 당연히 기억에 없는 사물은 바로 파악하지 못한다.

베르그손은 '습관 기억souvenir-habitude'과 '이미지 기억image-souvenir'을 구분한다. 습관 기억은 반복적 운동을 통해 몸과 의식에 각인된 기억을 말한다. 예를 들어, 우리는 학습 과정에서 동일한 내용을 반복해서 읽는다. 그 과정에서 몸은 학습 내용을 세부적으로 분해하고 재구성하면서 자기 것으로 체득한다. 습관 기억은 이렇게 만들어진다. 습관 기억은 단순히 반복적인 신체적 활동에만 국한되지 않는다. 이 기억은 지적인 학습까지 포괄한다. 여기서 반복에 대한 베르그손의 고유한 관점이 나타난다. 그의 말을 들어 보자.

....

[6] 황수영, 『물질과 기억, 시간의 지층을 탐험하는 이미지와 기억의 미학』, 서울, 그린비, 2006, pp. 100-113.

반복은 매번의 새로운 시도마다 감추어진 운동을 발전시킨다. 반복은 지각되지 않고 지나쳤던 새로운 세부 사항에 관해 매번 신체의 주의를 요청한다. 반복은 신체로 하여금 분할하고 분류하게 한다. 반복은 신체에게 본질적인 것을 드러내 준다. 반복은 전체적 운동 속에서 그것의 내적인 구조를 표시하는 선들을 하나하나 재발견한다. 이런 의미에서 한 운동은 신체가 그것을 이해하자마자 학습된다.[7]

여기서 반복은 동일한 행위를 되풀이하는 것을 넘어서 분해와 재구성을 포함하는 행위다. 그래서 반복은 지속 속에서 창조를 만들어 내는 활동이다.

한편 이미지 기억은 이미지 형태로 축적된 잠재적인 형태의 기억을 말한다. 이 이미지는 반복적이고 습관적인 것이 아니며 질서 정연하게 조직된 것도 아니다. 이미지 기억은 과거에 경험한 사건처럼 특정한 시간과 장소를 가지고 있기 때문에 다시 돌아오지 않는 순간을 기록한다. 이미지 기억은 어떤 특정한 시점과 장소에서 내가 지각했던 느낌, 했던 행동, 느낀 감정을 모두 포괄한다. 사람은 누구나 이러한 이미지 기억을 가지고 있고, 그것이 불현듯 기억 속에서 튀어 올라 너무나도 선명하게 떠오르는 것을 경험해 보았을 것이다.

이처럼 우리는 습관 기억을 통해 반복하고 이미지 기억을 통해 상상한다.[8] 이미지 기억은 즉흥적으로 보존되고 변덕스럽게 상기되는 반면 습관 기억은 어려운 연습을 통해 만들어지고 의지로 쉽게 상기된다.

우리의 삶은 순수한 이미지 기억을 생산한다. 이미지 기억은 시간이 지날수록 무의식 세계라고 할 수 있는 순수 기억mémoire pure을 채운다. 순수 기억은 개인의 역사를 축적하고 있는 사색적 기억이다. 습관 기억은

---

7 앙리 베르그손, 『물질과 기억』(박종원 역), 서울, 아카넷, 2005, pp. 193-194.
8 Henri Bergson, *Matière et mémoire*, Paris, PUF, 1939(2012), p. 87.

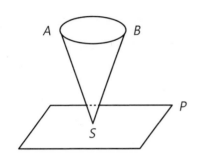

반복과 학습의 결과물인 실천적 기억이다. 순수 기억은 차이를 기억하고 습관 기억은 유사성을 기억한다. 이 두 기억은 일반적으로 상호 침투하기도 하지만 쉽게 구분할 수 있다. 왼쪽의 원뿔은 베르그손이 기억을 설명하기 위해 고안한 유명한 그림이다.[9] 기억은 SAB로 구성된 원뿔을 가득 채우고 있는 부분이다.

이 그림을 설명하기 위해 '즉각적 기억'이라는 개념을 추가할 필요가 있다. 즉각적 기억은 과거를 즉각적이고 자동적으로 기록하는 역할을 담당한다. 이 기억은 막 지나간 것을 의식이 붙잡고 있는 것을 말하므로 후설Husserl이 사용한 개념인 '과거지향' 혹은 '일차적 기억'에 해당한다.[10] 즉각적 기억은 의식적으로 혹은 무의식적으로 무수한 개별 기억을 순수 기억 속에 축적한다.

P는 임의적으로 한순간에 절단한 세상의 단면이다. 점 S는 내가 세상과 만나는 한 지점이다. 나는 세상 P의 한 지점인 S에서 세상을 지각하고 경험하고 느낀다. 이 지각, 경험, 감정은 이미지 기억으로 변환되어 나만의 고유한 기억 SAB를 채워 나간다. 나는 지점 S에서 세상 P의 일부를 체험하면서 즉각적 기억을 통해 이미지 기억을 생성한다. 이런 과정을 거쳐 시간이 지날수록 기억의 공간 SAB는 확장된다.

다음의 그림[11]은 기억이 축적되는 과정을 더욱 세밀하게 보여 준다. 여기서 SA'B'와 SA"B"는 기억의 단면을 보여 주는 것이다. 의식의 단

---

9 Henri Bergson, *Matière et mémoire*, Paris, PUF, 1939(2012), p. 169.

10 Christophe Bouton, *Temps et liberté*, Toulouse, Presses Universitaires du Mirail, 2007, p. 221.

11 Henri Bergson, *Matière et mémoire*, Paris, PUF, 1939(2012), p. 181.

면이 AB에 다가간다는 것은 순수 기억 혹은 무의식에 접근한다는 것을 의미한다. 나는 세상의 단면인 P 위에서 필요에 따라 움직인다. 지점 S에서는 때로는 습관 기억이 작동하고 때로는 그간 축적된 순수 기억의 창고에서 이미지 기억이 부상하기도 한다. 습관 기억은 자동적인 행동을 유발하지만 어떤 행동은 기

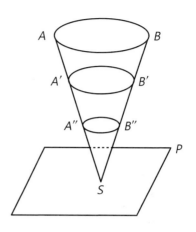

억의 심연인 밑면 AB에서 현재 상황에 관련된 이미지 기억을 불러내야만 가능해진다. 태아가 세상을 인식하는 방법은 눈에 띄는 유사한 성질을 지각하는 데서 시작한다. 이때가 대상에 대한 일반 관념을 형성하는 단계다. 그리고 지각 체계가 발전하고 정밀해짐에 따라 대상의 전체를 인식하는 단계에 도달한다. 또 시간이 지날수록 지각은 기억의 도움을 받아 더욱 정교해지면서 대상의 개별적 특성을 구체적으로 인식하는 개별 관념이 만들어진다.

현실의 문제에 집착하면 우리는 표면적 자아에 머물게 된다. 반면 현실적 필요와 거리를 두면 순수 기억의 세계에 접근할 수 있고 심층적 자아를 발견할 수 있다. 바로 순수 기억 속에서 심층적 자아를 발견할 때 우리는 하나의 예술처럼 각자 자신만의 고유성을 표출할 수 있다. 우리가 예술에 감동하는 이유는 바로 이 개별성의 섬세한 표현 때문이다.

어떤 사람은 S 지점에서 즉각적인 반응을 보이는 충동적인 사람으로 살아간다. 어떤 사람은 현실과는 별로 상관없이 순수 기억 깊숙한 곳의 기억을 탐닉하는 몽상가로 살아가기도 한다. 균형 잡힌 사람은 이 둘 사이에서 현재 상황의 필요에 따라 반응하지만 때로는 순수 기억에서 필요한 이미지들을 호출하며 현실에 대응하는 사람이다. 이러한 사람을 베

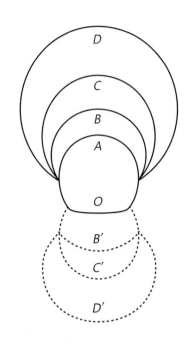

르그손은 '양식' 또는 '실천 감각'이 있는 사람이라고 말한다.[12]

역원뿔을 종단으로 자르면 왼쪽과 같이 또 다른 유명한 그림[13]이 나온다. 이 그림은 내가 현재의 세상을 O(앞의 그림 역원뿔에서 S)에서 만날 때 우리의 기억이 어떻게 운동하는지를 보여준다.

O에서 나는 세상 속에 어떤 대상을 지각한다. 이때 우리는 A, B, C, 심지어 D까지, 즉 전체 기억의 심연까지 더듬으며 현재에 지각하고 있는 대상을 이해하기 위해 노력한다. 이때 노력이 심화되면 O에서 A, B, C, D까지의 경계는 모호해지고 기억 전체가 O를 향해서 팽창한다. 이것은 기억 전체가 현재의 호출을 받아 대상을 이해하는 데 필요한 기억을 찾고 선택하는 과정에서 일어난다. 실제로 필요한 개별 기억이 선택되면 다시 O 방향으로 팽창했던 기억은 수축한다. 이때 선택된 개별 기억은 유용한 것이며 그 유용성에 따라 순차적으로 재배치된다. 베르그손은 이것을 성운에 비유한다.[14] 개별 기억 중에서 O에 가까운 이미지 기억은 지각에서 파악되는 이미지와 유사하다. 그리고 D, 즉 순수 기억에 가까울수록 개인의 기억에 기초한 개별적 이미지에 접근한다. 대신 D로 갈수록 이미지 기억은 지각에서 즉각적으로 나타나는 이

12 황수영, 『물질과 기억, 시간의 지층을 탐험하는 이미지와 기억의 미학』, 서울, 그린비, 2006, p. 234.

13 Henri Bergson, *Matière et mémoire*, Paris, PUF, 1939(2012), p. 115.

14 황수영, 『물질과 기억, 시간의 지층을 탐험하는 이미지와 기억의 미학』, 서울, 그린비, 2006, p. 243.

미지와 거리(혹은 차이)가 커질 수 있다.

　　한편 B′, C′, D′는 과거의 기억 B, C, D를 통해 현재 예측되는 미래를 말한다. 이 미래는 과거의 기억을 호출하여 만들어지는 이미지이지만 반드시 과거와 동일한 이미지는 아니다. 과거와 유사할 수도 있고 과거와 질적 차이를 가지는 창의적인 미래일 수도 있다. 이 미래는 우리가 얼마나 순수 기억에 접근하고 동원하는지에 따라 얼마든지 새로운 이미지로 창조될 수 있다.

자유는 기억에서 깨어난다

　　현재의 행동을 유발하는 습관 기억이 작동하는 시점은 현실과 만나는 현재의 시점이다. 이 시점은 시간의 흐름 속에서 자아가 외부 세계를 지각하고 경험한 것을 매 순간 기억 속에 기록하고 저장하는 순간이기도 하다. 그런데 이 순간에 단순히 습관 기억에만 의존한다면 인간은 자유로운 결정을 내릴 수 없다. 대신 순수 기억의 도움을 받을 수 있다면 인간은 자유로운 결정과 행동을 이룰 수 있다. 정신은 거대한 기억의 저장고로 실천적 기억이 행동을 이끌어 내는 것을 도와준다. 정신은 기억으로부터 이미지 기억을 호출하고 최종 결정을 내리는 데 유익한 기억을 선별한다. 이때 실천적 기억은 순수 기억 속에서 현재에 필요한 이미지나 개별 기억을 찾아내어 현재로 불러오는 기억이다. 베르그손은 실천적 기억이 자유의 필수적인 보조 장치라고 말한다. 이 기억을 통해 인간은 순수 기억의 도움을 받아 자유로운 행위를 결정하고 새로운 미래를 창조할 수 있기 때문이다. 베르그손에 따르면 행동이란 기억이 예리해져서(수축하고 선별하여) 대상 속에 침투하는(행동으로 옮기는) 칼날과 같은 것이다. 결국 인간의 자유는 '지속'하는 기억의 도움을 얼마나 받을 수 있는지에 달려 있다. 현실에서 닥치는 위급함에 즉각적인 반응으로만 대응한다면 인간은 결코 기억의 도움을 받을 수 없다.

그런데 우리의 삶이 순수 기억 속에 무의식적으로 계속해서 축적된다면 우리는 과거의 무게에 짓눌려 오히려 자유로운 판단과 행동을 하지 못하는 것은 아닐까? 이 점에 대해 베르그손은 정신의 역할을 강조한다. 정신의 활동은 과거의 기억 속에 제한되는 것이 아니라 오히려 그것을 넘어서는 것이다. 바로 이 정신의 활동으로 인해 우리는 과거의 노예가 되지 않고 창조적인 결정과 행위로 나아갈 수 있다. 결국 지속이라는 개념은 이 정신의 활동을 포괄한다. 지속 속에서 우리의 행위는 과거의 기억에서 출발한 개성의 표현이 되며 동시에 예측할 수 없는 새로운 계기를 만든다. 다시 말하면 지속 개념 자체가 과거의 지속적인 축적이자 미래의 창조라는 의미를 동시에 내포하는 것이다. 그래서 지속으로부터 발생하는 행위는 자유로운 행위가 된다. 지속이 강렬할수록 더욱 자유로운 행위를 창조할 수 있다. 달리 표현하면, 기억의 내적인 힘이 과거를 더 잘 축적할수록 기억은 더 깊이 미래에 영향을 미치고 심층적 자아의 개성을 행동 속에 투영할 수 있다. 결국 선별되고 축적된 기억이 지속의 강도를 만날 때 우리는 사회적 습관을 따르는 익명의 자유에서 순수 지속으로부터 분출되는 창의적 자유로 도약할 수 있다.[15]

▬ 미래는 과연 결정되어 있는가?

인간은 알 수 없는 미래 앞에 서 있다. 그래서 인간은 근본적으로 불안한 존재다. 하지만 인간은 미래의 불확실성 앞에서 항상 불안한 채로 머물러 있지 않는다. 불안한 인간이 만들어 낸 것이 바로 결정주의 세계관이다. 역사적으로 결정주의는 다양한 형태로 나타난다. 신화나 종교

---

15 Christophe Bouton, *Temps et liberté*, Toulouse, Presses Universitaires du Mirail, 2007, p. 234.

도 일종의 결정주의 세계관이다. 신화와 종교는 인간이 세상에 존재하기 이전에 이미 결정된 세상의 질서를 설명한다. 이 질서는 증명하기 어렵기 때문에 인간은 믿음으로 이 세계관을 받아들이다.

신화와 종교의 시대 이후에 인간은 스스로 발견하고 증명 가능한 결정주의 세계관을 만든다. 대표적인 것이 바로 과학주의적 세계관으로 데카르트가 그 선구자다. 데카르트는 자연을 관찰하고 분석해서 자연의 법칙, 즉 원인과 결과를 발견할 수 있다고 믿었다. 이렇게 해서 만들어진 것이 바로 과학적 지식이다.

부르디외의 사회학적 이론도 일종의 결정주의에 가깝다. 물론 그는 자신의 사회학이 결정주의로 분류되는 것을 싫어했다. 하지만 불평등이 사회구조적으로 재생산되는 구조를 보여 준다는 점에서 그의 이론도 일종의 사회적 결정주의라고 볼 수 있다.

동양의 명리학도 일종의 결정주의적 세계관을 가지고 있다. 흔히 명리학을 미신의 영역으로 치부하는 사람도 있지만 명리학은 인간의 운명과 자연의 질서 간의 관계를 오랜 관찰을 통해 검증한 일종의 학문적 이론이다.

연상주의 심리학도 일종의 심리적 결정주의다. 연상주의 심리학은 심리적 인과주의에 기초한다. 이 이론은 인간의 동기들이 순차적으로 연결되어 필연적으로 어떤 결과로 귀결된다는 점을 설명한다.

이처럼 결정주의 이론은 매우 다양하다. 그중 학문적 지식의 형태를 가진 이론은 매우 체계적이고 심오하기까지 하다. 이런 다양성과 각각의 고유한 특성에도 불구하고 이 이론들은 몇 가지 공통점이 있다. 우선, 이 이론들은 대체로 인과론적 관점을 견지한다. 인과론적 관점에 따르면 미래는 필연적으로 과거에 의해 결정된다. 또 이 이론들은 자연적 혹은 사회적 메커니즘에 의해 미래가 미리 결정되어 있다고 말한다.

이 이론들은 오랜 관찰과 검증을 통해 정립되었기 때문에 우리가 삶을 이해하고 미래를 준비하는 데 분명 큰 도움을 준다. 하지만 또 어떤 결정주의 이론들은 미래에 대한 희망을 앗아 가고 현실에 순응하게 만들기도 한다.

그런데 다행히 이 이론들은 한 가지 간과할 수 없는 약점이 있다. 어쩌면 이 약점이 결정주의가 남겨 놓은 희망의 여지일 수도 있다. 이 약점은 바로 인간의 의지라는 중요한 요소에 대해서는 침묵하고 있다는 점이다. 결정주의 이론들은 세상의 질서가 인간의 의지와 무관하게 결정되어 있다고 보는 것이다. 우리가 결정주의를 다시 사유해야 할 필요성이 바로 여기에 있다.

베르그손의 철학 사상이 중요한 이유가 여기에 있다. 그는 기존의 결정주의 이론에서 간과하고 있는 인간의 정신 활동에 대한 놀라운 성찰을 제공하면서 우리에게 희망의 길을 열어 준다. 과연 미래는 우리의 의지와 무관하게 이미 결정되어 있는 것일까? 지속과 기억에 대한 베르그손의 철학적 성찰은 미래가 불안한 인간에게 어떤 메시지를 던져 주고 있는가?

베르그손은 인간 정신의 본연을 성찰하면서 결정주의 이론들이 보지 못한 인간의 잠재성을 발견한다. 우리는 이 점에 대해 그만의 고유한 관점을 지속과 기억에 관한 성찰에서 발견할 수 있다.

결정주의를 다시 검토해 보자. 결정주의의 토대가 되는 인과론은 동일한 원인은 동일한 결과를 만든다는 기본 전제에서 정당화된다. 하지만 인간과 세상은 지속하기 때문에, 또 끊임없이 변화하면서 연속되기 때문에 결코 동일한 순간이 반복해서 나타나지 않는다. 따라서 인과론은 기본 전제부터 문제가 있다. 지속은 끊임없는 진보이자 예측할 수 없는 새로움과 같은 것이다. 따라서 미래는 사전에 결정될 수 없으며 예측할 수도 없다. 그렇다면 인간은 다시 알 수 없는 불안한 미래 속으로 원위치 되는 것이 아닌가? 그렇지 않다. 인간은 미래 앞에서 불안에 떠는 존재가 아니라 스스로의 의지와 행위를 통해 미래를 창조하는 존재이기 때문이다.

물론 월식과 일식과 같은 물리적 현상은 과학적 지식을 통해 미리 예측이 가능하다. 하지만 인간의 자발적인 행위는 이러한 물질적 현상과는 다르다.[16] 결정주의적 인과론에서 범하는 가장 큰 오류는 물리적 움직임의 인과관계를 인간과 사회에 대입한다는 데 있다. 운동의 법칙에 적용되는 계산 가능한 시간은 결코 반복되지 않는 정신의 고유한 질적 시간인 지속과는 명확히 구분되어야 한다.

▬ 자유로운 선택은 무엇인가?

그렇다면 우리는 스스로 자유롭게 미래를 선택하고 결정할 수 있을까? 안타깝게도 베르그손은 인간의 자유의지에 대해서도 회의적인 입장을 취한다. 베르그손은 다음 그림[17]을 통해 그 이유를 설명한다.

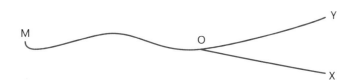

만약 우리가 O라는 순간에서 X 혹은 Y 중 하나를 자유롭게 선택할 수 있다고 가정하면 과거 M-O는 마치 존재하지 않은 것처럼 되어 버린다. 반대로 과거 M-O의 영향력을 인정한다면 이 M-O가 일정한 방향성을 갖고 움직이므로 X 혹은 Y 중 하나를 사전에 선택하도록 결정짓는

16 Henri Bergson, *Essai sur les données immédiates de la conscience*, Paris, PUF, pp. 144-145.
17 앙리 베르그손, 『의식에 직접 주어진 것들에 관한 시론』(최화 옮김), 서울, 아카넷, 2001, p. 222.

다는 문제에 봉착한다. 결국 우리는 자유로운 선택권을 가진다는 입장과 미래가 과거에 의해 사전에 결정되어 있다는 입장에 모두 문제가 있다는 사실을 발견하게 된다.

물론 자유로운 선택의 옹호자는 M-O가 반드시 결정적인 방향으로 움직이지는 않는다고 반박할 수도 있다. 여기서 베르그손은 자유로운 선택에 대해 오해를 불러일으키는 보다 근본적인 문제를 지적한다. 앞의 그림은 시간을 공간적으로 표현한 것으로 O는 단순히 한순간이며 X와 Y는 동시에 선택할 수 없는 두 가지 갈래를 가리킨다. 이러한 시간의 공간화는 인간의 자유로운 선택에 대해 혼란을 야기한다. 베르그손의 시간적 관점에서 보면, 동시성이라는 것은 공간에서 존재하는 것일 뿐 시간에서는 존재하지 않는다. 결국 자유의지론이나 결정주의론은 모두 시간 혹은 지속을 공간화하면서 발생하는 오류에서 벗어나지 못하고 있다.

결정주의도 아니고 자유의지도 아니라면 도대체 그것은 무엇이란 말인가? 그렇다면 진정한 자유는 무엇이고 과연 존재하는 것일까? 베르그손은 자유의지와 결정주의 사이에 제3의 길을 제시한다. 이 길은 지속에서 발견된다. 그에게 자유란 이미 예정된 길과의 관계에 의한 것도 혹은 두 가지 가능성을 심사숙고한 데서 발견되는 것도 아니다. 자유는 지속의 순수한 자발성에서 야기되는 행위의 질에서 발견된다. 자유로운 행위는 외부의 공간에서 발현되는 행위가 아니라 진정한 나 자신이 주인일 때 심층적 자아에서 분출되는 행위를 말한다. 자유는 마치 예술가와 예술 작품 간의 설명하기 힘든 유사성처럼 나의 행위가 자신의 고유한 개성을 표현할 때 발현되는 것이다.[18] 자유는 익명의 '나'가 배치된 공간화된 시간이 아닌 심층적 '나'를 발견하는 다양한 시간에서 발견된다. 자유는 습관의 노예가 된 의식이 따르는 반복된 시간이 아닌 순수 지속 속에서 자

---

[18] 앞의 책, p. 217.

신을 찾는 시간 속에서 발견된다.

　　베르그손은 기계적이고 물리적인 현상을 지속 속에서 근본적으로 자유로운 의식을 따르는 인간의 결정과 구분해야 한다고 주장하는 것이다. 의식의 내적 세계는 결정되지 않은 영역, 즉 자유의 영역이다. 그래서 자유로운 선택은 심층적 자아로부터, 내적 지속으로부터 그 동기를 찾을 때 나온다. 결정주의적 심리학이 찾는 동기는 언어와 습관의 자동화에 길들여진 사회적 자아의 일상적이고 사소한 행동을 설명해 줄 뿐 심층적 자아와 그의 생각, 표현하기 힘든 내적 감정을 설명하지는 못한다. 하지만 자유로운 선택은 바로 이 심층적 자아에서 나오는 것이다. 다시 강조하지만, 지속의 흐름 속에서 고유한 자아를 표현하는 선택은 두 가지 가능성 사이에서 선택을 주저하는 것과 다르다. 이 자유로운 선택은 마치 나무에서 열매가 무르익는 것과 같은 역동적인 성장을 의미한다. 그래서 누구도 한 인간 주체의 결정을 미리 예측할 수 없다. 그 결정은 고유한 개인적 사건일 뿐이다.

　　지속duree은 유기체적 성장 혹은 숙성의 과정 혹은 새로움의 개화에 비유될 수 있다. 이러한 비유는 어떤 결정이 여러 갈래의 가능성에서 선택되는 것이 아니라 꽃과 열매의 경우처럼 성숙의 과정을 거쳐 이루어진다는 것을 설명한다. 그래서 공간화의 오류를 감안하고 굳이 그림을 그리자면 지속 속에서 결정의 과정은 다음 그림[19]과 같이 지속적인 진화나 성장을 나타내는 한 곡선으로 표현할 수 있다.

M　　　　O　　　　X　　　　Y

[19] 앞의 책, p. 238.

이 그림에서 오해하지 말아야 할 것은 Y라는 결정에 도달하기까지 M-O-X 과정이 Y를 결정짓는 원인이 아니라는 것이다. 이 곡선은 지속의 과정을 표현하기 위한 것으로, Y는 M-O-X 과정을 거치지만 결코 이 과정에서 미리 결정되지 않는 자유로운 선택이다.

과학적 지식은 표면적이고 일상적인 자아의 행위를 설명할 수는 있다. 하지만 어떤 과학적 지식도 심층적 자아의 내적 지속과 자유로운 결정 간의 인과관계를 규명하지는 못한다. 바로 여기서 인간의 고유한 정신세계에서 비롯되는 자유를 발견할 수 있다. 자유와 지속의 상관관계로 볼 때 베르그손이 주장하는 자유는 결코 간단한 것이 아니다. 이것은 심층적 자아에서 올라오는 것으로 매우 복잡한 과정을 거치는 고차원적인 것이다. 따라서 사회적 습관에 길들여진 자아에게 자유로운 선택과 행동은 쉽지 않을뿐더러 그것이 무엇인지 인식하기도 어렵다.

이처럼 정신이 지속하는 인간의 미래는 과거의 원인에 의해 사전에 결정되어 있지 않다. 그렇다고 매 순간 과거로부터 독립적으로 자유롭게 선택할 수 있는 것도 아니다. 결정론과 자유의지론은 모두 시간의 공간화라는 오류를 안고 있다. 이 때문에 두 이론은 인간 정신의 자유를 오히려 이해하기 어렵게 만든다. 대신 베그르손은 지속 속에서 만들어지는 정신의 자유를 발견한다. 지속은 시간이다. 하지만 지속의 시간은 시계의 시간과 다르다. 시계는 원이라는 공간을 균일한 단위로 잘게 쪼개어 시간의 흐름을 측정하는 기계다. 이 시계 속의 시간은 시, 분, 초로 표현되는 균일하고 독립적인 시간을 의미할 뿐 그 속에 역사성은 없다. 하지만 지속의 시간은 기억의 축적으로 끊임없이 분화되고 확장되고 재구성되는 시간이다. 인간의 시간은 이처럼 매 분, 매 초에 질적 차이를 만들어 내는 시간인 것이다.

══ 가능성은 과거의 모방이다

베르그손은 진정한 자유란 미래의 창조라고 주장한다. 이 창조는 무에서 이루어지는 창조가 아닌 지속에서 이루어지는 창조를 의미한다. 지속에서의 창조는 자신의 내부에서 촉발되는 자기 자신의 창조를 말한다.

> 따라서 우리가 하는 것은 우리가 누구인가에 달려 있다는 말은 옳다. 그러나 추가해야 할 것은 우리는 어떤 척도에서는 우리가 만드는 존재이자 지속적으로 우리 스스로 창조하는 존재라는 것이다.[20]

우리는 진정한 의미에서 예술가는 아니라고 하더라도 적어도 자신의 삶의 창조자, 자신의 삶의 예술가다. 우리는 끊임없이 기억을 통해 과거를 기록하고 행동을 통해 미래를 바꾸어 가는 존재이기 때문이다. 우리는 조각가처럼 자신의 조각상을 스스로 만드는 존재인 것이다. 베르그손이 보는 자유의 개념은 이처럼 예술적이고 역동적이고 동시에 시간적이다. 이 개념은 시간의 결정성이 아닌 유연성을 전제한다. 지속은 하나의 형태로 고정된 불변의 것이 아니라 자유가 만들어 내는 행위에 의해 질적 다양성과 형태의 변화를 경험하기 때문이다.

> 우리는 우리 삶의 장인, 원한다면 예술가다. 우리는 과거와 현재에, 유전과 환경에 의해 주어진 재료로 끊임없이 고유하고 새로운, 독창적이고 예측할 수 없는 형상을 빚는다. 마치 점토 조각가가 만들어 내는 형상처럼 말이다.[21]

---

20 Henri Bergson, *L'évolution créatrice*, Paris, PUF, 1989, p. 7.
21 Henri Bergson, *La pensée et le mouvant*, Paris, PUF, 1990, p. 102.

우리를 만들어 내는 물질, 우리가 빚을 수 있는 물질은 특별한 물질이다. 이것은 보이지 않고 냄새가 없으며 만질 수도 없는 비물질적인 것이다. 이 물질은 과거와 현재로 구성되어 있다. 이것이 지속이 만들어 내는 특별한 물질이다. 지속은 마음대로 압축하거나 늘릴 수 있는 것이 아니다. 지속은 예측할 수 있는 것도 아니다. 내 삶의 지속이 지닌 이러한 예측 불가능성 때문에 창조의 공간과 자유로운 행위가 열리는 것이다. 따라서 예측 불가능성은 부정적인 것이 아니라 창조성의 또 다른 이름일 뿐이다. 자유의 정도는 이 지속의 강도에 달려 있다.

이제 우리는 매우 중요한 가능성의 문제를 다루어야 할 순간에 도달했다. 가능성에 대한 베르그손의 입장은 무엇일까? 베르그손은 가능성을 통해 미래를 준비하는 태도를 비판한다. 우선, 이런 태도는 시간을 공간화함으로써 빠지는 오류를 범한다. 사람들은 미래의 행동을 결정할 때 여러 가능성 중에 하나를 선택하는 방식을 취한다. 이것은 마치 지도를 보고 동시에 펼쳐진 여러 갈래의 길 중에 하나를 선택하는 것과 같다. 이런 방식은 '지속'하는 기억의 도움을 받을 수 없다. 지속하는 기억의 도움을 받는다면 공간 속에 주어진 길 중 하나를 선택하게 되는 것이 아니라 기억 속의 이미지들을 자유롭게 재구성해서 창의적인 선택을 하는 것이다. 이 선택은 공간이 아닌 자신의 내부에서 나오는 것이다.

가능성에 의존한 태도에서 나타나는 또 하나의 심각한 문제가 있다. 가능성이라는 것은 과거를 통해 바라본 미래를 말한다. 가능한 미래는 과거의 모방인 것이다. 달리 표현하면, 가능한 미래란 현재에 떠오르는 과거의 환영幻影이 습관이나 유사성에 길들여진 사고방식에 의해 미래로 투사된 것일 뿐이다.[22] 따라서 가능성에 기초한 사고는 미래가 결정된 것이라고 착각하게 만든다. 만약 가능성에 의존한 예측이 바른 것이라면

---

22 Christophe Bouton, *Temps et liberté*, Toulouse, Presses Universitaires du Mirail, 2007, p. 238.

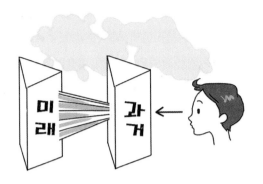

내가 과거에 가능성에 기초해 예측한 미래가 현실에서 항상 실현된 사실로 나타나야 한다. 하지만 우리는 삶에서 현실이 그렇게 만들어지지 않는 경우를 수없이 본다. 물론 가능성대로 미래가 실제 현실에서 전개되는 경우도 많다. 그런데 그렇게 되는 것은 예측한 가능성이 옳았기 때문이 아니라 사람이 예측한 미래가 실현되도록 행동했기 때문이다. 그리고 이때 실현된 미래는 새롭고 창의적인 미래가 아닌 과거에 이미 본 미래인 것이다. 따라서 우리가 가능성에 맞추어 선택하고 행동한다면 미래의 세상은 기존의 세상을 반복하게 될 것이다.

　　반면 기억의 지속으로부터 자유로운 선택을 찾는다면 다가올 세상은 기존에 없던 창조적인 모습을 보여 준다. 사실 사람들이 발견하는 가능성은 매우 제한적이다. 왜냐하면 이 가능성은 과거의 경험을 투사한 것이기 때문이다. 하지만 의외로 미래의 가능성은 훨씬 다양하게 열려 있다. 이때 개념적 혼란이 올 수 있는데, 이 가능성은 바로 잠재성이다. 우리는 가능성으로 미래를 예측하기 때문에 미래의 잠재성을 보지 못하는 것이다. 미래의 잠재성을 실현할 때는 마치 예술 작품을 창작했을 때와 같다. 이때 작가는 자신의 작품을 보고 "이것은 가능한 것이었어!"라고 감탄한다.

　　미래의 잠재성은 기억의 지속 속에 잉태되고 있다. 지속에서 미래는 결코 예측되지 않고 새로움을 잠재적으로 안고 있다. 그래서 자유는 결코 가능한 것 중에서 하나를 선택하는 행위가 아니다. 자유는 바로 이 지속 속에서 형성된 수많은 기억의 지층이 회전하고 서로 뒤섞여서 새로움을 창조하는 행위다. 우리가 꿈속에서 창의적인 세상을 발견하게 되는 것도 이 때문이다. 그래서 진정 자유로운 행위는 행위의 주체조차 놀라게 한다.[23] 습관에 길들여진 사람들이 발견하지 못하는 가능성, 즉 잠재성은 자유가 창조하는 것이다.

자유란 예측되는 미래를 현재에 실현하는 것이 아니다. 진정한 자유는 정반대의 시간적 흐름을 갖는다. 자유는 과거에서 현재로 그리고 미래로 나아가는 창조적 행위를 말한다. 이때 과거는 이미 지나 버린 쓸모 없는 것이 아니라 기억 속에 축적되어 눈덩이처럼 부풀어 오르고 종횡으로 뒤섞인 다음 정신의 활동에 의해 재구성되어 현재에 다시 부상하는 '잠재적인' 것을 의미한다. 그래서 인간 정신의 본연을 통해서 본 미래는 결코 결정되어 있지 않는 것이다.

만약 가능성 개념을 부정해야 한다면 미래는 완전히 예측 불가능한 것인가? 심지어 극단적으로 인간은 계속 창조되는 미래의 혼란 속에 존재할 수밖에 없는 것은 아닐까? 사실 베르그손이 부정하는 것은 논리적 가능성과 회고적 가능성이다. 논리적 가능성은 인과론적으로 과거의 원인을 찾아 미래를 예측하는 가능성이고, 회고적 가능성은 과거의 일을 상기하여 미래에 대입하는 가능성이다. 이 두 가능성은 결국 결정된 가능성이고 결정주의를 긍정하는 개념이다. 그럼 인간이 스스로 창조하는 미래는 어떻게 봐야 할 것인가? 이 미래는 기존의 가능성과 차별화되는 제3의 가능성 개념을 열어 준다. 이 제3의 가능성은 인간이 의지와 계획을 통해 창조하는 가능성이다.

---

23 앞의 책, p. 239.

자유의지로 창조하는 미래

베르그손이 가능성에 의존한 사고를 비판한 이유는 이 가능성이 사전에 결정된 가능성을 의미하기 때문이다. 따라서 결정된 가능성은 그냥 현실에 타협한, 현실적인 전망일 뿐이다. 많은 사람이 미래를 예측하고 행동을 결정할 때 이 결정된 가능성을 기준으로 삼는다. 부르디외의 용어를 빌리면 객관적인 기회에 의해 조정된 주관적인 기대가 떠올리는 것이 바로 이 결정된 가능성이다. 많은 사람이 결정된 가능성에 비추어 선택하고 행동하기 때문에 사회적 불평등은 재생산되고 사회의 창조적 발전이 힘들어지는 것이다. 결정된 가능성에 따라 선택하고 행동하는 것은 결국 자유를 포기하는 것이다. 기억 속에 축적된 수많은 경험, 지식, 감정 등은 이러한 선택과 행동에 도움을 주지 못하고 실용적인 목적에 필요한 개별 기억만이 호출되고 이용된다.

그런데 프랑스의 철학자 라벨Labelle은 가능성이 모두 결정된 가능성은 아니며 결정되지 않는 가능성도 있다고 주장한다. 이 결정되지 않는 가능성은 바로 자유에 의해서 발견되는 가능성이다.[24] 객관적인 기회에 의해서 주관적인 기대가 조정된다는 것은 바로 자유 없이 가능성을 미리 속단한다는 것을 말한다. 자유의 매개 없이 속단된 가능성이 결정된 가능성으로, 이 가능성은 매우 제한적이다. 하지만 자유에 의해 발견되는 가능성은 훨씬 다양할 수 있다. 이 가능성은 개인의 의지로 지지되는 것으로 개인에 따라 달라질 수밖에 없다. 이런 이유에서 유사한 사회적 조건에서 개인별로 기대와 선택이 달라지는 것이다. 실제로 가능성을 보는 것은 눈이 아닌 정신이다. 왜냐하면 가능성이라는 것은 아직 존재하지 않는 것이기 때문이다. 따라서 자유로운 정신이 보는 결정되지 않은 가능성은

---

24 앞의 책, p. 247.

창조되는 미래인 것이다.

라벨의 철학이 던지는 중요한 메시지는 우리가 계획을 통해 미래를 새롭게 창조할 수 있다는 것이다. 지속의 시간에 따르면 시간은 과거에서 미래로 진화한다. 하지만 라벨의 관점에서 보면 미래에서 과거로 이동한다. 왜냐하면 자유가 계획의 형태로 미래를 설계한 다음 이 계획이 현재에 실현되고 결국 실현된 현재는 과거로 던져지는 과정을 거치기 때문이다. 여기서 베르그손과 더욱 명확하게 차별화되는 라벨의 관점이 등장한다. 베르그손에게 자유란 지속에서 발견되는 것이지만, 라벨에게 자유는 의지에서 발견된다. 사실 베르그손의 지속 개념은 모든 것이 과거 속에 축적되는 것으로 성장, 발전, 진보의 의미를 담고 있다. 하지만 이 개념은 단절, 망각, 새출발을 충분히 포괄하지 못한다. 라벨은 이 점을 꼬집는다. 그에 따르면 자유의 고유한 속성은 과거를 모두 떠안는 것이 아니라 버릴 것과 구할 것 사이에서 선택할 수 있다는 것이다. 그래서 인간은 때로는 과거의 짐을 과감하게 털어 버리고 온전히 다가올 미래를 새로운 출발점으로 삼을 수 있는 것이다.

라벨은 자유에는 과거가 없다고 말한다. 이 말은 과거를 부정하거나 지운다는 말이 아니라 과거가 미래를 결정지을 수 있는 힘이 없다는 말이다. 이처럼 라벨은 베르그손과 과거를 보는 관점이 다르지만 미래를 보는 관점은 유사하다. 라벨은 자유에 의해 과거와 단절하고 새롭게 출발하는 미래를 선택하고 만들어 갈 수 있다고 보는 반면 베르그손은 바로 과거의 축적, 즉 지속을 통해 새로운 미래가 창조될 수 있다고 본다. 두 사람 모두 미래의 독립성과 단절 가능성을 인정하지만 그 논거와 강조점의 중심이 조금 다를 뿐이다.

━━ 차이를 만드는 반복

우리는 이제 또 한 명의 중요한 셰르파인 프랑스의 철학자 들뢰즈 Deleuze를 만날 때가 되었다. 들뢰즈는 베르그손의 지속 개념을 자신의 관점에서 확장한다. 앞에서 우리는 지속 개념을 통해 인간은 시간의 흐름 속에 동일성을 유지하면서 동시에 변화하는 존재라는 것을 이해하였다. 이것을 들뢰즈의 개념으로 설명하면 인간은 '반복' 속에서 '차이'를 만들어 내는 존재라고 정의할 수 있다. 나라는 존재는 10년 전이나 지금이나 동일한 존재로 인식된다. 하지만 10년 전의 나는 지금의 나와 분명 차이가 있다. 그사이 나는 날마다 비슷한 일을 반복하며 살아온 것 같지만 계속해서 차이를 만들며 진화해 온 것이다. 그래서 지금의 나는 10년 후에도 나라는 존재로 인식되겠지만 10년 후의 나는 분명 지금의 나와는 다른 존재가 되어 있을 것이다.

우리는 차이를 말할 때 흔히 서로 다른 사람 혹은 사물 간의 차이를 표현한다. 예를 들어, 서로 다른 두 존재인 A와 B를 비교할 때 우리는 그 차이를 설명한다. 이러한 차이도 분명 존재하지만 들뢰즈가 궁극적으로 말하고자 하는 차이는 동일한 존재 내에서 시간의 흐름 속에 나타나는 차이를 말한다. 따라서 이 차이는 존재 A가 존재 A′ 그리고 A″로 진화할 때 발생하는 차이를 의미한다.

들뢰즈의 반복과 차이를 기타 연습을 예로 들어 이해해 보자. 기타 연주는 반복되는 연습을 통해 체화된다. 얼핏 보기에는 쉬워 보이지만 막상 기타를 몸에 안으면 어색하다. 코드를 잡는 왼손과 줄을 튕기는 오른손이 서로 조화롭게 움직이는 단계에 도달하려면 날마다 반복되는 연습과 오랜 시간이 필요하다. 처음에는 지겨운 시간이 오랫동안 지속된다. 왼손은 제대로 위치를 잡지 못해서 불안정하고 탁한 소리를 만든다. 오른손도 결코 녹록지 않다. 처음에는 픽이 줄에 걸려 기타 속으로 들어가 버리기도 한다. 또 6개 줄 중에서 튕겨야 할 줄을 제대로 튕기지 못해 듣기 싫은 소음을 만들기도 한다. 제대로 연주하기 위해서는 왼손이 코드를 정확히 잡아야 하고 오른손은 튕겨야 할 줄을 정확히 튕겨야 한다. 이 모든 동작이 리듬에 맞추어 조화롭게 이루어지려면 오랜 연습 시간이 필요한 것이다. 그래서 아무리 쉬워 보이는 곡이라도 한 곡을 완벽하게 연주하기란 그리 만만치 않다. 그런데 다행히도 이러한 연습 과정 동안 조금씩 변화하는 자신의 몸을 느낄 때가 온다. 정확히 언제 이런 때가 오는지는 연습량이나 재능에 따라 달라지지만 잘못된 습관을 고쳐 가며 반복해서 연습하다 보면 발전하는 자신을 틈틈이 느낄 수 있다. 그리고 어느 순간 나름 멋있는 소리를 만드는 자신을 발견하고 희열을 느끼는 날이 온다. 누구나 기타를 배우면서 이와 유사한 과정을 겪을 것이다. 초기의 힘든 과정을 견디지 못해 금방 포기하는 사람도 있다. 하지만 이 과정을 넘기면 기타를 치는 재미와 실력 향상이 주는 희열을 맛볼 수 있다.

　이처럼 반복은 차이를 만들어 낸다. 차이를 만들어 내는 반복에서 우리는 계속해서 진화하고 발전하는 자신을 발견한다. 이 놀라운 경험은 삶의 모든 일에서 일어난다. 악기뿐만 아니라 운동과 공부에서도 동일

한 현상이 일어난다. 특히 사람들은 공부를 잘하는 것은 타고나는 것이라고 착각한다. 하지만 어려운 책도 반복해서 읽다 보면 이해가 된다. 이처럼 인간은 반복적인 연습을 통해 계속해서 발전할 수 있다. 그 과정은 지겹기도 하고 무의미하게 느껴질 수 있다. 하지만 포기하지 않고 노력해서 어느 수준에 도달하면 놀랍게 변한 자신을 발견하는 기쁨을 만끽할 수 있다. 인간은 분명 사회적 동물이고 사회구조적으로 영향을 받을 수밖에 없다. 하지만 동시에 인간은 스스로 노력하여 자신을 변화시킬 수 있는 존재다. 그 변화의 차이는 개인에 따라 매우 다르게 나타난다. 우리는 종종 이러한 사실을 잊고 산다. 그리고 조건이나 나이를 핑계 삼아 변화를 시도조차 하지 않는 경우도 많다.

인간은 죄인이 아닐 수 있었다

내가 속한 사회는 이미 누군가가 만들어 놓은 사회다. 이 사회는 분명 내 삶에 여러 제약과 의무를 가한다. 누구도 이 제약과 의무를 피해서 살 수는 없다. 다만 사람마다 차이가 있을 뿐이다. 하지만 제약과 의무 속에서만 살아간다면 그 삶은 오직 생존을 위한 삶이 될 뿐이다. 모든 인간에게는 자신의 의지로 스스로 삶을 선택하고 바꿀 수 있는 여지가 있다. 부조리한 사회는 분명 비판받아 마땅하고 개선되어야 한다. 하지만 자신을 바꾸는 노력을 하지 않는다면 이 사회를 비판할 자격이 있을까? 자신이 사회를 그대로 방조하는 죄인은 아닐까?

아담은 왜 죄인인가? 들뢰즈는 라이프니츠Leibniz의 사상을 재해석하며 이 질문을 던진다.[25] 우선, 아담이 죄인인 이유는 그가 태어나기 이전에 이미 신이 세상을 그렇게 만들었기 때문이다. 즉, 그가 태어나기 이

---

25 Gilles Deleuze, *Le pli*, Paris, Les éditions de Minuit, 1988, pp. 79-81.

전에 금지된 행위가 정해져 있었는데 그가 이 금지된 행위를 했기 때문이다. 우리도 마찬가지다. 역사적으로 우리가 사는 세상은 조상이 살던 세상에 비해 상대적으로 나아 보인다. 그럼에도 우리는 나름의 고민과 고통을 안고 살아간다. 이 세상은 이미 이렇게 만들어져 있는 것이다. 우리에게 고민과 고통을 주는 사회를 비판할 수는 있다. 하지만 그래 봤자 변하는 것은 없다.

사실 아담이 죄인인 두 번째 이유가 더 중요하다. 이것이 보다 본질적인 이유다. 아담이 죄인인 이유는 사과를 따먹기 전에 정원을 둘러보고 신중하게 생각한 뒤에 행동하지 않았다는 데 있다. 아담이 속한 세상은 신이 창조한 사회다. 이 세상의 미래는 신에 의해 이미 결정되어 있다. 하지만 신은 아담의 자유의지까지 미리 결정하지는 않았다. 아담은 신이 만든 피조물에게 남겨 둔 미래, 즉 인간이 스스로 선택할 수 있는 미래를 스스로 결정하고 죄를 지은 것이다. 아담이 죄인일 수밖에 없는 보다 근본적인 이유가 바로 이것이다.

나는 여기서 인간의 원죄에 대해서 논하려고 하는 것이 아니다. 내가 강조하고 싶은 것은 바로 인간 정신의 자유다. 사회의 법 제도에 순응하며 살아가는 사람은 오직 생존만을 위해 살아가는 사람이다. 이런 사람

이 많으면 사회의 질서는 권력자가 원하는 대로 유지되고 계승된다. 만약 이 사회가 완벽한 사회라면 이러한 사람이 많을수록 좋다. 완벽한 사회의 변화는 더 악화되는 길뿐이기 때문이다.

하지만 이 사회가 불공정하고 불평등으로 가득하다면 이야기는 달라진다. 이 사회가 나의 의지와 무관하게 만들어졌고 만약 폐쇄된 사회라고 할지라도 나의 정신까지 억압하지는 못한다. 근본적으로 인간은 사회의 억압적 질서나 구조가 있음에도 적어도 스스로 변화하고 스스로를 변화시킬 수 있는 존재다. 인간은 잠재적으로 자유의지를 추구하고 자유로운 행위를 실천하는 존재가 될 수 있다. 자유로운 행위자는 자기 스스로 끊임없이 변화하고 진화하는 사람이다. 개인은 사회 전체의 일부분이므로 이런 사람은 작으나마 자신만의 고유한 방식으로 사회를 바꾸는 사람이다. 심지어 이런 사람은 자신을 죄인으로 만든 사회에 태어났어도 스스로 노력하여 이 사회가 자신을 죄인으로 규정하지 않도록 변화시킬 수도 있다. 이런 사람이 많아질 때 결국에는 사회 전체가 변화하고 진보할 수 있다. 프랑스의 가수 장 자크 골드만의 〈우리는 갈 것이다On ira〉라는 노래에 이런 가사가 있다. "우리는 세상을 바꾸지 못할 것이다. 하지만 세상도 우리를 바꾸지 못할 것이다."

━━ 미래의 잠재성을 찾아서

우리는 어떻게 자유로운 행위를 실천할 수 있을까? 도대체 이 자유로운 행위는 어디에서 나오는 것일까? 만약 이 자유로운 행위가 여러 갈래의 가능성 중에서 하나를 선택하는 것이라면 그것은 자유로운 행위가 아니다. 왜냐하면 가능한 것을 따르는 것은 이미 예정된 것, 즉 기존의 질서 속에서 한 길을 선택하는 것이기 때문이다. 그렇다면 자유로운 행위는 창의적인 것이어야 할 것이다. 창의적인 행위는 자신의 고유한 내적 세계에서 출발하는 극히 주관적이고 개인적인 것이다. 물론 자유로운 행위가 반드시 기존의 질서를 파괴하는 행위를 말하는 것은 아니다. 사회의 규범을 지키면서도 개인은 자신의 삶 속에서 자유롭게 실천할 수 있는 충분한 여지가 있다.

자유로운 행위를 어디에서 발견할 수 있는지에 대해서 나는 들뢰즈의 '잠재성'이라는 번득이는 개념에 주목한다. 이 개념은 베르그손 철학의 연장선에서 들뢰즈가 자신만의 고유한 생각을 추가하여 발전시킨 것이다. 잠재성은 가능성과 명확히 구별된다. 잠재적인 것은 가능성처럼 과거에 비추어 사전에 논리적으로 혹은 인과적으로 예측되는 것이 아니다. 잠재적인 것은 우리의 머릿속에서 떠오르는 다양하고 직관적인 아이디어와 같은 형태로 존재한다. 하지만 과거에 실천된 바가 없고 현재에도 아직 현실에서 실천된 것이 아니다.

잠재적인 것이 다양한 이유는 그것이 인간의 정신세계에서 생성되기 때문이다. 인간의 정신은 기억의 운동을 통해 다양한 것을 꿈꾸고 희망할 수 있다. 그래서 잠재적인 것은 자유롭고 창의적일 수밖에 없다. 잠재적인 것을 실천한다는 것은 예측할 수 없는 창의적인 것을 행하는 것이고 과거에 존재하지 않았던 것을 실현하는 것이다.

그렇다면 잠재적인 것은 어떻게 만들어지는가? 그냥 상상만으로 우리는 잠재적인 것을 발견할 수 있을까? 베르그손의 기억 이론에 따르면 잠재적인 것은 기억을 통해 만들어진다. 여기서 자칫 잘못 이해하면 기억이 과거의 이미지를 기록하고 떠올리게 하므로 결국 과거를 반복하게 한다고 오해할 수 있다. 이것은 가능성을 찾는 방식이다. 반면 잠재적인 것은 축적된 과거의 이미지들이 서로 뒤섞이고 재구성되어 기존에 존재하지 않았던 창의적인 형태로 떠오르는 것을 말한다. 기타 연습의 예를 다시 들어 보자. 기타를 배우기 위해서는 같은 곡을 반복해서 연습해야 하지만 반복 속에서 연주 실력은 결코 과거와 동일한 수준으로 남아 있지 않고 계속해서 발전한다. 발전이라는 것은 기타를 배우는 연주자에게 새로운 것을 창조하는 것을 의미한다. 잠재적인 것은 바로 이러한 것이다. 이처럼 과거의 이미지들은 단순히 축적되는 것이 아니라 계속해서 기억의 팽창과 수축을 통해 운동하고 다른 이미지들과 뒤섞이면서 차이를 만들어 내고 분화한다. 기억은 지속하고 분화하고 새롭고 독창적인 생각을 떠올리게 한다. 이 새롭고 독창적인 생각들이 우리의 정신 속에서 잠재적인 것으로 꽃피우는 것이다.

그런데 이러한 인간의 잠재성을 스스로 발견하고 실천하는 것은 결코 쉽지 않다. 사회는 다양한 방식으로 잠재성을 억누른다. 법과 제도가 점점 세밀하고 엄밀해질수록 잠재성은 위축된다. 권력자도 권력을 유지하고 확대하기 위해 개인의 자유로운 행위를 억제하고 정해진 길을 탈선하지 않도록 통제한다. 사회적 인간관계도 개인의 자유로운 생각과 행동을 간섭하고 제한한다. 또 개인도 스스로 사회적 습관에 따라 객관적인 기회 혹은 결정된 가능성에 맞추어 주관적인 기대를 미리 조정한다. 이러한 상황에서 개인이 자신의 잠재성을 발견하고 실천하기 위해서는 강한 용기와 정신적 에너지가 필요하다. 때로는 권위에 저항해야 하고 때로는 사람들의 시선과도 싸워야 한다. 그럼에도 잠재성을 실천하는 것이 마냥 어려운 일은 아니다. 자유로운 선택과 의지로 자신의 삶 속에서 작은 것을 실천하면 된다. 인간은 누구나 잠재적으로 자신의 삶을 창조할 권리와 능력이 있다. 인간은 누구나 삶의 예술가가 될 수 있다.

에필로그

시계가 없는 삶

"비관주의는 명철한 지식이고 낙관주의는 의지다."[1]

— Gaston Bachelard

　'시간'과 씨름한 지도 어느새 15년이 훌쩍 넘었다. 박사학위논문을 탈고한 후, 나는 한동안 이 주제를 잊고 살았다. 그러다가 3년 전부터 시간에 관한 단상이 하나둘 나를 찾아오기 시작했다. 마치 평화로운 어느 날 우연히 내 기억 속 어딘가에서 잠자고 있던 음악이 라디오에서 흘러나와 무디어진 모든 감각을 하나하나 섬세하게 깨우는 것처럼 말이다. 세월의 강물을 타고 굽이굽이 돌아서 시간의 의미가 나에게 새로운 빛깔과 형상으로 찾아온 것이다. 옛 벗을 만난 것처럼 반갑기도 했지만 한편으로 걱정도 함께 밀려왔다. 과거에 시간에 관한 논문을 쓰던 시절 머리채를 쥐어뜯으며 고민하던 기억이 떠올랐기 때문이다.

　하지만 예전에도 그랬듯 이번에도 시간은 나를 붙잡고 놔주지 않았다. 나는 도대체 왜 시간의 문제에 이렇게 집착하는 것일까? 근본적으

1　Gaston Bachelard, *L'intuition de l'instant*, Paris, Stock, 1992, p. 100.

로 시간의 문제는 내 삶에 직결된 문제이기 때문이다. 그리고 최근 우리 사회의 어려운 현실이 나에게 시간의 문제를 다시 상기시키고 새로운 의문을 제기한 것이다. 내가 속해 있는 이 사회의 시간적 문제는 곧 나의 문제이기도 했다. 결국 나는 시간을 다시 들여다보기로 결심했다. 처음에는 과거에 공부하고 고민했던 것이니 글을 쓰는 데 그리 힘들지는 않을 것이라고 생각했다. 하지만 이것은 섣부른 예측이었다.

그사이 나는 변해 있었다. 베르그손의 개념을 빌리자면 내 몸과 기억이 '지속'해 온 것이다. 박사학위논문을 쓸 때의 지식은 지금까지 다른 지식, 경험, 생각을 만나고 뒤섞여 혼란스러운 모습으로 변해 있었다. 가족과 주변의 지인은 종종 이 점을 잊고 있다. 사회도 마찬가지다. 지금의 사회는 내가 과거에 시간에 대해 고민할 때의 사회가 아니다. 결국 나는 엉켜 있는 지식의 실타래를 하나씩 풀어서 사회적 상황에 맞는 새롭고 체계적인 담론을 만들어야 했다.

그러다 보니 애초에 생각했던 것보다 많은 시간이 필요했다. 방학 중에는 온전히 이 작업에 매달려야 했다. 또 학기 중에는 주말을 반납할 때도 많았다. 마치 박사학위논문을 쓰는 것처럼 독서와 사색 그리고 글쓰기로 또 3년을 보냈다. 그 시간은 나의 내부에서 열정과 권태, 희열과 회의, 희망과 좌절이 서로 치열하게 싸우는 쉽지 않은 과정이었다. 그런데 이 과정에서 나는 자신도 모르게 놀라운 경험을 하고 있었다. 어느 순간부터 내 머리에서 흘러나온 글이 내 삶을 바꾸고 있었던 것이다. 이것이 글의 놀라운 힘이다. 글은 지난 지식이나 경험의 기록에 머물지 않고 새로운 미래를 창조하는 힘을 가지고 있다. 그것만으로도 이 책은 이미 내 삶에서 충분히 의미 있는 역할을 한 것 같다. 이 책은 그렇게 만들어졌고 그렇게 나를 진화시켰다. 이제 남은 것은 독자의 몫이다.

***

    나는 단순히 우리 사회의 시간 문제를 고발하는 선에서 이 책을 마무리하고 싶지는 않았다. 나를 포함해서 많은 사람이 어려운 시대를 살고 있기에 희망의 길을 제시하는 메시지를 담고 싶었다. 이 메시지는 궁극적으로 '시계가 없는 삶'으로 요약된다.

    시계가 없는 삶은 과거의 족쇄를 풀고 새로운 미래를 개척하는 삶이다. 그것은 숫자로 환원될 수 없는 질적 차이와 고유함을 발견하는 삶이다. 그것은 주어진 삶의 시간을 돈과 바꾸지 않고 행복으로 채워 나가는 삶이다. 그것은 더 이상 분초를 다투며 뛰어다니지 않는 삶이다. 그것은 의지와 노력으로 스스로 미래를 선택할 수 있는 삶이다. 그것은 제한된 생명의 의미를 긴 시간 지평에서 찾아 나가는 삶이다. 그것은 기억의 잠재성을 발견하여 창조적 미래를 만들어 내는 삶이다. 이 메시지는 매우 이상적인 것처럼 보일 수 있다. 하지만 우리는 스스로 삶의 길을 선택할 수 있는 존재다.

    우리는 사회 속에서 의무와 책임의 무게에 짓눌린 채 살고 있다. 이 사회는 온통 '해야 할 일'과 '지켜야 할 규칙'으로 가득 차 있다. 우리는 그것 중 상당 부분을 이유도 모른 채 받아들인다. 그것은 너무나 당연하고 자연스러운 것처럼 보인다. 하지만 그것이 과연 당연하고 자연스러운 것일까? 우리는 단지 생각과 의지를 굳게 닫고 그냥 그렇게 받아들이며 살 뿐이다. 우리가 자유로운 생각과 의지를 여는 순간, 당연하고 자연스러운 의무와 책임은 모두 힘없이 무너질 것이다. 대신 자유로운 선택과 행동이 새로운 의무와 책임을 부과할 것이다. 우리는 스스로 새로운 미래를 창조할 수 있는 존재다. 사람들은 과거가 미래를 결정한다고 착각한다. 하지만 실상은 우리가 그렇게 믿기 때문에 미래가 과거를 반복하는 것이다. 물론 물리적 세계에서는 이러한 인과의 법칙을 쉽게 납득할 수 있다. 하지만 사회적 공간에서는 인과의 법칙이 물리적 세계와 동일한 방식으로 작동하지 않는다. 만약 이 법칙이 물리적 방식과 동일하게 작동한다면 그것은 사회 구성원이 획일적이고 기계적으로 사고하기 때문일 것이다.

인간의 정신세계에서 과거는 결코 미래를 결정하지 않는다. 과거는 자유로운 생각과 의지에 따라 새로운 미래를 상상하고 창조하는 밑거름이 될 수 있다. 과거는 미래가 싹을 틔우는 토양일 뿐, 그 위에서 자라는 나무를 결정지을 수는 없다. 그래서 물리적 현상과는 달리 사회가 창조적으로 진화할 수 있는 것이다. 단지 우리는 사회적 습관에 길들여져 있어 이 사실을 잊고 살 뿐이다. 논리적 사고에 집착하는 사람은 이 점을 잘 보지 못한다. 그들은 결코 창조적 미래를 보지 못한다. 왜냐하면 이 미래는 논리적인 인과관계로 예측할 수 있는 성질의 것이 아니기 때문이다. 이 미래는 인간이 의지와 선택으로 새롭게 만들어 가는 것이기 때문이다.

'시계가 없는 삶'에서 시계라는 말은 단순히 벽시계나 손목시계를 의미하는 것이 아니다. 여기서 시계는 상징적인 의미를 담고 있다. 시계는 시간에 관한 우리의 생각을 지배하는 지배적인 시간관 전체를 상징한다. 시계의 역사는 바로 이 지배적인 시간관이 만들어지고 변화해 온 과

정이다. 그 과정에서 시간은 물질화되고 공간에 종속된다. 그리고 마침내 시간은 인간의 삶에서 이탈하여 외부에서 인간을 감시하고 통제하는 도구가 된다. 지배적인 시간관은 이런 시간을 정당화한다. 이 책은 바로 이 지배적인 시간관에 대한 '레지스탕스résistance'다.

시계가 없는 삶은 결국 우리를 힘들게 하는 모든 시간적 속박, 즉 지배적인 시간관에서 자라난 개념, 상징, 제도로부터 자유로운 삶, 스스로 미래를 선택하고 창조해 가는 삶, 그래서 행복해지는 삶을 말한다. 이것이 바로 스스로 시간의 주인이 되는 삶, 그래서 시간으로부터 자유로운 삶이다. 나는 아직도 이런 이상을 꿈꾼다. 이 꿈의 결과가 바로 이 책이다.

***

시간의 문제를 통해 이 책은 암묵적으로 이차적 메시지를 담고 있다. 그것은 바로 인간을 배제한 지식이 가진 폭력성과 위험성에 대한 각성이다. 근현대 학문의 주류는 객관적 실증주의를 표방하면서 지식의 생산 과정에서 인간의 주관성을 철저하게 배제해 왔다. 그렇게 만들어진 지식은 역설적으로 자신을 만든 인간의 역할을 부인한다. 그래서 그 지식에는 인간의 삶에 대한 관심과 배려가 결여되어 있다. 쇠처럼 차가운 지식이 어느 순간부터 인간을 조종하고 지배하고 억압하고 노예화하는 무서운 도구로 기능하고 있다. 시간의 역사가 보여 주듯이, 시간의 개념과 상징은 인간이 스스로 만든 것이지만 이제 그것이 인간을 감시하고 통제하는 도구로 변한 것이다. 지식이 사람에 의한, 사람을 위한 것임을 새롭게 인식해야 할 이유가 여기에 있다. 시간과의 싸움은 죽음과의 싸움 이전에 시간에 관한 우리의 생각과 지식과의 싸움인 것이다. 지식은 결코 영원불멸의 진리가 아니다. 지식은 더 나은 인생과 사회를 위한 수단일 뿐이다.